| 经世学人文丛 |

道义现实主义与中国的崛起战略

阎学通　张旗　编著

中国社会科学出版社

图书在版编目（CIP）数据

道义现实主义与中国的崛起战略/阎学通，张旗编著．—北京：中国社会科学出版社，2018.3（2023.7重印）

（经世学人文丛）

ISBN 978 – 7 – 5203 – 2036 – 8

Ⅰ．①道… Ⅱ．①阎… ②张… Ⅲ．①发展战略—研究—中国 Ⅳ．①D60

中国版本图书馆 CIP 数据核字（2018）第 027466 号

出 版 人	赵剑英
责任编辑	王 茵
特约编辑	郭 枭
责任校对	沈丁晨
责任印制	王 超

出 版	中国社会科学出版社
社 址	北京鼓楼西大街甲 158 号
邮 编	100720
网 址	http://www.csspw.cn
发 行 部	010 – 84083685
门 市 部	010 – 84029450
经 销	新华书店及其他书店
印 刷	北京君升印刷有限公司
装 订	廊坊市广阳区广增装订厂
版 次	2018 年 3 月第 1 版
印 次	2023 年 7 月第 3 次印刷
开 本	710×1000 1/16
印 张	29.75
字 数	296 千字
定 价	69.00 元

凡购买中国社会科学出版社图书，如有质量问题请与本社营销中心联系调换

电话：010 – 84083683

版权所有 侵权必究

序
依据开放的道义原则塑造崛起环境

  自1949年中华人民共和国成立以来，我国的国际环境经历过多次重大变化，我国几次摆脱国际困境的外交战略是非常有价值的经验。20世纪50年代中期，我国调整了一边倒向社会主义国家的原则，改善了与非社会主义的第三世界国家的关系；70年代调整了反两霸的原则，在与美国改善了关系的同时，也改善了与美国盟友的关系，如改善了与日本等资本主义国家的关系；80年代采取不结盟原则，改善了和苏联及东欧社会主义国家的关系；90年代采取韬光养晦原则，摆脱了1989年后面临的孤立环境；2013年以来采取了奋发有为原则，大幅提高了我国的国际影响力。这几次外交战略的重大调整都有效地改善了我国的国际环境，其主要原因是改革过时的外交战略，提高了对外的开放程度。

  不断改革外交战略才能最大限度地维护国家利益。上述几次对外战略原则所起到的重大作用都说明，任何外交战略都不可能永远正确，只有与时俱进不断调整的战略才能最有效地服务国家利益。国际环境永远处于变化之中，有些变化是他国行为导致的，有些则是我国自己行为导致的。无论何种原因导致的，一种外交战略长期执行不变，都必然会不再符合已经变化的世界，其正面作用下降，负面作用上升。从我国的外交实践来看，一种新外交原则在头10年产生正面作用的可能性较大，但似乎难以超过15年，15年后负面作用变得明显。这个经验告诉我们，任何外交战略都是有缺陷的，而且这些缺陷会随着环境变化而变得日益严重。随着我国崛起速度加快，我国外部环境的变化速度也会加快，新战略的正面作用时间可能会短于10年，因此，及时调整外交战略变得非常重要。

不断扩大开放才能保持改革的正确方向。"改革"是指向正确的方向改变，而非倒退。因此，要保证对外战略的改革方向正确，就需要有正确方向的参照物。世界上没有既定的正确方向标准，因此只能通过开放的路径观察外部世界对我国外交政策的反应来判断什么是正确的改革方向。20世纪50年代与非社会主义国家改善关系，是开放了我国对外交往的对象国范围；70年代改善和资本主义国家关系，不仅进一步开放了对外交往的国家范围，而且还把对外交往的领域从政府层面扩大到民众层面，1978年送出了第一批留学生；90年代的韬光养晦原则不仅避免了我国在苏联和东欧国家放弃社会主义制度后关闭国门的危险，而且把对外开放的程度大幅提高，积极参与多边国际活动；党的十八大后的奋发有为原则，使得对外军事合作领域更加开放，经济上建立了多个自贸区。这些经验意味着，我们越开放，我国崛起的环境就越有利。

《道义现实主义与中国的崛起战略》收集了我 2014—2017 年的文章和媒体的采访报道。这些文章和报道集中于讨论如何以奋发有为原则指导具体的外交政策。道义现实主义理论是用一个变量同时解释崛起国何以成功和霸权国何以衰败的理论。这个理论将国家的成败都归于政治领导的作用，也就是说，一国国际地位的上升和下降都取决于政府的改革开放能力。从国际环境角度讲，一国是否有战略机遇期也取决于政府的利用机遇的能力。该理论提倡以中国传统的王道思想为基础，结合全球化的现实国际情况，制定符合当今客观环境的崛起战略。道义现实主义崛起战略的内容是多方面的，其核心是提高战略信誉，为世界提供王道式的领导和通过提供国际安全产品扩大国际支持。

战略信誉水平的高低是一国外交战略是否讲道义的重要标志。由于美国特朗普政府不愿承担世界第一大国的国际领导责任，国际上出现了期盼中国提供国际领导的舆论。中国提供什么样的国际领导正在成为我国面临的新问题。如果我国对国际社会做出的承诺超过了实力，因为无法兑现而影响我国的战略信誉；而如果所做承诺远远小于我国实力，则会被认为是和美国一样的不负责任大国。故此，如何提供与世界第二大国实力相称的国际领导，将直接关系到我国塑造国际环境的结果。具体而言，这涉及多个方面的问题。例如，中国为周边国家提供的公共产品与为全球提供的公共产品应有何区别，提供的公共产品以经济为主还是安全为主，将战略信誉建立在双边合作的基础上还是多边机构的基础上。

特朗普采取收缩战略，给我国崛起提供了新机遇，但能否利用好这个机遇则取决于实事求是和谦虚谨慎两个原则在对外决策中的贯彻和落实。美国2017年出台的《国家安全战略》报告，将经济利益置于第一位，安全战略利益置于第二位，而将世界领导地位这一政治利益置于第三位。这是冷战后美国政府首次改变经济利益和政治利益的排序。美国从许多领域撤出，这减少了我国拓展国家利益的外部阻力，但与此同时也会出现一些吸吮我国实力资源的黑洞。故此，今后几年，把握扩展速度将是我国对外战略面临的急迫问题。

本书依据道义现实主义理论，针对我国崛起面临的实际情况，提出了适应当今时代的崛起战略和外交原则，以应对面临的挑战和困难。第一部分介绍道义现实主义的理论与研究方法，第二部分探讨当前世界的两极化趋势，第三部分分析美国反建制主义兴起对国际秩序的影响，第四部分提出改革我国外交战略和外交原则的方案，第五部分提出应对当前具体问题的方法和策略。

在本书付梓之际，我要感谢中国社会科学出版社的大力支持以及赵剑英社长、王茵总编辑助理与郭枭编辑的付出与努力。没有他们的支持，这本小书就无法与读者见面。希望这本小书能帮助读者更多了解中国崛起面临的新机遇和新问题，能解除读者对于当前国际形势的一些疑惑。

阎学通

2018年1月6日于清华园

目 录

第一部分 道义现实主义的理论与研究方法

恢复王道,重塑中国内政外交 …………………… (3)

道义现实主义为世界提供"中国方案" …………… (8)

道义现实主义外交视角下的中国崛起 …………… (15)

中国在世界不应争霸权而应争"王权" …………… (23)

如何减少反对中国崛起的力量 …………………… (30)

"仁、义、礼"价值观超越"自由、民主、平等" ……… (35)

以国家利益评估对外政策效果 …………………… (40)

"黑天鹅现象"对国际关系理论研究的警示 ……… (45)

国关理论研究要能解释当前世界 ………………… (51)

现实主义理论靠实事求是得以发展 ……………… (56)

国际关系分析中的逻辑自洽 ……………………… (60)

造词≠学术创新 …………………………………… (64)

第二部分　世界权力转移与两极化

中美两极格局或2020年定型　中国需要盟友 ……（73）

亚太已形成中美两极格局 ……………………………（82）

中美在拉大与他国的国力差距 ………………………（91）

现在谈"中国世纪"太早了 …………………………（100）

中美争夺战略伙伴 ……………………………………（106）

首脑会晤不能排除中美之间的摩擦冲突 ……………（112）

预防性合作管控中美关系 ……………………………（120）

中美新型大国关系的核心是"不对抗，不冲突" ……（129）

美国对"新型大国关系"的立场是明确的 …………（135）

中美"假朋友"关系会更"假" ……………………（143）

中俄"结伴"应对美国战略压力 ……………………（148）

第三部分　美国反建制主义与国际秩序的未来

反建制主义与国际秩序 ………………………………（161）

未来世界谁主沉浮——国际秩序走向 ………………（168）

全球化的强化可能大于弱化 …………………………（181）

大国国际秩序观既要好听还得好用 …………………（189）

中美应建立和平竞争的国际秩序 ……………………（194）

特朗普当选及其国际影响 ……………………………（198）

2017，美国或制造最大"黑天鹅" …………………（213）

特朗普执政对中国崛起的影响 ………………………（222）

建立符合亚洲地区多样性的地区秩序 ………… (251)

卡塔尔危机的根源在于中东地区多极化 ………… (255)

第四部分 道义现实主义的改革创新理念

改革能力影响国家实力 ………………………… (267)

以外交创新实现民族复兴目标 ………………… (271)

中国外交改革创新应加大力度 ………………… (279)

中国须继续加大改革开放的力度 ……………… (287)

政治领导力高低决定中国崛起成败 …………… (292)

安全关系是最牢固的双边关系基础 …………… (303)

大国外交得区分敌友 …………………………… (314)

用"周边命运共同体"突破安全困境 …………… (319)

整体的"周边"比美国更重要 …………………… (326)

中国应增加对外军事援助,减少对外经济援助 … (332)

亚投行将提升中国金融影响力 ………………… (343)

第五部分 实事求是的崛起战略原则

中国崛起面临的安全战略挑战 ………………… (349)

中国周边外交正面临重大战略机遇 …………… (356)

外交概念泛化有损世界理解中国 ……………… (367)

中国怎么可能用经济实力摆平一切?! ………… (374)

"一带一路"的核心是战略关系而非交通设施 … (386)

把铁路建设认为是"一带一路"的核心有点偏颇……（392）

安保法给中日带来冲突的危险性 ……………………（398）

中国崛起战略和国际环境变化趋势 …………………（400）

中菲关系改善，东南亚战略布局现契机 ……………（419）

网络竞争的重要性已超过核竞争 ……………………（430）

2018年，中国崛起的外部环境会有哪些新变化 ……（438）

附 录

国际关系研究的"清华路径"
——阎学通教授的治学之路 ……………………（451）

第一部分　道义现实主义的理论与研究方法

恢复王道，重塑中国内政外交[*]

阎学通是清华大学当代国际关系研究院院长，他在2015年的著作《世界权力的转移——政治领导与战略竞争》中主张中国应该采取更加自信的外交政策，中国官方新闻媒体对此书给予了好评。阎学通认为，随着崛起的中国对美国的世界领导地位发起挑战，中国要采取"道义现实主义"的做法。这种做法更深入地强调了对外开展军事合作，对内建设更人道的社会。

阎学通教授生于1952年，拥有加州大学伯克利分校的政治学博士学位。2008年被《外交政策》（*Foreign Policy*）杂志列为世界百大公共知识分子。在访谈中，他解释了为什么中国现在应该削减对其他国家的经济援助，为什么朝鲜不是中国的盟友，以及为什么他认为中美处于竞争但不会开战。

---

[*] 本文为纽约时报网记者YUFAN HUANG对阎学通教授的访谈，原文为英文，翻译：土土、许欣。

问：你说中国应像美国一样建立军事联盟。中国已经为缅甸、老挝、柬埔寨，以及上海合作组织的一些成员国提供了军事援助，而且正在建设吉布提海军基地。中国应该在这些国家设立军事基地吗？

答：中国为了自身利益，应该考虑在它认为是盟友的国家设立军事基地。不幸的是，中国政府坚持不结盟的原则。中国将在哪里建立军事基地还言之过早，因为中国现在只有一个真正的盟友——巴基斯坦。

问：1961年中朝签署了同盟条约，但你说朝鲜不是盟友，为什么？

答：2013年，中国公开否认与朝鲜结盟，并宣布这两国根本上只是"正常关系"，两国领导人多年没有会面，这都不是盟友做法。中朝关系还不如中韩关系，而韩国还是美国的盟友。

问：中国为什么不结盟呢？

答：有些人认为是因为缺乏军事实力，但我认为，这是因为中国没有做到实事求是。中国政府在1982年决定采取不结盟原则，这在当时是正确的，因为那时中国的力量非常薄弱，这个原则在接下来20年里符合中国的利益。但后来中国已经成为全球第二大国，不结盟原则不再符合中国的利益。中国放弃这个原则的主要障碍是，多年来政府在宣传工作中一直把结盟批评为一种冷战思维。

问：中国怎样获得更多的盟友呢？提供更多的经济和军事

援助？

答：仅仅提供经济援助或贷款，是不可能改变中国同其他国家关系的性质的。因此，我不认为中国的"一带一路"欧亚大陆经济发展倡议可以从根本上改变关系的性质。

问：您最近说过中国应该减少对其他国家的经济援助。为什么？

答：我认为中国应该将对包括直接援助和贷款在内的对外经济援助减少至占每年外汇储备1%的水平，这在2015年大约为350亿美元。以中国的能力，目前的数字过高了。在大多数情况下，给予发展中国家的贷款最终会被勾销，不会偿还。

我们相应减少经济援助，增加军事援助。应该向友好国家提供军事援助，以提高战略合作水平，获得政治支持。但中国应该小心谨慎，避免参与中东的军事冲突。中国应该从俄罗斯军事介入叙利亚的行动中得到教训。

问：如果中国放弃不结盟政策，中美之间的态势会发生什么变化？

答：改变只会是积极的。与中国结交的盟友越多，这种关系就越协调、越稳定。中国越回避结盟，华盛顿方面就越可能遏制中国，因此会导致关系不稳定。

双方不会爆发直接战争，因为两国都拥有核武器。目前的问题是，两国不愿承认它们存在竞争。它们仍旧假装是朋友。

2011年美国副总统乔·拜登（Joe Biden）访华期间，时任国家副主席习近平提出了中美"良性竞争"的想法，这获得了拜登的认可。当双方将这种关系性质定义为竞争，而不是合作时，他们已经降低了对对方友好行为的期待，提升了对对方敌对行动的容忍度。因此，双方都将小心谨慎，避免激怒对方，避免使冲突升级为灾难。

遗憾的是，"良性竞争"后来被"新型大国关系"替代（习近平提出的以合作及避免对抗为基础的平等关系），稳定双边关系的机会已经消失。

问：近些年来，由于中国变得更加强硬，特别是在南海问题上，中国的一些邻国似乎感觉没那么安全了。中国的这种方式是不是适得其反？

答：只有菲律宾和越南与中国在南海问题上产生争端，中国有30多个邻国，这只是其中两个。近些年来，美国在亚洲的两个长期盟友新加坡和泰国，与中国的关系更近了。

中国的南海政策只是为了维护自身利益，所以我觉得并没有过于强硬，而只是之前的政策不够有力。

南海争端只是中国强国之路上的一个阻碍，而中国的这一前景是美国不愿接受的。这是中美竞争的结果，而不是起因。但是是否要为了菲律宾和越南与中国开战，由美国说了算。这不是由中国决定的。美国最近支持日本参与南海事宜，这说明美国尚未决定在南海直接与中国对抗。

问：你说过道义现实主义指的是在以"王道"这种中国古

代哲学为基础的领导方式下，在国内建设更好的社会。这具体是指什么？

答：道义现实主义包含以身作则，这意味着中国需要在国内外践行它向世界宣扬的道德原则。道德现实主义提及的核心原则是公平、正义、文明。平等、民主、自由也是道义现实主义倡导的重要原则。

道义现实主义指出，对于包括中国在内的所有国家来说，民主的实质应该是一样的，尽管形式不同。实质就是政治领导应由人民批评纠正。

在中国古代，谏官可以直接向皇帝禀报，而免受惩罚。对于王道来说，言论自由是必不可少的，但谏官制度更为重要，因为与言论自由相比，该制度可以更有效地纠正策略的错误。

问："王道"会依照普遍认同的对错标准领导世界吗？例如，中国应该就朝鲜最近（2016年2月）的核试验对其施加制裁吗？

答：这是西方的霸权主义的想法。王道是一视同仁的。如果朝鲜无权拥有核武器，那中国和美国就应该保护朝鲜的安全，换来它的去核化。这就是我们所说的以身作则和公平。只有西方国家会在没有考虑公平解决方案的情况下就要求制裁，世界上共有195个国家，而西方国家只占了大约20%。

（原刊于2016年2月9日纽约时报网）

道义现实主义为世界提供"中国方案"*

步入21世纪以来,随着以中国为代表的发展中国家的快速发展和西方的相对衰落,国际格局发生了广泛而深刻的变化。在中国外交更加奋发有为的今天,面对世界上一些别有用心的国家提出的"国强必霸""中国威胁论"。我们应当如何有力回应?如何同其他国家建立和发展友好合作关系,建立命运共同体,树立负责任的大国形象?为此,中国社会科学网记者专访了清华大学当代国际关系研究院院长阎学通教授。

"物质决定论"存在缺陷

中国社会科学网:您的新著《世界权力的转移——政治领

---

* 本文为中国社会科学网记者张春海、实习记者张帆对阎学通教授的访谈。

导与战略竞争》的中心思想被学界称为"道义现实主义"。道义现实主义研究的核心问题是什么？

阎学通："道义现实主义"研究的核心问题是崛起国如何在与主导国的竞争中赢得竞争，进而取代现行世界主导国的地位。目前，有"物质决定论"这么一种说法，这种理论认为一个国家的物质实力是基础，物质实力决定一切。我认为这个提法并不科学。通过历史，我们可以看出，物质实力强大的国家也会走向衰败。最近几百年里，世界的中心国家是不断变化的，从西班牙到英国，再到美苏争霸然后到美国一超独大。为什么强国会衰落，而弱国会逐渐强大？这就是世界权力的转移。

在实际研究中，我觉得"物质决定论"是有缺陷的，特别是把"物质决定论"变成"经济决定论"，把物质力量局限在经济力量中，认为经济力量强大到可以决定一切。那么今天的现实情况是，中国不论整个的物质力量还是经济实力跟美国差距还很大，但是为什么中国和美国国际影响力差距在缩小，而不是越拉越大？

我认为崛起国的成功在于其政治领导力强于现行世界主导国，即需要将领导人作为自变量之一建立起科学的系统性理论。这里的领导人指的是领导集体。每个领导集体的作用是不一样的，所以当我们看到政府变更之后，国家实力的上升和下降就会发生变化。为什么有的领导正面作用大，有的领导负面作用大？我认为是领导的类型不同，这其中就按照一个道义的标准来划分：无为型、守成型、进取型、争斗型。

"道义"与"现实主义"并不相悖

中国社会科学网：道义和现实主义作为一个理论中的两个主体，它们是否矛盾？我们如何在国家政治外交中合理地处理好两者的关系？

阎学通：很长时间大家有这么一种观点，道义和利益是对立的，它们两个不是统一的。在中国古代，就有"义利之争"，即国家到底应该是以利益为目标，还是以道义为目标。而这样的争论在西方的国际关系理论中也多有体现。

道义现实主义提出后，曾有一些学者批判我，约翰·米尔斯海默就说，你把道义都带到现实主义了，那你就不是现实主义了。其实这是一个误解，现实主义不是不讲道义。其实古典现实主义理论家们都很强调道义的作用。

道义和物质利益之间的关系不是完全对立的。我个人认为，道义对提高一个国家的力量是有作用的。道义对权力的影响主要有两种情况：第一，遵循或违背国际道义原则具有提高或削弱本国权力合法性的作用，但不必然会相应地增强或降低本国的实力；第二，遵循或违背国家道义原则不仅具有增强或削弱自身权力合法性的作用，同时也具有增强或降低自身实力的作用。有了合法性你能得到更多的支持，所以我们说"得道多助"。比如说，现在进行的和"伊斯兰国"之间的战争，如果大家能够团结起来共同打击"伊斯兰国"，那么这些国家的物质力量就增长了。也就是说，道义不仅仅是在法理上提高你行为的合法性，而且能够帮助提高你的物质力量，借助别人的物质力量来实现你的政治目的。

改革创新对大国崛起至关重要

中国社会科学网：人类历史上已多次发生过世界中心转移的现象。如何用"道义现实主义"解释这一现象背后的共性逻辑？具体而言，作为一个崛起国为何能在实力弱于主导国的条件下赢得竞争，取代主导国的国际地位？

阎学通：人们看到世界权力发生转移最直观的感受，是新崛起的大国的物质力量超越了原来的世界霸主，所以人们就把这个归结于物质力量的增长。我个人认为这个说法是不严谨的，是什么促使物质力量能快速接近甚至超越主导国？我认为是这个国家的领导集体的改革创新能力。现在我们提倡全民创新，叫"双创"。双创的概念是大众要创新，各个领域都要创新。其实对政治领导人来讲，创新更重要，一切都是在变化的，领导一个国家、组织一个国家、管理一个国家，需要创新，没有创新能力，对国家的管理、治理是不可能取得一个很好的成果的。这不仅仅在中国，全世界都如此。哪个国家当他们领导集体的创新能力比较强的时候，国家的发展速度就快；当这个领导集体趋于保守、丧失创新能力，这个国家发展就会比较慢。所以我更强调的是，在国家竞争中，领导集团的管理创新、制度创新至关重要。可以说能否改革创新是影响世界权力发生转移的重要因素。

为世界秩序变革提供"中国方案"

中国社会科学网：在世界秩序发生深刻变化、中国外交更加奋发有为的今天，您认为我们可以为世界秩序提供怎样的中国方案？

阎学通：国际社会越来越多认为中国是一个不断崛起的大国，那么人们就开始问一个问题，中国强大之后，将为世界提供一个什么样的领导。你这个领导跟美国现在的领导有什么区别？

荀子讲的"国际领导"有三类，王权、霸权、强权。王道思想的核心是"仁"和"义"。这里的"仁"非常接近现代意义上的公平，"义"非常接近现代意义上的"正义"。我个人认为，中国要给世界提供一个王权式领导，这和美国的霸权领导有根本不同。王权式领导的本质是仁慈。我们讲究以"仁"促进国际公平规范；以"义"促进国际正义原则；以"礼"促进新型大国竞争。我认为，中国不是要跟美国去争霸，而是应该创立一个新型的王权式领导。

应该说现在中国政府已经开始有意识去解释我们在国际社会上的政策有什么不同。2012年，时任国家副主席习近平在出席清华大学主办的首届世界和平论坛时提出，一个国家要谋求自身发展，必须也让别人发展；要谋求自身安全，必须也让别人安全；要谋求自身过得好，必须也让别人过得好。以公共产品为例，美国提供公共产品就是通过同盟方式然后向盟友提供保障，而中国提供公共产品是建立一个命运共同体，这和美国建立同盟的性质是不一样的。

贯穿体系、国家、个人三个分析层次

中国社会科学网：一个大国的崛起离不开强大的理论支撑。中国国际关系学界也一直在努力从中国崛起的实践中提炼出一些理论，试图回答一个崛起大国可以和平融入国际社会。您认为现有理论中哪种理论比较有影响力？其中"道义现实主义"理论对于中国和平崛起能提供怎样的理论支撑？

阎学通：目前我认为还是现实主义这一理论对中国的崛起起了较大作用，因为国际政治是现实生活中的一个部分，理想主义、建构主义现在还不太适合当前的国际社会。现实主义，比较强调国家的利益，强调物质力量。道义现实主义还强调思想观念的作用。思想与物质，都是我们要面临的现实问题，你忽视了物质方面的建设，这个国家强大不了；但是你忽视了思想上的建设，这个国家强大可能会走上邪路。

道义现实主义是一个二元理论，既强调物质力量的作用，也强调主观能动作用，这样一个二元论比一元论效果更好一点。从分析层次来讲，国际关系理论有三个层次：体系层次、国家层次和个人层次。道义现实主义理论，把三个层次贯穿起来了。从领导层的个人层次出发，领导人的政治去向决定国家类型，国家类型又提出国家的规范类型，从而对国际体系产生影响，影响国际秩序的变化。总之，我觉得一个二元论的理论，一个能够贯穿体系、国家、个人三个层次分析的理论可能是比较适合现实情况的。

（原刊于2015年11月27日中国社会科学网）

道义现实主义外交视角下的中国崛起[*]

人民论坛：近年来，尤其是习近平总书记上任以来，中国的崛起呈现出哪些新的变化和特征？

阎学通：自2013年以来，中国崛起最为突出的特点是迅猛且不可阻挡。国家的政治目标由经济建设转向民族复兴，政治治理由维持稳定转向反对腐败，社会变化的动力由积累财富转为改革创新，经济增长点由出口导向转为内需消费，外交战略由韬光养晦转向奋发有为。道德观念的变化相对较小，但出现了转变的迹象，讲道义的声音开始出现，物质主义虽然仍占有主导地位但开始弱化。习近平主席上任以来，中国外交的变化是一个整体性的转变，它涉及战略目标、基本方针、总体布局、工作思想、实施方案等领域。习近平外交思想中有很多中

---

[*] 本文为人民论坛网记者谭峰对阎学通教授的访谈。

国古代的思想，我将之总结为"道义现实主义"，即现代化的"王道"思想。中国以往韬光养晦的策略反映的是弱国外交，中国变大变强之后，采取"王道"外交的理论和政策应是一个主流趋势。

这次（2014年8月）习近平主席访问蒙古时表示，中国政府欢迎蒙古搭乘中国发展的"便车"，这其实就属于"王道"的思想，即谓"以大事小以仁"。从宏观上来说，允许中小国家搭中国的便车，展现了大国对自己实力的自信和君子与人方便的大度风范。具体而言，中国今年（2014年）年底将会成为世界上最大的进口国，中国从哪个国家多进口一些东西，哪国就能得到免费开发的市场，这是中国允许别国"搭便车"的一个微观体现。从宏观上讲，中国可以提供公共产品，比如，中国维护地区和平，所有相关国家均可享受和平的国际环境。中国周边外交政策的"亲、诚、惠、容"原则都是讲道义的王道思想体现。

我1998年出版《中国崛起国际环境评估》后，长期因坚持中国会崛起为超级大国的观点而遭到嘲讽。到2013年7月我出版《历史的惯性：未来十年的中国与世界》时，这种舆论仍很强大。而现在，怀疑中国在十年内崛起为超级大国的人明显少了。最近（2014年8月8日），奥巴马在接受《纽约时报》采访时调侃中国，他说，中国搭了30年便车。超级大国都得对世界事务负责，而中国却不用。世界上有事都来找美国而不去找中国,他希望也能有中国这种优势。中国媒体不满意奥巴马抱怨中国搭便车,但没注意到这个调侃流露出奥巴马认为中国是超级大国的内心的想法。

人民论坛:国际社会对中国崛起的认识是否也发生了改变?

阎学通:苏联1991年年底解体,1993年就出现了"中国威胁论",后来又出现了"中国崩溃论"和"中国责任论"。现在西方媒体仍在宣扬"中国威胁论",但语气变了,已不再是信心满满地遏制中国崛起,而是无奈地怨天怨地。而且这种宣传的影响力下降,几年前说中国在非洲搞经济殖民主义的舆论在非洲已经失去了市场。拉美和中东国家把中国视为未来最主要的合作伙伴。中国周边国家除了日本、菲律宾、越南和朝鲜四国,其他国家与中国的关系都好于2012年,一些国家与中国的军事合作更加深入,俄罗斯最为典型。

对中国崛起的认识方面,西方阵营也发生了一些微妙的变化,美国、日本、欧洲三方的心态是不一样的。众所周知,美国现在的国力相对衰落,不再具有领导世界的能力。美国对中国的崛起表现出无可奈何的态度,它想和中国分权,把其不想承担的责任交给中国,但中国也不想承担这些责任,矛盾便由此产生。日本则是不甘心中国获得如此多的国际权力,但它又没有足够的力量牵制中国,于是便想办法站在美国一边,借重美国而防止中国权力上升。欧洲首先承认中国权力增长已不可避免，但它更多地是想如何在中美之间的利益博弈中保持平衡、得到好处，走一条"中间化"的道路。中国制定的措施是依照实际情况决定的，不过中国目前采取的大国外交还需要注意区分敌友的原则。1987年，中国开始告别意识形态的站队，不做国家间的排序，不分敌友。这样的优点是灵活，特别在经济导向的外交下更有利于发展经济合作，但现在中国的外交的主要任务已由开展经济合作为主转为以战略安排为主，中国亟须解决战略方面的国家间关系问题，现在还不区分敌友是不合理的。

人民论坛：从学理角度看，您认为"中国崛起、中国威胁、世界和平"这三者应是怎样的逻辑关系？

阎学通："中国崛起"意味着中国的综合实力向美国接近，中国将承担越来越多的国际安全责任。中国承担更多的国际安全责任是指为中国自己、友邦及合作者提供安全保护，中国不会为敌手和对抗者提供安全保障。这就是说，面对中国崛起的客观趋势，愿意与中国合作的国家就会感到安全威胁减少，而与中国对抗的国家，特别是从军事上与中国对抗的国家，则会感到安全威胁增加。

"世界和平"有许多的定义，至少可以定义为"没有世界大战"和"世界上没有战争"两种含义非常不同的解释。以前者为标准，自第二次世界大战结束以来，世界和平就没有消失，今后十年，世界大战的危险会越来越小。第二次世界大战后的世界和平与核武器及核威慑战略是并存的，因此一般认为，在核威慑功能被废除前，世界大战不会发生。这意味着，中国崛起和"中国威胁"都不会引发世界大战。以后者为标准，自有国家以来世界上每天都在进行战争，也就是说从来没有过世界和平。中国崛起也不可能创造出没有战争的世界。现在看不出中国崛起可以消除巴勒斯坦和以色列之间的战争。无论与中国对抗的国家是否感到"中国威胁"，这对创造无战争的世界都没有影响。现在世界上每年有30起左右的大规模军事冲突，增加几起和减少几起，都改变不了世界上每天都有战争在发生的现象。

人民论坛：就现在而言，中国的崛起对世界上的哪些国家或地区影响最大？是否会造成一定程度上的冲突？如何化解？

阎学通：大国崛起是一个过程，崛起国的影响力也是由近及远地延伸。即使是全球化的今天，崛起国影响最大的地区仍是其周边国家。然而，由于影响是多方面的，而且有正面和负面两种性质不同的影响，因此中国崛起对不同地区和不同国家产生的影响是不同的。从经济角度讲，中国崛起几乎使全世界所有国家受益，甚至与中国对抗的国家都会受益于中国进口、出口、投资和技术发明。经济上受益于中国崛起并不意味着政治上也必然受益。例如，美国受益于与中国的贸易量增长，但美国不愿失去世界第一大贸易国的国际地位。日本受益于在中国投资，但日本不愿失去世界第二大经济体的地位。从安全上讲，俄罗斯与上合组织其他成员受益于中国崛起最多，因为中国军事力量越强大为上合成员提供安全支持的力量就越大。然而，日本和菲律宾侵占中国岛屿的安全则不会受益于中国崛起，他们会认为中国崛起对他们构成安全威胁。中日战略矛盾不是因美国重返亚太战略导致的，美国是利用中日矛盾。没有美国的介入，中日之间的战略矛盾依然存在，因此解决中日矛盾的出路在中日，而靠美国不介入来解决中日矛盾是做不到的。

任何大国崛起都必然形成战略冲突，因为霸主国不愿任何国家强大到与其平起平坐，其他大国也不愿别国比自己强大。"崛起困境"原理就是解释为什么大国崛起过程伴随着国际体系压力越来越大的现象。中国崛起也摆脱不了这个规律。崛起带来冲突是正常的，我们不应恐惧引发冲突，而是要考虑如何克服冲突，实现崛起。克服冲突的策略非常多，需要结合具体问题决定如何克服这些冲突。抽象地讲，克服冲突的基本策略有两类，一类是向冲突的对方让利，使其看到放弃对抗政策获得的好处比进行对抗的好处多；另一类是给对方造成损失，使其看到放弃对抗的损失比坚持对抗的损失小。有些同志只看到让利可以解决冲突，而忽视了制造损失也能解决冲突，因此在遇到具体问题时，从来不分析和解与对抗哪种方法更有利于维护国家利益。

人民论坛：您曾经提出"中国要实行和平崛起战略，其需要研究的核心问题不是中国是否应选择和平崛起的道路，而是要研究哪些策略能使中国和平崛起"。那么，您觉得中国的和平崛起首要采取的策略有哪些？

阎学通：我参加了2004年关于和平崛起的研讨会，我与许多与会者对和平崛起的问题认识不一样。很多人讨论的是中国应不应该和平崛起。其中有些人提出，和平崛起是目的，如果不能和平崛起，中国就应该放弃崛起。我与他们不同，我讨论的是中国如何和平崛起。我认为崛起是目的，和平是手段。当和平手段无法实现目的时，就得改换其他手段，不能因和平手段不具备就放弃崛起目标。

我认为，和平崛起比武力崛起更困难，因此如果连武力崛起的能力都没有就不可能实现和平崛起。我坚持认为，和平崛起的基础是建立强大的军事力量，而且强大的标准就是美国的军事水平。当中美军事力量相等时，和平崛起就具备了基础，当中国军事实力与美国有巨大差距时，中国就没有和平崛起的条件。需要强调的是，当今中国国防建设的目标已经有所改变。20世纪五六十年代国防建设的目标是防止外部军事入侵。但自从国际社会诞生了核武器之后，核国家间不敢进行大规模战争。面对这样一个大形势的变化，如果现在仍继续坚持以往的国防建设目标的话，这是不符合我国实现民族复兴这一战略利益的。在没有外部军事入侵可能的条件下，仍以防止外部军事入侵为国防建设目标，显然是没有意义的，而且是对军事资源的浪费。在全球化的核时代实现民族复兴，中国的国防建设要符合时代特点；与此相对应，中国现在的国防建设应以维护全球范围内中国的国家安全利益为目标。如果我们的国家利益在南美受到侵害，而我国军队的作战能力仍局限于中国边境，这显然是不利于我国民族复兴的伟业。

再以和平统一台湾为例。在美国有12艘航空母舰的条件下，我国拥有6艘航空母舰，就具备武力统一台湾的条件，当我国也拥有12艘航母时，就具备了和平统一台湾的能力。这个例子是为了理解和平崛起的基础是什么。至于缩小中美军事实力差距并不是靠航母数量与美国一样就能实现的。军事力量包括了军事装备、军事机构、作战指挥能力、军人战术能力等多方面的因素。故此，中国和平崛起迫切要求我国进行彻底的军事改革。我国的军事体制是在20世纪40年代解放战争的基础上形成的，比较适宜在我国大陆境内进行作战，而不适宜在海外特别是海上进行作战。军队文艺团体的存在仅是这个军事体制不符合时代需要的一个连外行也看得出来的突出表现，而我军需要改革的内容几乎涉及军队的各个方面。

（本文原刊登于2014年9月12日人民论坛网）

中国在世界不应争霸权
而应争"王权"*

借助先秦思想丰富国际关系理论

新浪国际：您在《世界权力的转移》中提出"道义现实主义"，您是从什么时候开始为这一理论做准备的？

阎学通：这本书从2004年开始，到现在已经有11年了。1999年亚历山大·温特（芝加哥大学政治学教授、建构主义国际政治理论重要学者）的著作产生了较大影响，但国际关系理论自建构主义之后，连续好多年进步都很慢，所以我就想，能不能挖掘中国古代思想来丰富国际关系理论。按照这个思路，我们分了三个步骤：一、从先秦文章中寻找相关的段落、资料；二、编辑整理、从现代社会去理解其思想并用其来解释现

---

* 本文为新浪国际网记者文晶、实习生王媛媛对阎学通教授的访谈。

实中的国际政治；三、在此基础上创建自己的理论。《世界权力的转移》第一部分为理论创新的内容；第二部分为借鉴与应用，即如何理解中国古代思想在国际关系理论中的地位；第三部分是具体的政策建议。

新浪国际：中国对国际关系理论的研究都是借鉴西方，您提出"道义现实主义"，是否是为了中国在国关理论领域争取话语权？

阎学通：当代国际关系理论中，中国学者的理论思想是有的，但被西方认可的理论体系还未形成，这当然是一个遗憾。但并不是因为没有这个理论体系，我们要去创造它。现有的国际关系理论多数是建立在西方思想文化基础之上的，对于这方面我们怎么去理解、研究都不太可能超越西方学者，我们不太可能比他们理解得更深刻，但是，我们想要在理论探索中前进，就还是要回归到我们自己的传统文化中来。幸运的是，我们提出了这样一个理论，并且也形成了体系。不管是个人层次、国家层次还是体系层次，都可以用它来解读国际关系，这逐渐得到了西方学者的认可，用的人也越来越多了。

追求"王权"更注重权威而非权力

新浪国际：您在此前的一篇论文中提出，道义现实主义只能由中国人来提出。

阎学通：也不完全是这样。我认为国际关系理论无国界，不同的文化知识对推动国际关系理论的作用是不一样的。有一位英国学者写过一篇关于道义现实主义的文章，标题就为《道义现实主义》，他提出：在摩根索、凯南这些古典现实主义学者的思想中，都有考量道义的因素，他意识到了道义的重要性，现实主义普遍被认为是不讲道义的，他认为这是不对的，现实主义也讲道义，但他没有提出一套理论思想。我和他的区别就在于，我是从科学的方法来分析道义在客观上对政治领导、世界主导国的类型、国际规范的转变所能够起到的作用。这样，我们就完善丰富了这套理论，而不是只停留在原先的层面上。

新浪国际：这是道义现实主义与传统现实主义的最大不同？这个理论如何与国际政治现实联系起来？能否举个例子。

阎学通：举个例子，21世纪最重大的事件是中国崛起，其中一个最不可避免的问题就是中国跟美国之间存在权力争夺，比如TPP、亚投行。对外界来说，他们会关心中国如果承担领导世界的责任，那么他提供的领导，是比美国更好，还是比美国更坏？也就是说，"中国威胁"论是不是会更严重？而我们自己看来，如果我们领导世界，我们会怎么领导，我们会哪里与美国不同？我认为，中国如果实现民族复兴，重新成为世界最强国，就会提供一种崭新的领导，这会与美国的领导不一样。西方国家对世界领导不做类型划分，荀子将领导国类型分为王、霸、强三类,美国现在提供的是霸权,美国称其为"仁义的霸权",可能这是很好的霸权,但它究其竟是霸权。中国不会追求比美国更"仁义的霸权",我们要提供的是王权,这是性质区别。

新浪国际:您指的这个王权是什么?

阎学通:我们说提供王权,其实就是说我们追求的是权威,而不是物质权力。权力与权威有联系,但不等同。就像经济和政治紧密相连,但经济不是政治。所以,我把"医生"比喻为"权威","警察"比喻为"权力"。王权,我把它翻译为 human authority,authority 就是权威;而霸权,它指的是种权力。所以王权不是霸权 2.0 或 3.0 的升级版,是性质不同的概念。

争取战略伙伴是中美博弈关键

新浪国际:您在书里提到,主导国为维持现有国际秩序,与崛起国想改变现有国际秩序之间,存在结构性矛盾,在您看来,当前这种矛盾已经发生变化了吗?

阎学通:一般说来,崛起国会依照自己的价值观制定一种新的国际规范,当这个规范被国际社会普遍接受并依据它来行动时,就有了新的秩序。书中有专门提到主导国的转变和国际规范的改变,美国主导了一种自第二次世界大战后以来的国际秩序，它维持了世界和平，但缺少公平正义，这是一种秩序，但不够完善，需要改变。今天我们面临一个问题就是，中国应该提出什么样的秩序呢，是更公平正义，还是更不公平更不正义呢？你可能建立一个更稳定的秩序，但它可能是更不公平的。一个用暴力残酷压迫的体系，可以是极其稳定的，但它绝对是不公正的。

新浪国际：如今谈到格局，都避不开中美关系，但中美关系一直都是阴晴不定的，前不久（2015年），美军舰进入中国南海相关海域，再次引起中美争议，您是怎么看待这个事件的？

阎学通：这次美军舰闯南海发生在（2015年）10月12日，我们召见了他们的大使进行抗议，这是好多年没有发生过的事情了。中美之间的结构性矛盾正越来越严重，美国要保持其老大地位的一极格局，而中国的崛起使这个一极格局难以维持下去，世界将会变成两极格局，这样结构性矛盾不可避免。结构性矛盾和战略友好关系的竞争是相互伴随的，就是说，在结构性矛盾中，谁的战略伙伴更多，谁就将在竞争中胜出。而道义现实主义强调的就是战略伙伴关系，两极格局除了实力对比，还有战略伙伴关系，对我们来说，争取战略伙伴关系是非常必要的，英、法、德纷纷向华示好，就可以看出我们已经取得了一定的成功。

新浪国际：除了中美，谈格局也不能忽视俄罗斯，俄罗斯目前在叙利亚的行动会改变中东地区格局吗？

阎学通：中东地区基本格局目前不会发生太大变化，美国从中东撤出后，即使俄罗斯派去飞机，也改变不了该地区权力格局向沙特、伊朗、土耳其和埃及转移，美国的真空是任何外部大国都无法填补的，俄罗斯没有能力填补这个真空，中东今后只会属于中东地区大国间的互相争夺。

中国应与韩国建立军事同盟

新浪国际：最近（2015年），中断了三年的中日韩三国首脑对话开启，如何以"道义现实主义"来看待目前的东亚国际关系现状？

阎学通：根据我的理论，中国在周边地区面临的最大问题还是竞争战略伙伴的问题，当我们不给周边国家提供安全保障的时候，想在竞争中占据优势是困难的，因为美国承诺给他们提供安全保障，我们不承诺，他们怎么可能跟你关系好？对这些国家来说，都不需要选择，谁保护他们，他们就感谢谁。

新浪国际：那根据您的理论，中日韩三国合作有没有战略性的选择？

阎学通：中国在这个地区要给周边国家提供安全保障，提供安全保障就是提供公共产品，就是承担国际责任，这意味着你是可靠的，要让别人认为你是讲诚信的。在国际社会，对大国来讲，诚信的最大基础就是，我来保护你。盟友关系不可靠，但其他关系比盟友关系更不可靠。对于韩国，它是美国的盟友，我们可以争取让它同时与中国建立军事同盟关系，韩国在历史上有两次都是这样做的，它是可以做到的，这是可行的。对于日本，建立同盟关系是不可能的，应该采取政经分离政策，政治是一套政策，经济是一套政策。

新浪国际：但给韩国提供安全保障，又该如何处理和朝鲜的关系，毕竟韩朝还处于敌对状态。

阎学通：这并不矛盾，比如说，巴基斯坦，它既是中国的伙伴，也是美国的盟友；韩国、日本矛盾很大，但同时都是美国的盟友。我们面临的问题，不是别人愿不愿意跟中国结盟，而是中国愿不愿意跟别人结盟，从"王道思想"来讲，王道策略就是靠结盟，结盟是一种战略信誉，有了战略信誉这个基础，才能有权威，才能实行王道。

新浪国际：所以您认为，还是须有更紧密的关系才行。

阎学通：以经促政是不可能树立国际权威的。

（原刊于2015年11月10日新浪国际网）

如何减少反对中国崛起的力量

今天（2016年5月7日）组织的这个讨论是受到道义现实主义理论影响的。道义现实主义认为，讲道义有利于崛起大国提高实力地位、争取国际支持，但这并不意味道义现实主义认可"不讲道义的国家就崛起不了"。历史上有讲道义崛起成功的大国，也有不讲道义崛起成功的大国。如秦帝国、罗马帝国等都是靠暴虐杀戮成功崛起的。道义现实主义理论不认为中国今天的崛起应借鉴历史上靠暴虐杀戮成功的经验，而是建议借鉴那些使用武力但也运用道义原理取得成功的经验。如中国历史上的周武王、齐桓公、唐太宗的经验。下面谈一下国际道义的标准问题。

崛起国应比霸权国更具道义

首先，国际社会是以霸权国的道义水平作标准来衡量崛起国的道义水平的,即国际道义的相对性。也就是说,在既定的历史时期,崛起国和霸权国的对外政策都具有相同的拓展性质,但只要崛起国的政策道义水平比霸权国高一点,就会被国际社会认为是讲道义的;而如果低一点,就会被认为是不道义的。道义现实主义理论认为,崛起国要争取国际政治支持就需要采取比霸权国相对道义的对外战略。

其次,中小国家对崛起国和霸权国哪一方更道义的判断,并不依据他们是否进行战争,而是看哪国的政策给他们带来的好处多,特别是安全上的好处,如果两者都带不来好处则看哪一方给他们造成的伤害小。道义现实主义理论认为,国际政治层面的道义是指一国政策行为的正义性,而非不使用武力。这就是为什么英国在第二次世界大战时对纳粹德国采取绥靖政策,被认为是不道义的。英国对纳粹德国的政策是和平的,但给欧洲其他国家没带来好处而是害处。

许多亚太国家采取了"经济靠中国、安全靠美国"的双向战略,这个现实说明,他们认为经济上可以从中国获利而安全上可以从美国获利。同时也说明,他们认为中国对他们构成的安全威胁大于美国。我们特别需要思考的是,为什么冷战后美国天天进行战争而中国一场战争都没打,反而是许多亚太国家采取"安全靠美国"的政策?认为一国崛起无害,是他国认为该国讲道义的必要条件,当这个条件不能满足时,该国就会被认为是不道义的。

拓展新兴领域利益阻力更小

最后，国际社会根据霸权国与崛起国拓展利益的内容，判断何者相对讲道义。无论是霸权国还是崛起国，其实力上升的过程都是利益向外拓展的过程。然而，在不同的历史时代，拓展的利益内容不同使得一国的道义形象不同。一般来讲，在新兴领域拓展利益比在传统领域拓展利益容易形成道义性。如果崛起国在新兴领域拓展利益，利益冲突方会较少，所遇到的国际阻力就小，甚至可以得到国际社会多数成员的支持。

在不同的历史时期，社会发展常常创造出一些新的利益领域。在新兴领域，拥有相同利益的国家相对较少，于是拓展利益对他国形成伤害的可能性也较小。例如，当工业生产创造国际贸易市场，这时美国在中国搞门户开放的扩张政策就显得比欧洲列强在中国强占租界地的扩张政策显得讲道义，这是清政府同意门户开放的原因之一。当工业化创造出国际资本市场后，向海外拓展资本利益就比拓展商品市场利益显得更讲道义，这就是为什么打开一国投资市场的阻力相对小于打开对方商品市场。大国崛起都不可避免地要拓展其国外利益，其国外利益得不到拓展的国家肯定不是崛起大国。其拓展重点是传统领域还是新兴领域，对其道义形象的影响则不同。

争取国际社会不反对中国崛起

根据上面有关国际道义相对性的讨论,我想总结三点。

一是中国外交战略要将国际社会不反对中国崛起作为首要目标,在实现这一目标的基础上再考虑争取国际支持。如果世界上没有人支持也无人反对中国崛起,我们的国际环境就会比现在好很多。这意味着,出台一项政策首先要考虑是否会引起反对,然而再考虑如何争取国际支持。为保障中国崛起的成功,总结历史上道义在崛起国成败中的经验和教训都重要,但失败的教训比成功的经验更重要,因为以往的成功战略并不必然适于现在的时代,但以往历史的原因仍会导致今天重复历史的失败。总结历史上那些崛起国因遭到严重反对而失败的教训,对我们今天更有现实意义。

二是中国崛起是在信息时代,因此中国崛起战略的主攻方向应选择在网络领域拓展利益而不是传统领域。网络代表了这个时代最先进的经济,中国已是网络技术第二大国和网络使用第一大国。网购能力是我国拓展境外网络利益的有效工具。由于多数国家与我国网络技术和网络使用能力差距较大,因此拓展我国境外网络利益将具有利益冲突小的特点,且很多国家愿意搭乘我国网络发展快车。这意味着,拓展境外网络利益比拓展传统领域利益更容易被国际社会所接受,甚至会被认为是相对讲道义的行为。

三是道义现实主义认为，战略信誉是大国道义的核心内容。超越国力的承诺和目标是无法兑现和实现的，于是必然导致国际战略信誉受损。从操作化的角度讲，我国的实力为世界第二，而非第一，即综合国力约为美国的50%。这意味着我国的国际承诺和战略目标应低于美国。总之，防止极"左"路线对外交的干扰，我们就得依据国家实力界定国家利益和战略目标，防止国际战略信誉受损，争取"得道多助"的国际效果。

（本文是阎学通教授在2016年5月7日"大国崛起与国际支持"研讨会上的发言）

"仁、义、礼"价值观超越
"自由、民主、平等"[*]

20世纪90年代初，随着苏联的解体，"美苏争霸"的两极格局转变为"一超多强"的局面。作为唯一的超级大国的美国长期主导着国际政治秩序的发展和演变。进入21世纪，特别是2008年国际金融危机以来，伴随着以中国为代表的发展中国家的快速崛起和西方的相对衰落，国际格局发生了新的变化。美国深陷反恐战争的泥潭，对国际政治秩序的主导能力相对下降，而中国伴随着经济的高速增长和综合国力的快速提升，对国际政治秩序的影响力也大大增强。

在这样的背景下，世界权力出现了转移，一些学者相继提出了"两超多强""G2"等反映中美实力变化对比的概念。与此同时，国际社会，特别是西方的国际关系学界对崛起后的中

---

[*] 本文为光明网记者刘家铭对阎学通教授的访谈。

国的对外政策也提出了诸多假设：有的学者认为就像当初美国取代英国一样，中国也会走上"国强必霸"的道路；有的则认为中国可能建立一个以中国主导的类似古代"东亚朝贡体系"的区域性政治体系。

那么，是什么导致了世界权力的转移？崛起中的中国应当选择怎样的外交战略与政策呢？清华大学当代国际关系研究院院长阎学通教授在其新作《世界权力的转移——政治领导与战略竞争》中提出了"道义现实主义"的新思路，引起了国内外学界和政界的关注。近日，光明网记者专访了阎学通教授。

欧洲与东亚实力的此消彼长是引起世界权力中心转移的决定性因素

记者：阎教授，请问"世界权力中心"的具体内涵是什么？

阎学通：一个地区能不能成为世界权力中心，是由该地区国家的实力和战略关系决定的，而不是地理位置。该地区必须包括世界上最具影响力的国家，然后该地区还应是国际争夺最为主要的地区。

记者：根据您的观察和研究，世界权力的中心在向哪个国家或地区转移呢？引起这种转移的决定性因素是什么？

阎学通：对这个问题，学界有着不同的看法。有的认为世界权力中心正由西方向东方转移，有的认为从北方向南方转移，还有的认为正在向亚太地区转移。我认为，欧洲自19世纪到冷战结束都是世界权力的中心，而美国自第二次世界大战后一直是世界上影响力最大的国家，是世界权力中心的一部分。更重要的是，美国的这种实力可能还将保持二三十年的时间，因此，在分析是什么因素导致世界权力中心转移时，我们应该把美国看作一个不变的常量。那么，我们就会发现：欧洲与东亚实力的此消彼长才是引起世界权力中心转移的决定性因素。

"道义现实主义"认为，战略信誉是一国政府讲道义的核心，领导的类型决定了国家的兴亡

记者：实力的此消彼长引起世界权力中心的转移。那么，又是什么导致实力的此消彼长？是经济吗？

阎学通："经济决定论"者是这么认为的，也就是所谓的"经济基础决定上层建筑"。但有一个问题他们不能解释：为什么中国的经济基础比美国差，却能够缩小跟美国的差距；美国经济基础比中国强，为什么不能拉大跟中国的差距？原因是什么？从更根本的意义上说，就是为什么在一定条件下弱者能赶上强者，而强者没法赢得弱者。人类社会一个特别普遍的现象就是出现叫"以弱胜强"，弱者跟强者俩人斗，结果强者输了，为什么？经过

多年的研究，我提出了不同的理论，即"道义现实主义"。在《世界权力的转移——政治领导与战略竞争》一书中，我提出"崛起国的成功在于其政治领导力强于现行世界主导国"。这是道义现实主义对世界权力中心转移原理的核心解释。

记者："道义现实主义"理论研究的核心问题是什么？"道义"指的是什么？

阎学通：研究的核心问题是"崛起国是如何取代现行世界主导国的地位的"。道义现实主义认为，在国内层面，政府讲道义的核心是仁爱。在国际层面，良好的战略信誉是一国政府讲道义的核心。国家领导类型的不同，决定一国政府是否看重自身的国际战略信誉。对崛起国来说，具备战略信誉有助于它改变现有的国际格局，也有助于它建立新的国际秩序和国际体系。简单来说，就是领导的类型决定了国家的兴亡，然后国家的盛衰再决定了国际格局的变化，成为世界领导之后的领导类型，再决定了国际规范的变化。

中国古代王道思想中的"仁、义、礼"等观念与现代国际政治相结合，完全可能建立起"公平、正义、文明"这样更高层次的普世价值观，并在这种价值观的基础上建立新的国际规范。

记者：遵循"道义"与一个国家"权力"的提升是什么关系呢？

阎学通：道义现实主义认为权力是国家利益的最主要部

分，是国家外交政策要实现的目标。道义对权力的影响有两种情况。一种是遵循或违背道义具有提高或削弱本国权力的作用，但不必然会相应地增强或降低本国的实力。比如安倍参拜靖国神社这样的行为。另一种是遵循或违背道义不仅增强或削弱本国的权力，同时也具有增强或降低自身实力的作用。比如1990年的海湾战争。

记者：中国的崛起是举世瞩目的，有学者认为中国有望赶超美国，形成新型的国际体系，但也有学者认为即使中国在经济、军事等方面赶上美国，也暂时无法在思想价值观方面超越美国的全球影响力，对此您怎么看？

阎学通：中国的崛起能否改变现行的国际规范，很大程度上取决于中国的价值观是否与美国不同。有的学者认为"自由、民主、平等"是人类最高层次的价值观，是不可超越的。实际上，将中国古代王道思想中的"仁、义、礼"等观念与现代国际政治相结合，完全可能建立起"公平、正义、文明"这样更高层次的普世价值观，并在这种价值观的基础上建立新的国际规范。2013年，中国提出将对外战略由"韬光养晦"转向"奋发有为"，习主席提出对周边国家"亲、诚、惠、容"和"公平正义、合作共赢"的外交原则。我认为，这就为中国实行王道崛起战略提供了现实的政治基础。

（原刊发于2015年11月光明网）

以国家利益评估对外政策效果

评估对外政策的效果是制定合理的对外政策的重要步骤，因为只有对现行政策的效果进行正确的评估，才能延续有利于维护国家利益的政策，纠正不利于维护国家利益的政策。然而，如何评估对外政策的效果，不仅仅是一个政策问题，也是一个重要的学术问题。笔者就如何评估对外政策的效果谈一些看法，以推进学术界形成一致的评估标准，从而避免所谓"仁者见仁，智者见智"的无意义争论。

第一，国家利益是评估对外政策效果的根本标准。维护、实现和拓展国家利益是制定对外政策的出发点，这一点已经成为学界的共识。以此为前提，我们可以推论，一项对外政策出台后其是否能够维护、实现或拓展国家利益，就应该成为评估该项政策效果的标准。多数人都会同意这个标准，但在对一项具体的政策进行评估时，人们却可能会用非国家利益的东西来评估对外政策的效果。例如，所有国家的外交部门都很注重他国对本国领导人的礼宾待遇，甚至以其规格的高低作为评估一项外交行为实现国家利益大小的标准。事实上，礼宾待遇仅仅是一个用于实现本国利益的手段，并不是受待遇方所获得的国家利益。

美国接待外国领导人的礼遇标准分为国事访问、正式访问、工作访问、顺路访问、私人访问、秘密访问等不同等级。同为外国领导人来访，美国给予对方什么样礼遇的出发点，是以不同级别的礼遇使美国获取利益。原则上，美国给予盟国领导人的礼遇高于非盟国领导人，通过这种差别来突出双方的同盟关系，促使该盟国与美国在政策上保持一致。当然，根据具体情况对不同国家的礼遇规格会有所调整。其实受到白宫较高礼遇的外国领导人并不能以此来维护其国家利益。同理，我国给予来访的外国领导人的礼遇也有所不同，这种差别也应该依据其是否有利于实现我国的利益来决定，而不能认为这是对方的国家利益。事实上，对方也不会将高规格的礼遇视为他们的国家利益。

第二，对外政策的成果表现为以小的国家利益为代价实现大的国家利益。对外政策服务于国家利益，这不等于其实施是零成本。任何对外政策的实施都是以一定的国家利益为代价的，这就是外交成本。评估一项对外政策的成果，不能只看该政策获取了多大的国家利益，而是要比较所获得的国家利益是否大于所付出的代价，因为该政策所付出的代价也是国家利益。如果获得的国家利益大于所付出的外交成本，说明该项对外政策是有成效的；如果两者相等则说明该项对外政策是无效的；如果获得的国家利益小于外交成本，则意味着该项对外政策是失败的。依据上述原则，我们可对日本的两项对外政策进行评估。

日本于1989年参加了美国组织的对华全面制裁。1991年日本重新评估了实施这项政策的利弊，决定解除对华经济制裁，成为做出这种决定的第一个西方国家。这自然使美国不满，但日本以美国的不满为代价却换来了中日政治关系的大幅改善和日本优先进入中国市场的好处。而后，美国也逐渐解除了对华经济制裁，其对日本的不满也随之消失。日本率先解除对华制裁的政策，成功地拓展了日本在华经济利益。日本于2012年实施的钓鱼岛所谓"国有化"政策则是一项失败的政策。这项政策不但没能强化日本对钓鱼岛的管辖权，反而给中国对钓鱼岛实行有效管辖创造了机会，使日本原先的管辖权受到了更大制约。

第三，对外政策的效果还表现为以小的国家利益为代价防止大的国家利益遭受损失。以国家利益为出发点制定对外政策，不仅能够扩大国家利益的政策是成功的，能够减少国家利益损失的政策也是成功的。在有些国际问题上，一国可能面临着一种困境，即国家利益损失的危险很大、没有获取利益的可能。此时该国对外政策的目标就是减少损失而不是扩大收益，这如同救火的决策原则就是最大限度地减少火灾损失，而不可能有任何收益一样。对于此类政策效果的评估，要以其他政策的效果作为参照标准，如果实施其他政策的效果都不如该政策时，该政策就是成功的，反之则是错误的。

2011年叙利亚发生内战，西方国家建议联合国对叙利亚政府进行制裁，以阻止其对反政府力量使用暴力。这个建议得到了叙利亚之外的阿拉伯联盟成员的支持。但是，俄罗斯反对制裁叙利亚政府。面临联合国安理会对这一建议的投票问题，中国有三个选择。第一个选择是投弃权票。这个选择的结果必然是国际社会谴责中国是一个不负责任的大国，因此弃权是一个只有损失而没有收益的政策。第二个选择是支持西方。这个政策的收益是获得西方和阿盟国家的肯定，但代价是与俄罗斯形成对立。西方与阿盟对中国的肯定只是暂时的政治形象收益，而与俄罗斯对立则会严重影响中俄战略协作关系，其战略利益的重要性远大于国际形象。这个选项明显的是弊大于利。第三个选项是与俄罗斯共同投反对票。这个选项虽然有影响中国国际形象的损失，但可以防止中俄战略关系恶化，这是以小损失防止大损失的政策。

叙利亚战争持续了5年，西方和阿拉伯国家承认叙利亚反政府力量的主力是推行恐怖主义的"伊斯兰国"。国际舆论反思支持叙利亚反政府力量导致了严重的人道主义灾难，欧洲人抱怨叙利亚战争引发的难民问题给欧洲带来了新的安全威胁。目前，叙利亚政府在军事上开始收复失地，"伊斯兰国"的军事力量开始萎缩。叙利亚战争在过去5年的进程表明，中国在安理会投反对票、与俄罗斯保持一致立场的政策是正确的。

第四，以实力与政策目标的差距为标准可以事先预估对外政策的效果。国家的实力是界定国家利益的基础，超越实力的目标不是利益而是奢望。利益通过合理的策略是可以实现的，而奢望则是无法实现的。以国家实力来界定国家利益就是将对外政策目标限定在国家实力可实现的范围之内，以此制定的政策取得成效的概率就会较高，而超越实力的政策目标则实现的概率较低。国际冲突是人类内部政治群体间的冲突，之所以几千年持续不断，是因为其复杂程度和艰巨程度都超越了人类的解决能力。因此，各国政府只能在无休止的冲突中制定维护本国利益的政策，任何试图消除国际冲突的理想主义政策目标都无法实现。

即使是超级大国，其对外政策目标超越了具体实力要素的能力，也是实现不了的。自20世纪90年代以来，美国曾把用武力摧毁朝鲜的核力量作为对朝政策目标，后来将这一目标修改为以非军事打击方式消除朝鲜的核力量。这个新目标超越了美国所拥有的国力资源，故此其政策长期无效。现在美国将实现这一政策目标的希望寄托在朝鲜政权的意外更迭之上，这种靠运气而非靠实力实现目标的政策，是没有效果评估意义的。

阎学通

2016年8月

（原刊于《国际政治科学》2016年第3期）

"黑天鹅现象"对国际关系
理论研究的警示

英国的"脱欧"公投获得通过、特朗普赢得美国大选（被称为"黑天鹅现象"）和"反建制主义"思潮的兴起，这些现象与许多国际关系理论家的预测相反，这使我们不得不认真思考国际关系理论的研究方向。由于2016年的"反建制主义"思潮和"黑天鹅现象"明显不符合自由主义和建构主义的理论原理，人们下意识地转向现实主义理论寻找答案。现实主义之所以能够较好地解释这些现象，很大程度上与其理论假定相关。

第一，现实主义理论假定国家行为源于追求利益，因此可以解释为何西方国家重新重视主权的作用。现实主义认为，为了维护本国的利益，一些国家采取区域合作的方法应对全球化的伤害，因此区域化不过是它们应对全球化的手段，是对全球化的反动。这与自由主义和建构主义将区域化视为全球化的一部分不同。由于发达国家长期无法彻底摆脱2008年金融危机的影响，人们开始怀疑区域化有助于维护本国利益的说法。许多美国人认为，美国的相对衰落是参与全球化的结果，而北美自贸区也起不到维护美国利益的作用，因此特朗普提出"美国优先"的口号对他们有很大的吸引力。许多英国人看到保留英镑不参加欧元区的政策使英国遭受的危机伤害小于欧元区国家，因此支持"脱欧"。

现实主义将主权视为国家的首要利益，认为主权是现代民族国家生存的根本，其性质与所有权力一样是零和的。国家所让渡给国际组织的主权与其失去的主权相等，让渡得越多，自主权就越差，在危机面前的自救能力就越低。2011年以来，中东地区的多场战争给欧盟成员国造成了严重的难民危机。当社会安全危机临头时，欧盟成员国意识到了将边界主权让渡给欧盟的安全危险，开始质疑自由主义关于让渡主权利大于弊的集体合作思想，于是一些成员国违反《申根协定》开始管控边界。这如同中国小岗村的村民为了生存，违背人民公社的规定重新搞单干一样。

国际权力是依据国家的实力分配的，也是零和性质。崛起国的实力增长使其国际权力扩大，从而导致相关国家特别是主导国的国际权力下降。2008年之后，西方国家实力的增长慢于崛起国，处于相对衰落的境况。面临扩大本国国际权力已不可能的现实，防止本国主权利益受损则成为现实选择，如今西方国家已不再像冷战结束初期那么强调"人权高于主权"了，而是强调要维护国家的主权利益，于是贸易保护主义上升。

第二，现实主义理论假定国际体系是无序的，因此可以解释为何全球化造成的国际冲突会多于合作。国际体系是一个没有世界政府的社会，在这个社会体系中，所有的行为体（国家、国际组织、跨国公司等）都根据自己的利益需求来决定自身行为。由于各种行为体所追求的利益多数是相互冲突的，因此冲突成为国际政治的核心，而国际合作仅是协调利益冲突的一种方法。国际合作并不保障成员国由此可获得比采取对抗方式更大的收益，而且合作者获得的收益也不是公平的，因此国际行为体在无（合作）条件的情况下，会倾向选择对抗方式来实现自己的利益，而只有在特殊条件下才选择合作方式。例如，"伊斯兰国"（IS）是个国际行为体，其武装力量成员来自几十个国家，选择了以武装对抗为主要战略。

自由主义和建构主义认为全球化可以推动国际社会的进步，而现实主义则认为在缺少世界政府的条件下，全球化造成的国际冲突必然大于国际合作，因为全球化为局部冲突向全球扩散提供了便利条件。恐怖主义、两极分化、大规模杀伤性武器扩散、金融危机、非法移民、"颜色革命"、黑客攻击、环境污染、流行疾病、电信诈骗、卖淫、贩毒、走私，等等，都是在全球化条件下形成的全球性问题，于是全球治理相应而生。全球治理之所以兴起，就是因为全球化造成的全球性问题越来越多，越来越严重，而且越来越难以遏制。2016年被称为"反全球化"或"逆全球化"的行为，不过是人们抵御全球威胁的本能反应。

自由主义和建构主义认为，全球化促进了不同群体之间的交流和理解，因此可以增强群体间的互信，从而促进国际合作。而现实主义则认为，在无序体系中的全球化不但不能增进互信，而且会强化群体的认同意识，制造更多的敌意和冲突。群体向心性是人的天然本性，防止其他群体伤害本群体的利益是人的本能。全球化扩大了不同群体之间的接触范围和频率，不可避免地要增加不同群体之间的利益冲突。排斥移民仅是这些冲突的一种表现，管控外国非政府组织、限制进口外国文化产品、限制穿戴宗教服饰、批判他族的政治或宗教信仰，都属于同类性质。自1998年中美恢复领导人互访后，多年的交流不但没有增强双边互信，反而加剧了双方的战略对抗。奥巴马的"重返亚太"战略是针对中国的，特朗普执政后的对华政策进一步加剧了双边关系的对抗。

第三，现实主义理论假定历史发展是非线性的，因此可以解释为何自由主义思潮出现衰退趋势。现实主义理论是建立在观察古代历史和现代历史共性的基础上的，理论解释要符合所有独立国际体系的共同现象。由于自古以来，在所有国际体系中，和平与战争都是两种轮流发生的现象，因此现实主义假定历史是非线性发展的。罗贯中观察到中国历史上有"分久必合，合久必分"的现象，这种现象体现了历史非线性发展的假定。如果"统一"和"分裂"这两种现象是轮流发生的，那么促成统一和分裂的思潮也必然是轮流成为主流观念的，与之相关的有利于统一或分裂的规范也会轮流获得主导地位。

与现实主义不同，自由主义和建构主义从古代与现代国际体系的差别入手，建立的是解释为什么现代国际体系与以往古代体系不同的理论。这两个流派多采用现代历史论证其观点，很少用古代历史为论据。因此，这两种理论认为国际思潮和国际规范只会沿着符合进步的原则向前发展，不会发生逆转。弗朗西斯·福山的《历史的终结》代表了自由主义的历史观。他认为，冷战的结束意味着意识形态之争的结束，自由主义成为人类的终极主导价值观，再也不会有任何意识形态能与自由主义一争高下了。然而，2016年"反建制主义"思潮的兴起，对自由主义形成了严重挑战，特别是特朗普在自由主义的旗手国——美国赢得了大选，这对线性的历史观构成了挑战。

国际主流价值观是制定国际规范的指导思想，当自由主义的主导地位开始动摇时，依据自由主义原则制定的国际规范也不可避免地会受到挑战。例如，自由贸易原则受到了公平贸易原则的挑战；资本自由流动原则受到防范金融风险原则的挑战；保护难民的人道主义原则受到控制非法移民原则的挑战；保护知识产权原则受到了知识服务于人类原则的挑战；各国都有承担全球治理责任的原则受到"共同但有区别责任"原则的挑战。

　　中国是当前最有潜力的崛起大国，中国的青年学者们对中国崛起所起的作用必然会超越老一辈。面对2016年的"黑天鹅现象"，国际关系理论研究者不得不再次面对国际关系理论预测力不强的现实问题。多年的经验表明，哲学思辨方法是无法提高理论的预测力的，而目前又没有任何方法比科学实证方法能更有效地增强理论的预测力。运用科学实证研究方法费时费力，实证研究的理论成果很少。希望我国的青年学者发挥知识优势，通过科学实证研究方法创造出预测力强的国际关系理论。《国际政治科学》愿为科学实证的理论成果的发表提供便利。

阎学通
2017年2月

（原刊于《国际政治科学》2017年第1期）

国关理论研究要能解释当前世界

自1987年中国官员提出建立中国的国际关系理论以来已近30年了，其间中国学者为创建国际关系理论有过许多的争论。争议的内容大概可分为三类。第一类是政治性的争论，即创建的国际关系理论应是中国特色的还是普世性的。第二类是研究方法的争论，即创建国际关系理论是否需要科学方法。第三类是名称的争论，即中国学者创造的理论应称为中国学派还是各自名称不同。这三种争论我都参加了，也都写过文章，我的观点是，中国学者应采用科学方法创建普世性的理论且任何国际关系理论都不会被称为"中国学派"。

许多学术争论没有正式的结论，都是以不了了之的形式结束的。然而，学术研究却不会因此停滞不前。上述三个争论也是这样结束的，没有共识，中国的国关理论研究却有进展。道义现实主义的形成说明，采用科学方法是能创建普世性国际关系理论的，而且不会被称为"中国学派"。一些誓言要建"中国学派"的学者近来将他们的观点称为"上海学派"而非"中国学派"。

之所以在此介绍创建国际关系理论在我国的争论,其目的是明确今天(2015年12月20日)研讨会的目的和原则。今天的会不是给道义现实主义理论唱赞歌,恰恰相反是要讨论这种理论的缺陷、需要进一步研究的问题和未来的创新方向。道义现实主义是一个贯穿个人、国家和体系三个分析层次的理论,因此今天的三组讨论也是依据这三个层次设置的。其目的是讨论道义现实主义理论在这三个层次上的缺陷,并寻找每个层次上值得深化研究的问题。

我想结合今天研讨会的标题谈一下道义现实主义理论的创建背景和问题。今天会议的标题是"从清华路径到道义现实主义"。"清华路径"和"道义现实主义"这两个概念都是张锋先生发明的。前者是指研究方法,后者是指理论内核。

清华路径的方法包括了三要素:

一是以现代国际关系理论为基础,运用现代科学研究方法;

二是借鉴中国古代政治思想和东亚地区的历史经验;

三是解释中国崛起带来的以往国际关系理论不能解释的国际新现象。

道义现实主义的内核是以政治领导为自变量,以道义作为领导类型的划分标准,从而解释国家综合国力的增减、国际格局的转化、国际规范的演化,以及国际体系类型的改变。

这个理论建构的过程和结果有三方面的经验。

第一,由于中国的传统政治思想和东亚的历史都与欧洲的不同,这为中国学者创建理论提供了更为广泛的研究资源。这有助于扩大理论的普世性,即理论具有解释不同国家的相似现象的能力。例如,以政治领导为自变量,既可以解释为何美国共和党小布什政府取代民主党的克林顿政府后改变了美国的军控政策,也可以解释为什么党的十八大之后中国依然是共产党执政但外交政策会从韬光养晦转向奋发有为。

第二,以现有国际关系理论知识为基础,有助于通过克服其局限性,创建超越现有理论的知识。自沃尔兹提出理论分析的三个层次后,多数人认为理论只能分别建立在三个层次上,无法贯穿。道义现实主义突破黑箱化做法,从国家内部的政治领导类型入手,客观上使个人层次的决策理论,国家层次的实力理论和体系层次的规范理论三者联结起来。例如,在决策层面,党的十八大后的中国领导人开启全面改革;在国家层面,取得了国内反腐成果并提升了中国的国际地位;在国际体系层面,中国提出了许多以公平正义为原则的新国际规范。

第三,研究中国崛起的新国际现象,有助于提高理论的预测性。中国崛起是21世纪最大的国际事件,也是对国际格局、国际规范和国际体系变化的最大影响因素。解释中国崛起的原因有助于预测国际趋势。根据现有的一些政治学理论的标准,中国的经济实力、军事实力、政治体制、意识形态都不如美国，然而中国缩小与美国综合实力的趋势却是一个客观现实。中国与其他世界大国都表示要推动多极化，但国际格局却出现两极化趋势。欧洲被认为代表了世界进步的方向，但世界中心却开始向东亚转移。这些现象带来的理论困惑都与中国崛起直接相关。现有的经济决定论、军事决定论、文化决定论、互动理论都解释不了这些困惑，而从政治领导的角度分析中国崛起的问题，则可预测中国崛起对国际趋势的影响。

道义现实主义建成了一个基本理论范式，其所能解释的问题远少于没有解释的问题，解释这些问题将使道义现实主义理论得到进一步的发展。下面罗列一些理论问题供大家参考。

1. 有关政治领导的问题。政治领导能否在国内和国际两个层面采取相同的分类标准，奥巴马的对内自由化政策和对外霸权政策如何统一为同类政治领导？政治领导类型作用与国际环境的关系不明确，在第二次世界大战、冷战和冷战后三个不同时期，同一类型的政治领导能否发挥相同的作用？不进行战争的中国政府能否实现中国的崛起，进行战争的美国政府能否长期维持其霸主地位？

2. 有关道义的问题。道义的水平或类别如何科学划分，普京的叙利亚政策在国内支持度高而国际支持度低，其政策行为的道义类别如何界定？为什么被认为是不道义的"伊斯兰国"的实力能得到发展，为什么道义的国际反恐行动却产生越反越恐的现象？以身作则是大国推行国际规范的道义策略，但为什么建立自贸区时大国会率先执行规则而在裁军方面却不会率先执行？战略诚信是低水平的道义，对中国实现崛起和美国维护霸权的作用是否有所不同？

3. 有关规范的问题。规范被认为是道义的，但许多国际规范都是双重标准的，如核不扩散。主权平等被认为是道义的原则，但许多国际规范都是等级规范，如安理会否决权、国际货币基金和世界银行的投票权。双重标准规范与等级规范是如何体现道义性的？目前尚无网络规范，维护网络秩序是道义的还是保护网络自由是道义的？

最后我想重复一下我在《世界权力的转移》中的观点，不能解释当前现象的理论是缺乏效力的理论。要创造出更能解释客观世界的理论，就需要不断地面对当前解释不了的现象，从研究现实困惑出发创造更多的理论，增加我们的知识。希望今天的讨论能为今后的理论创新找到好问题和突破点。

（本文为阎学通教授于 2015 年 12 月 20 日在"从清华路径到道义现实主义"研讨会上的主旨发言）

现实主义理论靠实事求是得以发展

自第一次世界大战结束以来，现代国际关系理论得到了长足发展。在众多国际关系学术流派中，现实主义理论经历的发展阶段最多，理论的继承性最强，解释的国际现象最为广泛。笔者认为，现实主义理论之所以比其他理论流派进步得快，主要原因是其内涵包含了实事求是的科学精神。"现实主义"（realism）一词的含义，就是强调对客观世界的认识应该与客观实际存在相一致。

研究者具有科学精神的一个重要内容，就是能够承认自己以往的认识错误并加以改正。一个典型的例子是英国物理学家斯蒂芬·霍金于20世纪70年代提出了"黑洞悖论"学说，但进入21世纪后他承认自己对"黑洞无所不吞"的判断是错误的，2014年他在网上表示，黑洞理论是他一生中铸成的"大错"。事实上，凡是科学的理论都是依据客观事实来判断自身正误的，并依据新观察到的事实不断对自身进行修正。至今，现实主义理论经历的四个发展阶段就体现了这种科学的精神，即坚持实事求是的原则。国际关系理论建设的科学精神体现为：坚持以客观的国际政治现实事件检验理论观点，不脱离国际关系的客观现实生活，这样才能使理论研究有生命力。

面对第一次世界大战之后世界和平难以维持的客观现实，现实主义理论家们创建了"古典现实主义"理论。古典现实主义理论在国家利益、综合实力、国际权力、国家主权、民族主义、决策原理等方面的研究取得了很多成果，主要是关于国际战争和国际冲突的研究。

冷战中期，面临两极格局的相对稳定状态和爆发新的世界大战危险明显下降的趋势，现实主义理论家超越古典现实主义，对为什么世界和平得以维持的新的客观现实进行研究。由此，借助行为主义理论和博弈论，现实主义理论研究走上了科学化的道路。此后出现的"结构现实主义"理论体现了现实主义理论科学化的重大进步。结构现实主义从国际体系的层面解释了国际格局对国际和平稳定性的影响，这不仅提供了从体系层面分析国际关系的视角，如无政府体系和权力格局，而且明确了国际关系分析的三个层次：个人、国家和体系。这为现实主义理论的进一步发展奠定了新的研究方法基础。

冷战结束后，美国主导下的单极格局不但保持了冷战时期国际和平的稳定性，而且大国之间的战略竞争也变得更加缓和，甚至连冷战时期两大军事同盟对抗的局面都不复存在。由于结构现实主义理论无法解释为什么没有形成新的军事集团对抗，于是现实主义学者分别从体系和国家两个层次寻找答案。由此，继续在体系层次改进相关理论的学者创建了"进攻性现实主义"理论，将当今没有出现新的军事同盟对抗的原因归为：从体系层面看，在单极格局下，没有任何国家能组建起与霸权国相对抗的实力联盟。而从国家层面寻找答案的学者则创建了"新古典现实主义"理论，重新打开"国家"这个黑箱，从国家性质的角度解释没有形成军事集团对抗的原因。

2008年全球金融危机爆发后，中国崛起和美国相对衰落同步发生。中国崛起改变了国际格局，随之产生了许多已有现实主义理论无法解释的新的客观现象，如为何多极化没能形成，反而出现了两极化趋势？为何冷战后崛起国可以通过非战争的方式改变国际格局？崛起国的物质实力并不强于霸权国，但为何能在综合实力上缩小与霸权国的差距？借助中国古代"政治决定论"的思想，现实主义理论家重新引入"政治领导"这个自变量，创建了"道义现实主义"理论。这种理论以"国家领导"的类型解释国际格局的变化，以"国际领导"的类型解释国际规范的变化。这种理论不但能解释当前客观的国际现象，而且能对国际政治的发展趋势有一定的预测力。

简言之，现实主义理论坚持的实事求是原则有两个核心要素：一是不断用客观现实检验自己的理论是否适用，理论建设紧密结合客观事件，而不是空对空的概念辨析；二是当已有理论不能解释新的客观现象时，就对原理论进行修正，从而创建出新的理论。现实主义理论的进步是在承认已有理论缺陷的基础上进行的，这体现了现实主义理论流派的实事求是原则。

在《国际政治科学》编辑部收到的有关理论研究的稿件中，有些只讨论概念而不与任何国际关系现象挂钩。这种从概念到概念的辨析文章有可能适于某些学科的讨论，但显然已经超越了国际关系理论的研究范畴，因为国际关系理论是指那些解释国际关系现象的专门理论。为了促进我国国际关系理论研究取得实质性进展，《国际政治科学》非常愿意发表与具体国际现象紧密相关的理论研究成果，希望学界同仁给予大力支持。

阎学通

2016 年 11 月

（原刊于《国际政治科学》2016 年第 4 期）

国际关系分析中的逻辑自洽

科学研究方法的重要特点之一，是对问题分析的逻辑自洽。"逻辑自洽"是指作者所陈述的原理没有内在矛盾。逻辑是科学地分析问题的思维基础，因此只有对分析的结果做到了逻辑自洽，它才可能具有科学性。逻辑具有语言上的可证伪性，因此通过观察作者在分析过程中所陈述的道理是否存在矛盾，就能判断出其所得出的结论是否可靠。为了减少《国际政治科学》来稿中的逻辑不自洽现象，在此提供一些如何做到逻辑自洽的经验，供大家参考。

对问题进行因果分析需要时间上的逻辑自洽。在研究中所陈述事件发生的原因，应该发生在结果出现之前。这个逻辑虽然是常识，但在一些文章中还是有将先发生的事件视为后发生事件的结果的现象。例如，进入21世纪后，首脑外交成为各国普遍使用的一种外交手段；在分析首脑外交的效果时，如果将首脑会晤之前发生的事件作为其成果，就产生了时间关系的逻辑不自洽问题。

以事物的变量因素解释其变化才可能达到逻辑自洽。在分析一个事物变化的原因时，需要以其中的变量而非常量进行解释。"常量"是指长期保持不变的因素，因此它具有保持事物状态稳定的作用；而"变量"是指引起事物变化的因素，因此它具有造成事物状态改变的作用。以一个常量来解释事物的发展变化，就属于逻辑不自洽。例如，在漫长的日本历史中，其领土面积一直不大，这可被视为常量。但长期以来日本的对外政策却发生了很大的变化。日本早期执行过闭关锁国政策；20世纪前半期疯狂实施军事扩张政策；冷战期间实行和平主义政策。因此，以日本领土狭小这个原因来解释其对外扩张政策，就缺少逻辑自洽。

自变量与因变量两者变量值的关系需要逻辑自洽。在自变量与因变量关系确定的情况下，自变量的变量值变化应与因变量的变量值之间形成对应的关系。也就是说，自变量的变量值在正反任何一个方向上发生的变化，都对因变量的变量值形成一定影响；如果是只有单向影响，则有可能出现逻辑不自洽的问题。例如，C国为世界第一大"发动机"，即指其当年的GDP增量为世界最大，由此可判断该国对世界经济增长的贡献最大。同理，如果该国的GDP增量同比减少的量大于任何其他国家当年GDP的萎缩量或增量的减少量，那么C国对世界经济增长减速的影响也是最大的。这样就保持了逻辑自洽；如果否认了这一点，就违背了逻辑自洽的原则。

以充分条件解释事件发生以达到逻辑自洽。所有国际现象的出现都是多个因素共同发生作用的产物，因此在解释一个现象为何能够出现时，需要论证它至少具备两个以上的必要条件，如果仅以一个必要条件来解释，就会违反逻辑自洽的分析原则。必要条件的缺乏，具有决定现象不会发生的作用，但必要条件的具备并不决定现象一定会发生。例如，面临共同的安全威胁是一些国家进行安全合作的必要条件，但它们并不一定都会进行安全合作。例如，以色列、美国和叙利亚都面临着"伊斯兰国"（ISIS）的安全威胁，但美国、以色列进行了安全合作，两国却都不与叙利亚进行安全合作。

以特殊性因素解释特殊现象才有可能做到逻辑自洽。国际关系研究中的问题可分为具有特殊性和共性两类。对于具有特殊性的问题，需要用特殊性因素进行解释，而如果选择了具有共性的因素进行解释，就会导致逻辑不自洽。例如，与世界其他地区古代的国际体系相比，东亚的朝贡体系具有很大的特殊性；要解释这一体系的形成原因，需要从东亚的特殊性中去寻找答案，而不能仅用实力对比或实力结构这种具有共性的因素来解释。否则，就会发生逻辑不自洽现象。

应以共性因素解释普遍现象争取逻辑自洽。人们从事国际关系理论研究的目的，在于发现规律并对其做出解释。在大多数情况下，要解释的对象是有一定普遍性的现象，因此需要寻找它们的共性因素。而若使用特殊性因素对其进行解释，就难免造成逻辑不自洽问题。例如，人类历史上有很多以弱胜强的战争事例，如要解释相关军事强国为何无法赢得战争，就不能只靠每场战争中的特殊原因来解释这种普遍现象，而需要从多个以弱胜强的案例中抽象出一些具有共性的因素，如已有利益方维护自身利益的决心大于拓展利益方追求利益的决心，或弱者维护自身生存的利益大于强者入侵他国的利益等。

逻辑不自洽是国际关系分析中的一个常见现象，而且形式多种多样，内容千差万别，多不胜数。为了提高我国国际关系研究的科学化水平，希望学界同仁共同努力，以逻辑自洽的原则指导我们的教学与研究工作，增强我们创新国际关系科学理论的能力。

阎学通

2016 年 5 月

（原刊于《国际政治科学》2016 年第 2 期）

造词 ≠ 学术创新

有学者曾经批评经济学界的一些人热衷于造新词，以博得领导的青睐，而不是集中精力研究实际的经济问题。这种现象其实并非只存在于经济学界，在国际关系学界也十分盛行。而且这种现象在国际关系学界由来已久，只是现在比以前更加严重。这值得学界同仁共同警惕，以防国际关系的学术研究走上歧路。

国际关系学界的造词现象

目前国际关系学界最盛行造的词是各种"陷阱"，以"陷阱"为名的文章多不胜数。用"陷阱"两字编造新词，这比经济学界造词的方法更为简单容易，因此其具有学术意义的可能性就更低。目前从"百度"上搜索到的与国际关系相关的"陷阱"造词法有四类：最时髦的做法是用外国人的名字加上"陷阱"二字，如"修昔底德陷阱""金德尔博格陷阱""保罗·肯尼迪陷阱""奥尔森陷阱"；第二类是用一个国际关系的概念加上"陷阱"二字，如"地缘政治陷阱""国际制度陷阱""软实力陷阱""中等发达国家陷阱"；第三类是在方法论概念上加"陷阱"二字，如"科学主义陷阱""本体论陷阱"；第四类是随便找个词加上"陷阱"或"的陷阱"，如"海洋争端第三方陷阱""海运减排履约陷阱""国际关系的资源陷阱""既有大国的低碳制度陷阱""追随战略的碳交易陷阱""西方文化的陷阱"等。

根据2001年1月修订的《新华词典》，"陷阱"是指"施以伪装的坑穴"。这个定义说明，陷阱是指人为故意制造的，目的是使他人或动物落入其中的坑穴。然而，上述这些所谓的"陷阱"没有一个是为了陷害别人而故意制造的，就连使用较多的"修昔底德陷阱"也不是。"修昔底德陷阱"是指崛起国和霸权国之间的权力争夺有导致战争的危险，然而这个危险既不是双方中任何一方故意制造的，也没有一个第三方故意制造这个危险的陷阱。也就是说，这个所谓的"陷阱"是人们主观想象出来的，而不是客观存在的。根据这个道理，以上用"陷阱"组合制造的其他词，所反映的都是主观想象而非客观存在。

用"陷阱"制造的词有一个社会功能，即可为错误决策提供免责的理由。因为有人制造了陷阱，如果决策失误，就能将责任归咎于陷阱制造者。例如，"海洋争端第三方陷阱"，就明确地将两国发生海洋权益冲突的罪责归咎于第三方。经济学里的"中等发达国家陷阱"，也是将未能制定出有效实现国家现代化的政策归咎于"陷阱"，而不是决策者本身。正是由于以"陷阱"编造的词有这种社会功能，学界更要特别小心其负面的社会作用。

不科学的学术评价标准容易促使人们热衷于造词。我国学界将政府文件采用了某人造的词视为该人的学术成果。创造一个新概念是否对国家有贡献，取决于这个新概念对国家的进步是否起到了正面作用，而不应以其是否进入了政府文件为判断标准。20世纪五六十年代编造了许多词，如"人定胜天""大干快上""破旧立新""资本主义尾巴""社会帝国主义"，等等，不计其数，很多都进入了政府文件。然而历史表明，当时制造的那些词不仅没有学术价值，而且具有加剧国家灾难的作用。

将社会流行程度作为学术水平标准也会促使研究者造词。国际关系学本是关于公共事务的知识，所研究的问题与国家利益有很强的相关性，因此是非常严肃的学问。这个学科属于社会科学，其研究成果的学术水平是由其对增进学术知识的贡献所决定的，流行与否并不能成为衡量学术水平的标准。当把社会流行程度作为学术水平的衡量标准时，就可能驱动研究者通过造新词的方法吸引世人眼球。这也是某大学宣布将网上点击率作为学术评价标准后,引起学界哗然的原因。如果社会流行程度可以作为学术水平的评价标准,国际关系中有关"中国威胁论"的文章在网上和网下都非常流行,难道可以以此判断"中国威胁论"的学术水平很高吗?

研究靠"熬"而非靠"造词"

中国崛起为当代中国学者提供了无数有重要意义、有研究价值的学术问题。例如,大国崛起成功的基本原理是什么?在网络时代,大国崛起成功的原理与无网络时代有何不同?如何制定我国崛起战略效果的衡量标准?

军事外交发挥作用的边界是什么?建立新国际秩序的必要条件是什么,其充要条件有哪些组合?综合国力的提高速度与实力构成要素比例两者间的关系是什么?与此相关的问题很多,但关于此类问题的研究成果却不多。

在当前许多社会科学专业已开始使用大数据的方法进行研究之际,我国的一些学者也开始尝试使用大数据的方法研究国际关系问题。大数据方法的出现,为我国国际关系研究赶超世界先进水平提供了一个历史契机,即所谓"后发先至"的机会。例如,我国没有经历私人支票的阶段,一步跨越到信用卡阶段。在我国的农村地区,人们甚至跳过私人支票和信用卡两个阶段,直接进入手机支付阶段。在大数据方法面前,我国与世界上的先进国家站在了同一起跑线上。因此，只要我国的国际关系学者投入精力用于大数据的研究，我们就有可能像使用共享单车一样，走到世界的前列。然而，目前讨论大数据的人多，而身体力行使用这种方法研究国际关系的人少。在目前阶段，用大数据方法研究出来的成果，多数都是很有发表价值的。

在大数据方法的推动下，国际关系研究正在向实验研究发展，这一趋势必然促进国际关系研究进一步科学化。"实验研究"的字面含义就是动手做实验。国际政治心理学和国际政治预测学是领先的领域。我国从事国际政治心理学研究的学者本就不多，而且基本上没有做实验研究的。在国际关系预测方面，有些学者已经开始了实验研究，不过好像多数是女学者，男学者似乎很少。这与造词的学者基本上都是男性而无女性的现象正好相反，原因不得而知。如果长此以往，20年之后，国际关系实验研究将由女学者主导。目前已有女学者开始进行事件预测的研究，无论有什么成果，这都是在趋势预测和程度趋势的基础上向前迈出的一步。

定量衡量国际关系概念仍是一个需要国际关系学界集体努力的方向。国际关系已经形成了有体系的理论，也有了成套的专业概念或术语。然而到目前为止，许多核心概念都缺乏学界普遍接受的定量衡量标准，这严重阻碍了国际关系研究科学化的进步。例如，综合国力、国际权力、国家利益、战略稳定、相互依存、一体化，等等，这些概念都面临这样的问题。物理学在不能衡量"力"和"能"的时代，就难以在科学化的道路上取得突破性进展。同理，只有在衡量核心概念上投入研究精力，才能促进国际关系学的科学化发展。这类研究成果都属于有重大学术贡献的知识创新。

目前，《国际政治科学》和其他国际关系专业杂志都面临着缺稿的问题。《国际政治科学》一年发表20多篇文章，来稿量是发文量的几倍，但有学术价值的稿件却不多，我们不得不采用多种办法征集有学术价值的稿件。从来稿情况看，合格稿件少的学术原因是，作者对于所讨论问题的研究不够深入，或是停留在对现象的描述上，或是综述已有的研究成果，或是提出一些解释性假设却缺乏可靠的实证检验加以支持。

有学术价值的投稿较少的社会原因是什么，这需要研究才能知道，但编造新词的现象如此广泛可以证明，学者缺乏坐冷板凳的精神是原因之一。在中国崛起的大环境下，发表"短、平、快"的时评成为出名的捷径。时评是给非专业的大众读的，于是编造新词以吸引眼球就顺理成章了。出于对社会的责任感或者个人的业余爱好，国际关系学者写国际评论无可厚非，但这终归不属于本职的学术研究。知名人士三日一文的国际评论，既不增加国际关系知识，也无引导社会进步的作用，虽然可以提高个人的知名度，但其代价是浪费了学术研究的时间和资源。

推动我国国际关系学科建设健康发展需要学界同仁的共同努力。如果我们把时间和资源投入研究国际关系的真问题和原理，用于大数据和实验研究，这会较快提高我国的国际关系研究的科学化水平。希望国际关系学界少些造词现象，多些研究问题和原理的成果。

阎学通

2017 年 11 月

（原刊于《国际政治科学》2017 年第 4 期）

第二部分　世界权力转移与两极化

中美两极格局或 2020 年定型
中国需要盟友[*]

卡梅伦走了，特雷莎·梅来了。一场公投带来的政坛剧变没把获胜的英国"脱欧派"领袖推上首相宝座，但"脱欧"大戏仍在一步步展开。"脱欧"后的英国会分裂吗？英国退出对欧盟的未来是何征兆？对当今唯一的超级大国美国而言又意味着什么？日前有印度学者称，由中印崛起而主导的"亚洲世纪"或提前到来，英国"脱欧"会带来什么样的世界格局变化？对中国是利大还是弊大？《环球时报》记者就此专访清华世界和平论坛秘书长、清华大学国际关系研究院院长阎学通，听他分析英国"脱欧"将带来的各种影响。3 年前（2013年），他就对英国"脱欧"做出了预测。

---

[*] 本文为《环球时报》记者胡锦洋对阎学通教授的访谈。

预测是基于科学原理　未来还会有国家退欧

环球时报：您在2013年《历史的惯性》一书中就预测英国可能在2023年之前退出欧盟，您是基于什么做出预测的？

阎学通：在我的《历史的惯性》那本书中，我预测欧盟会更加松散，英国非常可能带头退出。英国"脱欧"公投后，媒体对我之前的预测报道很多，但似乎对预测和猜测未作区分。预测是依据某种理论原理观察与其相符合的现象而事先做出判断，而猜测是在没有理论原理指导条件下对未来做出随意判断，然后罗列两个现象去印证。

我在书中是对欧盟未来的预测，建立在国际组织成立、维持和解体的原理之上。成员国在受益的前提下才会参加国际组织，参加后只要利益不受损害，它就不会退出；只在利益受损的条件下才会退出。朝鲜退出核不扩散条约就是一例。

我之所以在2013年做出英国可能"脱欧"的预测，就是根据上述原理观察了欧盟给哪些成员国带来伤害，它们是否有能力和意愿承受。"脱欧"公投在英国能通过而在希腊没通过，主要原因是英国人比希腊人看到更多"脱欧"能带来的好处，亦即可能摆脱的害处。

英国没有加入申根协定，没加入欧元区。英国人看到，保持英镑发行权使英国可以通过大规模投放货币应对经济危机。

而加入欧元区的希腊不能自行发放货币，于是在恢复经济时无法自救。有了2008年金融危机的经验，英国人坚信与欧盟保持距离越远，受益越多。而其他成员国与欧盟的距离没有英国那么远，体会不到这个"利"，对留在欧盟的代价没有英国人体会得深刻。

我这本书里还预测了德国会让英国主动退出欧盟，这点也被证实。英国是欧盟内部的"捣乱者"，把英国踢出去有利于欧盟的团结以及德法对欧盟的领导。英国退出使欧盟的领导集体由三驾马车变成两驾，德国的权力上升，德法领导力增强，领导集体的内部分歧减少，这对德法只有好处没有坏处。

《环球时报》："脱欧"后，英国会因此而分裂吗？欧盟未来会更团结，还是会不断有国家退出？

阎学通：第二次世界大战结束以来，国家的数量越来越多。联合国由51个会员国增至194个，加上非联合国成员的政治实体，已有204个。国家分裂作为主流趋势尚未到达历史拐点，还会有更多国家从现有国家分裂出来。政府领导能力强则统一得以维持，领导能力弱则无力阻止国家分裂。这是客观规律。

就英国而言，从20世纪60年代它的殖民地独立到2014年苏格兰独立公投，都表明英国政府维护统一的能力在弱化。根据历史的惯性，苏格兰与北爱尔兰未来分裂出去的可能性是存在的，且呈上升之势。如果苏格兰举行第二次公投，支持独立的人不会改变立场，而之前支持留在英国的人群则会出现分化。因此，支持"脱英入欧"的人数会大增。

英国"脱欧"后，还会有国家退出欧盟。今后5—7年还有发生全球性经济危机的可能，届时可能有一些国家产生作为欧盟成员国无力自救的受害者情结。一方面，欧盟成员国之间发生战争的危险较小，它们认为有北约作为安全保障就足够了，因此将会提出收回更多经济主权的要求。另一方面，对于中小国家来讲，做一个经济自主的"小而美"国家是理想的。

尽管一些国家的退出将导致欧盟国际地位下降，其内部一致性可能得到加强。德国将三心二意的国家踢出欧盟有合理性。目前欧盟面临的问题很大程度是由东扩带来的，从14个成员国变成28个，一致性被严重削弱。减少成员国数量，提高核心成员国质量，将有利于欧盟进一步一体化。

欧盟衰落速度可能更快
世界"两极化"已经开始

环球时报：以英国脱欧为征兆，欧盟会迅速衰落吗？

阎学通：欧盟衰落是个趋势。欧盟并不拥有全部主权，部分主权在各国政府手里，这样的机制决定了它难以迅速出台政策；即便出台，各国也未必坚决执行。在应对经济危机时，这一制度的弊端将非常明显。根据"捕鹿博弈原理"，一群人去捕鹿，突然出现一只兔子，离兔子最近的人很可能去追兔子而放弃捕鹿，于是鹿逃走了。这个博弈模型强调的是，由于个人利益往往优先于集体利益，遂导致集体利益难以实现。欧盟成员国会更加抱怨欧盟的无效，退出欧盟的想法便可能产生。

2008年金融危机到现在（2016年）已有8年，未来8年欧盟衰落速度将可能快于过去8年。由于中美经济增长快于欧盟，欧盟的相对衰落不可避免。绝对衰落恐怕也将成必然，因为英国退出将导致欧盟GDP总量缩小。如果再有别的成员国退出，这个基数会进一步缩小。由于相对衰落和绝对衰落可能叠加发生，欧盟的衰落速度将可能更快。

《环球时报》：有人说当前世界处于多极化时代。那么，欧盟的衰落会让中美两极的格局提前到来吗？

阎学通："化"是一个过程，"格局"是一个定型的态势。关于冷战后世界进入"多极化"，人们的看法并不相同。我认为，多极化的判断与客观实际并不一致。多极化是个转换过程，这个过程不能长于格局的定型时间。1945年第二次世界大战结束，1949年北约成立、1955年华约成立，10年时间，两极化完成。这个两极格局持续了37年，到苏联解体。"化"10年，定型37年，是合理的。1992—1996年，国际格局从两极转为一极，标志是当时美日同盟再定义及中俄建立战略伙伴关系，大国关系以条约形式固定，这样一极格局才算定型。"化"5年，定型近20年，也是合理的。

我认为，世界格局的两极化已经开始，并不存在多极化问题了。我在《历史的惯性》中预测两极化在2023年前完成，形成两极格局。英国"脱欧"带来欧盟的进一步衰落，由此会加快两极化的进程，估计会比2023年早3—4年，也就是说2020年两极格局有可能定型。

《环球时报》：两极格局提前到来，对崛起的中国是利大还是弊大？

阎学通：能成为世界两极化中的一极，对中国当然是好于两极中没有中国。不能成为一极，就没有中华民族伟大复兴。成为全球化时代的两极之一，意味着中国国际地位的大幅提高。在这个条件下，只要中国仍坚持开放政策，中国老百姓会很容易感受到成为一极的好处。例如，中国护照在出国时的好用程度越来越高，人民币升值，在国际上使用更加方便等。

有人说，多极化比两极化更有利于中国，因为美国不会把所有精力都针对中国。大国崛起是一场战略锦标赛，中美两极化意味着只有中美有决赛权。中国能进入决赛，就意味着最强大的对手必定会针对中国。当中国没有决赛权时，最强大的对手才不针对中国，但这恰恰意味着中国崛起无望，民族复兴无望。认为多极化有利于中国，等于说中国不要进入决赛，永远当一个二流国家，因为唯有如此才可减少美国的针对性。

还有人说，现在中国对于两极格局的到来还没准备好。这反映出对当前时代的认识不清。世界变化越来越快，很多重要的事情都将要在我国没准备好的状态下发生。能抓住世界变化机遇的国家才能崛起，而非坐等准备停当再崛起。事实上，永远没有所谓"准备好的那一天"，因为世界的变化速度快于国家的准备速度。世界变化不以国家的意志为转移，永远不可能有提前准备好。

两极格局，需要盟友　网络时代，开放为王

环球时报：中美竞争会更加激烈吗？

阎学通：中国崛起将必然改变现有的世界格局，而美国要维持单极格局，于是形成中美间两个格局的结构性矛盾。这个矛盾决定了，中美综合实力差距越缩小，双方矛盾冲突就会越加剧，利益冲突的领域会不断地拓展。例如，中国以前不能制造大飞机，中美在这个领域没有冲突。今后中国生产的C919将实现量产，这自然会与美国的波音争夺市场。中美在网络安全和南海等领域冲突的形成与加剧也是同一原因。结构性矛盾是零和矛盾，只有如何利用它和如何防止冲突升级为军事冲突及战争的问题，没有改变零和性质的可能。

所以，中美实力差距缩小越快，冲突激烈程度会越强；缩小越慢，相对就会缓和。如果我国在未来十年建造3—4艘航母，那么中美在海洋上的矛盾就会上升。如果除"辽宁舰"外

一艘不造，矛盾则可能不被进一步激化。

人类维护既得利益的决心大于获取新利益的决心，这是心理学和经济学的基本原理。在中美结构性矛盾中，美国要维护其既有霸权利益，而中国则是拓展其国际利益，因此美国的决心应比我国大。这意味美国对华政策将更趋强硬。只有到了不再具备相应实力的时候，美国才会软化其对华政策。当前美国的综合国力，特别是军事实力远强于中国，因此美国依赖军事手段防范中国的策略是可预测的。

《环球时报》：美国有自己的联盟体系，应对两极化，中国应做哪些准备？

阎学通：国际社会的本质是无序性，即没有中央政府。无序性条件下，实力发展不平衡规律推动国际形势的变化。对国际格局是多极化还是两极化的判断，将决定我们采取什么样的崛起战略。如果我们认为两极化趋势在加快，且中国是其中的一极，我们就需要制定政策应对即将到来的两极格局。

如何适应即将到来的两极格局，人们有不同看法。我以为和平竞争应是一个重要战略原则。为保证大国之间不发生战争，中国需要加快国防建设，尽快缩小与美国军事实力的差距。

此外，中国的对外战略要适合知识经济时代。知识经济以网络为基础，所以要制定一个在网络领域抢占主导权的策略，以这个领域作为中国未来主要的战略竞争方向。谁在网络领域拥有最高主导权，谁就会成为世界主导国家。中国要在网络领域占据主导地位，就得向世界提供网络公共产品。只有世界各国都使用中国网络服务，中国才能有主导权。如果中国网络建设是自产自销的产品，中国则没有主导世界网络的可能性。

两极格局下，结盟是两个大国都不得不采取的战略，战略友好关系多，主导权就大。对作为一极的大国来说，还没有比结盟能更有效争取国际支持的方法。结盟是策略、手段、方法、工具，把结盟定义为"冷战思维"是教条主义，只会束缚自己的手脚，而不能限制别国。不久前，中俄签署《关于加强全球战略稳定的联合声明》被一些人认为是政治结盟，但这的确有利于中国崛起。

从结盟来说，就是要以军事同盟为最主要内容，因为中小国家最需要的是安全保障。亚太地区之所以出现"经济靠中国、安全靠美国"，就是因为这些国家能从美国得到安全保障。军援是低成本高收益的外交手段，战略作用很强。如何应对即将到来的两极格局，正在成为新的研究课题。

（原刊于 2016 年 7 月 15 日《环球时报》）

亚太已形成中美两极格局[*]

美国认为中美实力并不对等

《国际先驱导报》（下文简称为《导报》）：您最近讲到一个判断，中美不会在2015年建成新型大国关系，究其原因在于美国仍认为中国不能和美国平起平坐。但您又表示，在亚太地区，已经是中美两极格局了，那么是说美国现在还无法接受两极格局？

阎学通："两极格局的形成"与"中美实力地位的差距"是对两个不同事物的表述。在两极格局里，"两极"的力量对比也会有程度差别。例如，冷战时期的两极格局是二战后形成的，至少是在20世纪50年代苏联成立华沙条约组织时就形成了。但当时，所有人都认为那时的苏联在实力上与美国还有很

---

[*] 本文为《国际先驱导报》记者邓媛对阎学通教授的访谈。

大差距。直到1972年，美、苏谈判《美苏关于限制反弹道导弹系统条约》时，双方才达到势均力敌的水平。

我认为，目前亚太这个局部地区，形成了中美两极格局，但在全球范围内，还仅是中美两极化的发展过程，两极格局还没形成。在这一背景下，美国不认为中国有了与美国平起平坐的对等实力。即使亚太地区已形成两极格局，中国的实力仍弱于美国。美国认为中国没有与美国相同的实力，因此中国不应享有与美国平等的地位，美国不接受"相互尊重对方核心利益"这一条。目前，缺乏相互尊重是中美构建新型大国关系的根本障碍。

"新型大国关系"概念在变

《导报》：那么中美现在对"新型大国关系"这个概念的态度，各自有没有变化？

阎学通：今年（2015年）是提出构建中美新型大国关系的第四年了。在这几年里，美国的态度是有变化的。从前期不愿意接受到后来一度愿意接受，现在又拒绝使用"新型大国关系"来定位中美关系的发展方向。

在中国方面，有关这一概念也有变化。最早叫"中美新型大国关系"，后来被拓展为"新型大国关系"。这个概念不限于中美两国关系，也用于与俄罗斯等其他大国的关系。中俄2014

年签署的联合声明中，明确说中俄关系是新型大国关系。如今，又出现了"新型国家关系"的提法，这不仅适用于中国与美国的关系、与大国的关系，而且适用于与所有国家的关系。由于"新型国家关系"的泛化，中美新型大国关系的特殊性淡化了。

美国对"中美新型大国关系"的拒绝和"新型国家关系"在中国的泛化，使中美新型大国关系的建设面临了更多的问题。

"第三国因素"影响中美关系

《导报》：近年来，中美关系常常会受到第三国的影响，尤其在中美日之间表现明显。在您看来，2015年，"第三国因素"对中美关系的影响程度大吗？

阎学通：在亚太的中美两极格局中，美国的支持者是日本，中国的支持者是俄罗斯。

如果我们跟2014年时相比，我想，今年（2015年）日本、俄罗斯的"第三国"因素使中美矛盾深化的可能性继续存在。今年（2015年），中国与日本不存在政治关系的改善，中日关系会从"政冷经冷"向"政冷经热"发展，中日间的对抗可能会保持，但会保持在现在对抗的水平上，进一步恶化的可能性不大；而美国与俄罗斯目前的对抗水平，有进一步恶化的可能性。那么美俄之间的关系,将是从去年(2014年)的全面对抗向今年(2015年)更严重的全面对抗发展。从这个意义上讲,日本对于中美战略竞争矛盾的影响没有程度上的变化,但俄罗斯对中美战略竞争矛盾的影响有程度上的加深。

两国将激烈争夺规则制定权

《导报》:总体来看,今年(2015年)中美关系的冲突性会表现在哪些方面?

阎学通:中国在经济上已经是世界性大国,中美战略竞争已经从东亚地区向全球扩散,这是一个不可逆的过程。从区域上看,双方未来可能发生冲突的地区正在增多。比如,中美很有可能会在中东地区发生冲突,比如当年叙利亚危机一出现,中国就面临在联合国表态的问题。虽然,中美今后争夺的重点是东亚地区,但发生冲突的地区不会仅限于东亚。

从内容上看,今年(2015年),规则问题可能更受中美关注,美国总统奥巴马近段时间已经表态,亚太地区的贸易规则应由美国而非中国主导制定。中国已经是世界第一贸易大国,世界第一贸易大国对贸易规则不能拿出一个改革建议,这可能吗?美国也知道贸易规则需要改变,但是中美在改革方案上发生分歧、产生矛盾,这是不可避免的。所以,我认为中美今年(2015年)在规则方面发生冲突的概率不会比上年少。

总体上看，今年（2015年）中美关系仍然是不稳定的，不稳定的程度和去年相比差不多。由于中美新型大国关系是"不冲突、不对抗，相互尊重，合作共赢"，根据这三条标准，2015年肯定建不成新型大国关系，2016年也很难建成。我不是对中美新型大国关系感到悲观，而是根据标准，实事求是地分析。

对华牵制政策，象征性大于实质性

《导报》：如果今年的中美关系发生波折，原因是不是在美方？

阎学通：虽然"新型大国关系"有泛化的现象，但中国并没有放弃建立中美新型大国关系的努力。所以，如果中美关系今年出现大的波折，原因可能是在美国方面而不是中国方面。美国出台的哪些具体政策对中美关系产生负面影响，这我很难预测出来。但可以较肯定的是，美国政府今年与中国对抗的政策可能是政治性和象征性的要多于实质性的经济和军事政策，比如反对中国单方制定国际规范、政治上支持菲律宾的南海政策等。

为什么会象征性大于实质性呢？因为美国力不从心，难以聚集足够多的实力资源来防范中国的崛起。奥巴马政府被三件事情牵涉了精力：一是"伊斯兰国"；二是和俄罗斯的对抗；三是与共和党之间的矛盾。美国国内的两党之争，使奥巴马的政策难以有力的贯彻和落实。在实力资源分配不过来的情况下，美国政府也得采取一些象征性的做法。

中美在东南亚竞争将加剧

《导报》：您认为接下来中美主要争夺的地区是在东南亚。

阎学通：是的。中美在东南亚地区的影响势均力敌，因此谁在东南亚投入的精力大，谁就能在重塑这个地区的外交环境方面取得成果。

目前在这一地区，与美国关系近于中国的国家有菲律宾和越南，在中美之间保持中立的包括缅甸、印度尼西亚、新加坡、泰国、文莱。与中国关系比跟美国近的有老挝、马来西亚、柬埔寨。正因为中美双方的影响力势均力敌，所以谁努力多一点，使局势有利于自己的可能性就大一些。

《导报》：中国如何取得优势呢？

阎学通：我认为，中美在东南亚战略关系的竞争核心是：谁为这个地区提供更多的安全保障。我国在这一地区的战略竞争中的短板是不承诺安全保障，而美国则承诺提供安全保障。东南亚国家最关注的利益是安全利益，而美国恰恰承诺提供帮助，而我们不承诺。我国的优势在于向东南亚国家提供经济援助，而这是美国的短板，它无力提供。我个人认为，如果我国改变对东南亚国家不承诺安全保障的原则，也就是将短板补齐，我们在东南亚获得战略优势的机会是很大的。

《导报》：对外提供安全保障意味着结盟吗？

阎学通：我认为，为周边国家提供安全保障与合作共赢没有矛盾。提供经济支持可以实现合作共赢，提供安全保障也能合作共赢。问题不是提供安全保障妨碍合作共赢，而是难以坚持不结盟原则。只要继续坚持不结盟，就没办法为周边国家提供安全保障。

结盟是人类用了延续了几千年的一个外交战略，不是冷战思维。如今世界上的200多个政治实体中，采取中立的国家是少数，而且是小国。历史上，世界级强国有两类：一类是当盟主；另一类是吞并他国一统天下。不结盟且不吞并他国的世界强国是罕见的。一个富裕且强大的国家不结盟，到底是对它有好处还是没好处？这是一个值得研究的课题。

今年外交工作重点应放在周边

《导报》：这回到了您一贯的坚持，中国需要放弃韬光养晦政策，考虑结盟。

阎学通：我认为，今年（2015年）中国在外交领域若想有比较大的作为，工作重点不应在美国，而应在周边。作为一个崛起大国，我国如果得不到周边国家支持，就难以实现民族复兴。

争取他国不反对自己和争取他国支持自己，是性质不同的事。不伤害他国就有可能使对方不反对自己，但是仅不伤害他国是无法争取到他国支持的，让对方获益才能争取到对方的支持。中国实现民族复兴需要广泛的国际支持，韬光养晦是一个减少他国反对的策略而不是扩大国际支持的策略，这就是为什么韬光养晦策略满足不了民族复兴的战略需求。这个策略已经不适应我国海外利益拓展速度越来越快的现状，因为我国的发展越来越需要国际支持才能实现。

以"一带一路"为例，在他国建设基础设施，只能依靠所在国为基础设施提供安全保障，即使我国想亲自保护也得所在国同意才行。所在国为什么愿意保护这些基础设施呢，是因为他们从这些基础设施受益。只有得到沿线国家的支持，"一带一路"的工程才可能实施，沿线国仅仅不反对是实施不了的。

《导报》："海上丝绸之路"会改变中美在东南亚的力量对比现状吗？

阎学通：有这样的作用。很多人认为"一带一路"是一个以经济工作为基础的外交事务，我认为刚好相反，这是一个以外交为基础的经济项目。第一步工作是外交，先改善与沿线国的政治关系，而后才是经济项目的落实。改善政治关系是"门票"，有了门票才能进门。

我认为，在坚持不结盟的条件下，中美在东南亚的势均力敌的状态有可能要持续到"海上丝绸之路"建起来之前。这个建设过程，就是改变势均力敌状态的过程。要是"一路"建设起来，那么我们在东南亚的战略优势也就有了。我对通过老挝、泰国、马来西亚到新加坡的"一路"建设比较乐观。

（原刊于 2015 年 2 月《国际先驱导报》）

中美在拉大与他国的国力差距*

清华大学国际关系研究院院长阎学通教授是"道义现实主义"理论的提出者,该理论研究的核心问题是:崛起国为何可能取代现行世界主导国的地位?阎学通教授在其新作《世界权力的转移》中给出答案:崛起国的成功在于其政治领导力强于现行世界主导国。当下的美中两国分别被视为守成大国和崛起大国,如何看待中美之间错综复杂的关系?如何看待未来的国际格局?如何看待亚太热点南海和朝鲜半岛出现武装冲突的可能?《环球时报》记者就这些问题对阎学通教授进行了专访。

中美关系:竞争加剧,"两极"格局渐成

环球时报:从"道义现实主义"理论出发,怎样才能加强

---

* 本文为《环球时报》记者胡锦洋对阎学通教授的访谈。

一国的政治领导力?

阎学通:崛起国的政治领导力由两个因素构成,即开放和改革。开放保证领导方向正确,改革保证领导方法有效。开放使人们通过比较,看清世界上何为先进、何为落后,从而依据学习先进和摒弃落后的原则进行改革。有了正确方向,用改革的方法进行制度创新从而将落后的现状加以改变,进而达到和超越世界先进水平。因此,改革是指向正确方向的变化,向落后和错误的方向变化是倒退,那不是改革。去年(2015年)3月我在贵报发表文章提出极"左"路线对国家破坏力很大,现在我依然认为极"左"路线是削弱领导力的最主要原因。

《环球时报》:对于当前的中美关系,自去年(2015年)开始有不少美国知名学者持悲观看法。今年正逢美国大选年,美国国内炒作中国议题的声音更大,中美关系"被变坏"的因素也存在,您怎么看当前的中美关系?对抗与合作会发生失衡吗?

阎学通:随着中美两国综合国力差距的缩小,中美之间的结构性矛盾必然日益加深。无论美国学者悲观还是乐观,国际政治的客观规律不可能改变。美国要维护其世界霸权,即奥巴马讲的"美国决不接受成为世界第二"。也就是说,美国要维持冷战后形成的"单极"格局,而中国崛起意味着这一格局将向两极格局转变。两种格局是以两种不同的实力结构为基础的,这就是为什么中国崛起使中美之间的结构性矛盾日益突出。

中美结构性矛盾加深，自然会加剧两国间的战略竞争，但这不意味着中美必然发生直接战争。中美都是核大国。冷战时期，美苏都没发生直接战争，现在全球化条件下，中美发生直接战争的可能性更小。自冷战结束以来，中美之间冲突时少时多。如果说冷战结束以来中美之间的对抗与合作没有发生过失衡，今后5年也不会，但关系下行不可避免。

我对今后5年中美关系的预测是：由于2016年5月20日蔡英文在台湾上台"执政"，今年（2016年）下半年中美关系将不如上半年，由于奥巴马将于今年（2016年）9月来中国参加G20峰会，因此峰会之后的中美关系将不如峰会之前。明年（2017年）美国领导人变更后，无论谁上台执政，中美关系都可能是下行趋势。这种趋势可能持续1年左右，2018年中美关系有回升的机会。也就是美国新领导人在当了一年家后，才能体会到中美关系严重恶化对美也不利。

《环球时报》：中国经济发展虽然减速，但从全球看仍是不错的成绩。照这样的趋势，美国和中国会把其他国家甩得更远。那么，未来世界是向多极还是中美两极方向发展？您曾撰文"说中国世纪还太早"，现在您如何看？

阎学通：依据"道义现实主义"理论，美国之外的发达国家经济增长乏力是这些国家的政治领导力出了问题，中美两国在过去几年里同时拉大了与其他大国的综合国力差距，是因为中美两国政治领导力强于那些国家。同理,克林顿政府之后,美国的政治领导力弱化,使中国的政治领导力超过了美国。通过比较两个国家在同一时期的改革内容和力度,就能看出哪国的领导力强。例如,2008年金融危机发生后,在大国应对危机所采取的改革政策中,中国的改革大于美国,美国的改革大于欧洲和日本。我认为,欧洲的衰落并非源于当前的难民问题或经济不景气,而是源于欧盟东扩的错误决策,使其一体化不进反退。

虽然中美两极化的趋势日益明显,但这仅证明中美两国的综合实力差距在缩小,并不意味中国的实力已经超越美国。在中国的综合实力没超越美国之前,不可能出现"中国世纪"。而且,即便中国的综合实力略超美国,也仍是两极格局,仍不会出现"中国世纪"。只有中国成为唯一超级大国时,才可能出现"中国世纪"。我认为,至少20年内不会出现以中国为唯一超级大国的单极格局。

亚太热点:南海和台海可能"深度交叉"

环球时报:当前,南海问题似乎成了中美关系台面上最棘手,也是最具对抗性的问题,这是否会上升为中美关系中长期的结构性矛盾?

阎学通:南海问题在中美之间会成为一个长期矛盾,就像台湾问题一样。我不认为南海问题在短期内会有解决的可能性。而且，这个问题还会在一定时间内变得更加复杂。现在南海问题和台湾问题不交织；蔡英文上台之后，很可能两个问题会发生深度交叉，使得问题更难处理。例如，不能排除台湾方面邀请美国在太平岛附近与其进行联合行动的可能。解决南海问题需要能力，中美都无这种能力，中美在南海的冲突会长期持续。

至于南海冲突的管控，我认为中美已经探索出一种有效方式，就是加强透明度。例如，美国向这一海域派遣军舰，采取了提前半个月宣布的做法，且不断释放有关进程的消息。中国也开始采取类似做法。双方在南海行动的透明度越高，冲突升级的可能性就越低。有可能形成这样一种局面——战略竞争加剧，但竞争不导致战争。中美建立危机管控制度，应重在加强透明度，谁在这里干什么都不使对方觉得意外。

《环球时报》：东北亚局势随着年初（2016年）朝鲜第四次核试验和日本新安保法正式实施而突生变局。朝鲜与美韩的强硬对强硬是否会导致危机螺旋式上升？

阎学通：朝核的危险态势似乎已经到头了，再升级也升级不到哪里去。朝鲜已经进行了四次核试验，都没引发战争，那么朝鲜进行第五次、第六次，甚至第一百次核试验，会引发战争吗？朝鲜进行的第一次核试验是引发战争危险最大的，次数越多越难以引发战争。东北亚随着朝鲜核能力的发展，随着朝鲜弹道导弹能力的发展，发生战争的可能性是在下降的。

1953年朝鲜战争结束后，朝韩之间不断发生军事冲突，今后这种冲突还会不断发生，但是哪起冲突是因朝鲜核项目引起的，则难以判断。其实，自冷战结束后东亚就一直延续这一状态——冲突不断，没有战争。跟欧洲比，东亚地区的和平持续得更长久。欧洲的冲突比东亚少但战争却不断。比如科索沃战争、格鲁吉亚战争和乌克兰战争。冲突少但有战争与冲突多而无战争相比，何者更为可取，我想这不难做出判断。

一些西方媒体及学者认为，当朝鲜核弹道导弹射程能覆盖美国时，会突破美国的"心理门槛"，到时美国可能会对朝鲜发动战争。我不这么认为。当初美国担心苏联弹道导弹对美国的威胁，只发生了古巴导弹危机，后来又担心中国核能力，但连个危机都没发生。为什么美国会为朝鲜核能力而发动战争呢？美国采取"外科手术"式军事行动定点清除朝鲜核设施的可能性不能排除，但这不必然形成战争。

《环球时报》：日本实施新安保法是否会导致问题复杂化？

阎学通：我认为不会增加朝鲜半岛的紧张局势，但会增加南海和台海地区的紧张。蔡英文上台后，日本与中国台湾方面进行军事合作的可能性不能排除。而日本与美国在南海进行一些军事合作的可能性正在加大。相对来说，日本通过新安保法与韩国进行军事合作的可能性不大。总之，日本实施新安保法，会加大我国在台海和南海的困难。

周边外交："结伴"转向"结盟"不可避免？

《环球时报》：联盟体系是美国力量的支柱之一，而中国奉行"不结盟"原则。您觉得中国是否需要调整这一方针？中国提出的"结伴"是否应扩展到军事安全、反恐等领域，形成地区联盟？

阎学通："遏制战略"是冷战时期提出来的，但"结盟战略"则是人类几千年使用的。把结盟视为"冷战思维"是件很奇怪的事。1956年，南斯拉夫总统铁托、埃及总统纳赛尔和印度总理尼赫鲁针对东西方两大集团对抗的两极格局为中小国家提出了一个应对战略，即"不结盟"。严格来讲，"不结盟"是真正的冷战思维。此外，不结盟适于中小国家在两极格局条件下应对超级大国，在一极格局下作用很小，对于超级大国更是不适用。随着中国实力逐渐接近"超级大国"和两极化的进一步发展，中国外交将难以继续坚持"不结盟"原则，因为这个策略不但维护不了中国的国家利益，还会有伤害作用。

中国现在提出"结伴"政策，比"不结盟"要进步了一些，向适应我国实力地位和两极化趋势调整，这好于不结盟。我认为，随着中美两国综合实力的差距进一步缩小，从"结伴"向"结盟"转变将不可避免。"结伴"的核心应是军事合作，经济合作不需要"结伴"。例如，中国已经是美国和日本的最大贸易伙伴，不结伴照样开展双边经济合作。

《环球时报》：西方媒体和一些学者说，中国周边过去一年麻烦不断。去年（2015年）您在本报刊文"整体的周边比美国更重要"，在学界引起很大反响，一年之后，您对这个问题如何看？

阎学通：我们在周边外交问题上，确实需要下决心确定外交优先次序。

首先，继续在"到底是美国还是周边更重要"问题上采取模糊态度，不利于制定明确的外交政策。美国与我国周边国家发生矛盾不可避免，当矛盾发生时，我们不支持周边国家，就不可能在与美国发生矛盾时获得周边国家支持。长期以来，我们不愿明确到底是周边重要还是美国重要，导致我们对周边国家的外交政策模糊不明，因此周边国家对我国也不信任。因为我们本质上没有把"改善与周边国家关系"视作至关重要，认为与美国关系的重要性超过与任何国家的关系。与美国关系改善了就能改善与邻国关系，这个观念是我国周边外交无法实现突破的根本原因。我国与邻国的冲突不是美国挑拨而产生，美国是利用我国与邻国的冲突。寄望通过改善中美关系来改善与周边国家的关系，存在逻辑上的问题。

其次，我们与周边国家的关系，要好于我们与周边之外国家的关系。这不是指经济方面，而是指军事安全方面。我们与周边国家的经济关系可以不如与周边之外国家的关系，比如中日贸易额小于中美，中俄贸易额小于中德，这对我国没有伤害，不会恶化我国周边环境。但我们需要使与周边国家的军事安全关系好于与周边之外国家的关系。然而，我们目前下不了决心与邻国结盟。当我们不在安全上给周边国家提供保障时，边界纠纷、政治冲突、经济摩擦等很容易恶化我们与它们的战略关系。我坚持认为，当前周边国家对中国的最大需求是为它们提供军事安全保障，因此，提供军事援助比经济援助更能改善我国与周边国家的战略关系。

关于TPP（跨太平洋伙伴关系协定）未来在亚太地区发挥的作用，我觉得影响不是很大。经济决定论者认为TPP对我国战略环境影响大，是因为相信"以经促政"的作用。事实上，中美间和中日间的经济合作规模远大于我国与其他国家的经济合作，但并没有对改善双边战略关系有太大作用。我国采取"以经促政"战略没有太大效果，美国这么做也不会有什么效果。中美之间的经济竞争对我国与周边国家的关系不会产生太大战略影响，周边国家与我国关系的核心是安全而非经济关系。现在许多周边国家采取经济靠中国安全靠美国的双轨战略，很说明问题。

（原刊于2016年5月3日《环球时报》）

现在谈"中国世纪"太早了

在19世纪和20世纪的某一时期,英美先后在单极格局中拥有绝对主导地位,因此被称为"英国世纪"和"美国世纪"。以此为准,"21世纪将是中国世纪"的判断需满足两个必要条件,即世界形成单极格局和我国拥有绝对主导地位。目前看不出中国能在21世纪余下80多年里同时满足这两个条件,因此也谈不上"中国世纪"。

我国的综合国力不是全球性的

即使我国在2049年实现第二个百年目标,"建成富强、民主、文明、和谐的社会主义现代化国家",美国也不必然因此就失去超级大国地位。国际格局由大国实力对比和大国战略关系两要素决定。从综合国力角度讲,我国的国力构成要素是不平衡的。我国经济已具有全球影响力,政治和文化则主要影响西太平洋地区，军事实力最弱，仅是周边防御性的。例如，今年（2015年）缅甸军机多次给我国境内边民的生命和财产造成严重伤害。我国综合国力要赶上美国的困难远大于经济实力超越美国，军事实力的赶超尤为困难。美国通过战争实践增强其军事能力，我国靠训练提高军事能力。两者之别类似于从事企业管理和研究企业管理。

从"硬实力"和"软实力"的角度讲，我国对世界的影响力主要靠硬实力中的经济力量。我国的软实力不仅与美国有较大差距，甚至可能弱于德国。德国不仅在欧洲事务上的主导地位是明确的，而且在域外非经济事务上的影响力也很明显。例如，访日期间，默克尔在新闻记者会上当面警告日本首相安倍要正视历史，显示出德对日的软实力地位是居高临下。我国领导人还不能在访欧时公开批评访问国的领导人。

从大国战略关系角度讲，我国仅好于俄、日两国，但不如美、英、法、德。俄罗斯与美、英、法、德、日五国都是战略对立。日本与中、俄两国是战略对立。我国虽与日、美两国有战略冲突，但我国与德、法两国的关系好于日本与这两国的关系。例如，德国总理默克尔在以往7年里访华7次，只访日1次。

美国虽然也是和中、俄两大国有战略冲突，但其战略关系质量好于我国。美国采取结盟原则，与英、法、德、日四国是盟友关系；我国坚持不结盟原则，与美、英、法、德、俄五国是合作伙伴关系。美国约有60个盟友，其中不包括我国，而我国的58个合作伙伴关系中包括美国。

政治实力是综合国力的基础

中国经济增速放缓，有人据此认为我国综合国力增速下降。事实上，党的十八大以来我国综合国力增速在加快。2010—2014年我国GDP增速呈下降趋势，但2012年起我国综合国力上升却快于前几年。在2014年东亚峰会和G20峰会的正式集体照中，我国领导人首次被东道国安排在比美国总统更主要的位置上。2014年出现的"中国国防建设威胁美军"和"2015年将是中国世纪元年"的说法，说明外部世界感到了我国国力上升加快。

综合国力 = 政治实力 × （军事实力 + 经济实力 + 文化实力）这个方程，可以解释为何在经济增长放缓的条件下综合国力还能快速增长。反腐政策和奋发有为的外交政策从内外两方面提升了政治实力。政治是操作性实力，有事半功倍的功能。近三年国防建设加速也是原因之一。

我国经济规模已达美国的60%多，能否继续高增长，主要取决于是否坚持开放的政治路线。印度实行开放比我国晚十多年，其经济发展加快也比我国迟了十多年。印度的开放程度比我国低，其经济增长速度也比我国低。在经济增速下滑时，政府把国家垄断的部分经济领域开放给外企和民企，可即时提升经济增速。1978年以来，我国开放的经济领域不断拓展，国企和民企都越做越大。从世界500强中无中国企业，到2014年有上百家，且80%以上为国企。

长期开放的国家比长期不开放的国家国力健康。这如同，在气候突然变化的情况下，常做户外锻炼的人不易得病，而长期在室内生活的人就承受不了，甚至有因病而亡的危险。1978年以来，开放的政治路线从多方面提高了我国的综合国力，如提高了人民的识别能力、企业的竞争能力、政府的创新能力、党的纠偏能力，为"四个自信"奠定了社会基础。开放不保证我国实现民族复兴，但不开放则决定我国实现不了民族复兴。1949年以来的经验是，极"左"路线和极"右"路线都不利于发展，但前者比后者的破坏力更大。

中美在同时拉大和其他大国的差距

未来10年，除中国外任何大国都无望缩小与美国的实力差距。美国综合国力大于俄、法、德、日、巴西等国，且增长速度有望大于它们，因此实力差距是拉大趋势。印度综合国力不足美国的1/8，双方绝对实力差距也是拉大趋势。同理，我国综合国力位居世界第二，增速与这些国家相同就能确保继续拉大实力差距，而我国增速很可能快于它们。中美两国同时拉大与其他大国的实力差距，这意味着两极化的实力结构有可能形成。

大国战略关系的变化趋势比实力对比发展趋势复杂。自2011年中俄两国与西方大国在叙利亚危机上形成对立后，大国战略关系出现"两极化"苗头。2012年中日钓鱼岛争端形成了中俄对美日的东亚战略冲突。2013年的乌克兰危机强化了中俄战略合作，同时也强化了美欧战略合作。目前东亚的两极化已显现。安全上是中俄 VS 美日的态势；贸易上，美日提倡TPP方案，中国则支持RECP方案；金融上，中俄组建的金砖国家银行不包括美日，而美日都不参加中国倡导的亚投行，美国还劝阻韩、澳等国不要参加。

在如此态势下，东亚中小国家的安全战略已有选边趋势。蒙古只能依靠中俄，柬埔寨、老挝、马来西亚、泰国向中国靠拢；缅甸和朝鲜与我国拉开距离但还靠不上美国；菲律宾、新加坡、韩国、越南依靠美国；印度尼西亚和文莱在观望趋势，准备采取随大流的政策。东亚的两极格局有向亚太全地区扩散之势。澳大利亚选择了战略上与美日两国合作，巴西选择了与中国进行战略合作。

这不意味着重新走向冷战。20世纪的冷战建立在三个必要条件之上：相互核威慑，以意识形态冲突为主要矛盾，以代理人战争为主要竞争手段。在核威慑继续的条件下，中美当前的核心矛盾不是意识形态分歧而是国际规则之争，竞争手段不是代理人战争而是科技发明和竞争友好关系。

　　伴随国际力量结构的变化,世界中心将从欧洲移向东亚,世界主导权将从美国主导向无单一国家主导转变,国际规范从以欧洲标准向多元标准演化,全球性组织作用下降之际地区组织的作用上升。如何在新的国际力量结构下建立国际新秩序将日益成为现实的国际政治问题。

（本文发表于2015年3月20日的《环球时报》）

中美争夺战略伙伴

在2012年年底习近平刚刚就任中国国家主席之时，没有人会想到，到2015年9月会有三个美国的盟国领导人出席北京举行的纪念抗日战争胜利70周年盛大阅兵。但韩国总统朴槿惠、捷克总统米洛什·泽曼和泰国副总理巴威·翁素万的确就站在习主席近旁，一起观看了这场令人难忘的现代军力展示。

美国依然是世界上唯一的超级大国，但中国正在逐步赶上。中国已然成为全球第二大经济体，中国领导人在国际事务上的声音也变得更响亮。虽然从历史上看，中国不和他国缔结正式同盟关系，但这项政策正在缓慢转变：北京正结交新伙伴，包括像朴槿惠总统这样的华盛顿盟友。

但如果中国想成为和美国一样的超级大国，北京需要一个全新战略：全面支持发展真正盟友，而非仅仅所谓的"战略伙伴关系"。真正盟友关系通常通过条约约束，承诺在安全冲突或战争期间互相保护；而"战略伙伴关系"仅仅是漂亮的外交辞令，用以指称签署了低于真正盟友关系的若干协议（通常是经济方面的）的双边关系。

自1982年中国为避免卷入冷战而采取不结盟政策以来，盟友概念对北京来说一直是个禁忌。这一立场降低了中国被卷入与其他国家发生冲突的风险（特别是美国和苏联），同时在政策制定方面也确保了更多独立性。摆脱了外交责任包袱后，中国可以集中精力搞好经济建设。

中国目前的朋友数量完全无法和美国匹敌。如今，中国约与70个国家建立了"战略伙伴关系"或"合作伙伴关系"，其中包括不少美国盟友，例如英国、法国、德国和意大利。这些伙伴关系通常都是经济性质的，而非传统的、成熟的军事盟友关系；而美国目前则有约60个包含军事合作的真正缔约盟友。按照这个标准，中国只有一个真正盟友：巴基斯坦，两国在2015年年初刚签署共同声明，将两国关系升级为"全天候战略合作伙伴关系"。

普通的战略伙伴关系无法像军事同盟那样能可靠地整合双边战略合作。国内社会和国际社会的根本差异在于，后者并没有一个垄断军事力量的中央政府。因此，为了生存，那些没有足够军事力量来保卫自身安全的国家不得不依靠外国军事力量或组织。与经济援助相比，军事保护对于中小国家来说更为重要。如果中国能通过结盟方式来提供安全保护，邻国就将支持中国实现民族复兴。而如果没有这样的承诺，则邻国将忌惮中国的军事力量。

从和美国的战略竞争角度来看，中国也需要更多军事盟友来维持东亚的政治平衡。鉴于世界中心正从大西洋两岸转移到亚太，如果美国想遏制中国崛起，就很可能强化其亚太再平衡战略。如果中国能够重拾1982年以前的结盟传统，特别是结交美国在亚太地区的盟友，则中国将能为实现民族复兴营造一个有利环境。在这一地区，有越多美国盟友成为中国盟友，则华盛顿再平衡战略达成其目的的可能性就越低。

尽管许多外国首脑出席阅兵显示出中国外交战略正在缓慢转向，开始和尽可能多的国家发展军事合作，但这一战略仍面临与不结盟原则相关的另一大障碍：经济决定论。在过去30年里，经济成就主导中国人的观念，因此"以经促政"成为中国外交的主导方式。虽然经济合作关系比没有战略合作关系要好，但对双边战略关系的意义不可能和军事盟友相提并论。

中国应当从邻国开始发展盟友关系。从地缘政治上来说，中国要实现其"民族复兴"目标，就必须获得邻国的战略支持。如果大多数邻国都不接受其作为地区领袖的角色，很难想象中国能够成为世界领导力量。民族复兴大任不仅远难于经济发展，还应有不同的外交战略，将与邻国展开军事合作当作头等大事。如果没有安全的邻里关系，一国很难成为世界领导力量。

若说中国能在短期内和大多数邻国结为盟友的确不现实。

但柬埔寨、老挝，以及上海合作组织的六个成员国有可能将其与中国的关系升级为冠以"全天候战略合作伙伴关系"（和巴基斯坦一样）之名的成熟军事盟友关系。美国固然是中国最主要的战略竞争者，但其与部分中国邻国的冲突令这些国家向中国寻求保护成为可能。这些国家，特别是东盟大部分国家，不希望看到美国或中国成为地区军事主导。与中国和美国同时结盟是一项同不结盟战略类似的战略手段，帮助它们减少对中国或美国的依赖，并减少来自这两国的威胁。

事实上，中国结交更多盟友将制衡美国的影响力，并有助于世界和平。虽然西方很多人更希望看到一个由美国领导的单极世界，但并不是全世界所有人都这么想。全球实力天平倒向任何一个国家，造成的麻烦都会比其解决得多。所有东盟国家都明白，如想保持东盟在地区安全事务中的领导地位，就必须在中国和美国之间保持平衡，并迫使中美为获得东盟支持展开争夺。

中国和这些国家（包括和中国既无领土纠纷也无安全冲突的美国欧洲盟友）建立经济战略伙伴关系是明智之举，但结为军事盟友目前来看并不现实。在中国的所有邻国中，日本、菲律宾、越南和朝鲜最不可能和中国结为盟友。尽管中朝友好合作互助条约尚未废止，但已几乎是一纸空文。两国多年来既无军事来往也无首脑会晤。中国只有耐心静待这四个国家发生内部变化，并由此改变对华政策。菲律宾可能成为第一个，因为依照其宪法现任总统贝尼尼奥·阿基诺三世将在明年（2016年）卸任。

中国应当从冷战时的美苏竞争中汲取经验。苏联之所以失败，部分是由于其对盟友缺乏战略信誉，即盟友不相信苏联的安全保障承诺。在苏联1956年和1968年相继对匈牙利和捷克斯洛伐克进行军事干预后，大多数盟友都惧怕苏联的军事实力。这就是为何东德在1990年挑头退出华约，并导致华沙条约在苏联解体之前就遭废除。形成鲜明对照的是，美国对盟友的信誉是其赢得冷战的重要原因。这段历史也解释了为何奥巴马的再平衡战略将首要重点放在传统盟友关系上。

在中国和美国都有不少人认为，如果中国采取结盟战略，世界可能陷入新冷战。但盟友网络只是诱发冷战的必要条件，而非充分条件。事实上，爆发新冷战的可能微乎其微，毕竟意识形态并不是中美两国的核心冲突。每年中美两国都有数百万人访问对方国家，更不用提两国间广泛的经济纽带，这些都降低了在可预见的将来爆发新冷战的可能性。

对全世界至关重要的是，应避免中美两国之间的军事冲突，并在下个十年中国逐步成为真正超级大国之际确保中美两国和平竞争。正因为两个大国之间的冲突和竞争不断增加，因此预防性安全合作才比经济合作显得更为重要。建立管理网络安全的规则就是一个典型例子。如果中国能和邻国（尤其是和美国盟友）结盟，就可以发挥预防性合作功效。这可以在三个方面有助于维持地区和平：首先，成为盟友之后，中国和邻国发生安全冲突的概率将降低；其次，这会降低美国卷入其盟友和中国冲突的危险；最后，这将有助于将亚太非对称性军事平衡转变为相对对称性平衡，这会令任何一方对采取军事行动都更为谨慎。

[原刊于 2015 年 10 月 29 日"中美聚焦"（chinausfocus）网站，原文为英文，感谢中美聚焦网将其翻译成中文]

首脑会晤不能排除中美之间的摩擦冲突*

在中美关系紧张之际，两国战略与经济对话在华盛顿举行。两国关系将走向何方？日本经济新闻（中文版：日经中文网）就此采访了清华大学现代国际关系研究院院长阎学通。

记者：中美围绕南海问题关系日益紧张。中国外交部2015年6月16日发布了南沙岛礁填埋将于近期完成。您认为在中美战略与经济对话召开之前发表这个消息的意义是什么？中美关系的紧张能否得到缓和？

阎学通：第一，中国外交部现在发布南海工程在近期将吹填结束，比较明显是希望给中美战略与经济对话创造稍微好一点的环境，使双方之间的冲突和矛盾降降温，这样在中美战略

---

* 本文为日经中文网记者大越框洋对阎学通教授的访谈。

与经济对话会上能够就一些合作问题进行讨论。

第二，今年（2015年）中美之间在9月习近平和奥巴马见面之前，双方应该说即使发生冲突和摩擦，规模不会太大，程度也不会很严重，但是这不排除中美双方领导人会晤之后发生新的、比较大的摩擦和冲突。也就是说在年底的时候，10月、11月、12月，本年最后一个季度中美之间发生新的、比较严重程度的冲突的可能性不能排除。

第三，在奥巴马执政时期，剩下的一年半，总体来讲中美之间会发生冲突，但是应该说在可控范围之内。奥巴马对华政策不会做出本质性的调整，但是奥巴马之后，也就是说美国的新政府上台之后，中美关系可能会出现新的较大幅度的下滑。

记者：9月份以后更严重的摩擦，具体是指什么摩擦？

阎学通：中美之间现在发生冲突的领域非常多，在网络、海军、海洋、人民币汇率、人民币成为SDR特别提款权、投资、贸易赤字、外太空、朝核和伊核，中美之间有分歧的领域太多，你说在哪个领域会发生，哪个领域都有可能，就是因为在太多的领域里有利益分歧，所以这就是为什么今年年底最后一个季度发生新的冲突的可能性很大。

记者：所以中美之间发生冲突和摩擦是正常的，怎么控制分歧和摩擦，如何协调？

阎学通：中美之间其实没有必要相互去抱怨，这是没有意义的。中美之间发生摩擦和冲突是必然的，是两国利益不一致导致的，而且利益不一致方面越来越多，所以他们之间发生冲突。

中美之间的外交和战略关系应该侧重在两个方面：第一，要侧重于危机的防范和管控，就是减少摩擦的发生，或者摩擦发生之后防止升级为军事冲突；第二，增加合作，合作增多了才有可能防止双方之间的摩擦和冲突导致不可控的灾难。我认为中美之间应该向相互信任的合作方向发展。

记者：现在中美经济关系密切，现在的中美关系同美国和苏联的冷战关系虽有所不同，但是有人说现在的中美关系不是冷战，是冷和平，您如何看待这种看法？

阎学通：第一，发明"冷和平"一词的这个人我感觉他对什么是冷战不懂，冷战是相对于热战，冷战和热战比，是说发生军事冲突的程度低，冷和平只能跟热和平相对应，或者跟和平相对应。和平是没有战争，冷和平是说战争更多？还是战争更少？冷战是指战争更少，军事冲突更少，冷和平是说冲突更多？还是更少？这个词是没有意义的。这就是一个，用百姓的话就是炒作自己的一个概念。

第二，从中美之间目前的状况，想回到冷战是做不到的。冷战发生是需要条件的，共有三个基本条件，缺少一个都不能形成冷战。其一，需要双方有核武器，今天中美都有，这个条件具备。其二，双方的核心矛盾是意识形态之争，现在中美不是，这两个国家都没有一个国家把意识形态作为自己国家的首要国家利益。冷战期间，美国把资本主义作为首要的国家利益，苏联把共产主义作为首要的国家利益，所以美苏意识形态的矛盾是两国之间的最核心矛盾。今天中国跟美国在这个方面则不是两国的核心矛盾。其三，冷战必须是相互隔离才能冷战。不隔离冷战不了。比如说夫妻冷战，他俩不在一个床上睡觉，得隔离，自己睡自己的床，两人睡一个床怎么冷战？当初，是苏联跟美国，苏联搞了社会主义市场，搞了华约集团；美国搞了北约，欧洲搞了欧盟。双方是相互隔离的，人员是不往来的。当年，苏联一个团到美国，美国 CIA 从头到尾派人跟踪，美国的一个团到了苏联，苏联也派人从头到尾跟踪，今天中美之间 140 多万人相互访问，要派多少人跟踪？这是做不到的。

刚才你也说了中美经济相互融合到这种程度，两个国家没法隔离，不能隔离怎么搞冷战，所以我认为，跟他们看法相反，中美之间战略冲突是不可能发展成冷战，因为形成冷战的三个条件中，两个条件不具备，形成那样的冷战是做不到的。

记者：中美在战略与经济对话结束之后，北京 2015 年 6 月 29 日将举办亚投行签署仪式。关于亚投行很多亚洲、欧洲国家都欢迎，美国也表示欢迎，但是有的美国人还认为中国主导的亚投行挑战美国至今为止创立的国际金融秩序，您如何看待？

阎学通：亚投行的建立本身对国际金融秩序已经形成了一种影响，这是明显的，主要影响了两个方面：第一，影响了国际金融秩序的安排，这叫作制度再安排；第二，已经开始影响国际金融领域的权力分配，这叫作权力再分配。也就是国际金融领域中开发银行这个小领域里的秩序在制度安排和权力分配方面发生了变化。这个影响之所以从亚洲性变成一个全球性的影响，是因为英国带头促使西方国家的加入，由于美国之外很多西方国家法、德、意、加拿大、澳大利亚这些西方国家的加入，这些非亚洲国家的加入使得亚投行成为一个全球性的国际金融机构。本来它还不会影响全球性，以为只能影响到亚洲地区，名字就叫亚洲基础设施投资银行，结果欧洲、澳洲、北美洲等国家一加入，变成了全球性。

记者：所以现在的情况超过原来中国所预想的？

阎学通：没错，肯定，中国没想到它会有这么大的影响力。

记者：亚投行的意义会变吗？亚投行现在是全球性的国际金融机构，原来中国对亚投行的意图会变吗？

阎学通：我觉得变化不会马上发生，但是变化方向是必然要发生。暂时不能发生是因为现在的资金数量还不大，主体会用于东亚地区的基础设施的项目，但随着资金规模的不断扩大，就可能开始资助其他地区，比如欧洲、中东、非洲、拉美这些地区的基础设施建设，一旦项目扩展到其他地区，影响力自然也就到了其他地区。

记者：亚投行也会变成中美之间一个摩擦的原因吗？

阎学通：美国已经对亚投行表示了不满，日本也对亚投行表示不满，亚投行本身是中国和美国相互之间摩擦的产物。因为中国要求对世界银行和国际货币基金进行改革，美国不同意，政府同意了，但国会不批准，所以改革迟迟推行不了。所以应该说亚投行实际是中美在国际金融秩序上的矛盾的产物。不是因为有了亚投行才导致有矛盾，某种程度上，现在是一个矛盾摩擦的结果。

记者：中国倡导和平崛起，但是实际上和周边国家的矛盾越来越突出，这是因为什么？而且习近平重视周边国家的外交政策，这区别是什么，应该如何理解现在的情况？

阎学通：中国强调重视周边国家，实际很大程度说在美国和周边国家之间发生冲突的时候，中国应该更关注谁的利益。过去中国对美国的政策叫作以美国为重中之重，也就是说美国和中国周边国家发生矛盾的时候，中国原则上采取中立，如果不得已不能中立，中国只能支持美国。这样中国和周边国家的关系就出现了比较紧张的现象。

中国新一届政府开始调整政策，提出要重视周边，2013年11月开的周边外交工作会议，这样把周边提到比美国看得更重要的地区，当美国和中国周边国家发生冲突的时候，中国要更多地考虑周边国家的利益，而不是美国的利益，这是一个政策调整的本质。在这一点上，当美国和周边国家发生矛盾的时候，中国会照顾周边国家，当美国跟周边国家立场一致的时候，中国没有必要照顾这个国家。比如日本，日本跟美国没有矛盾，中国不需要在美日有矛盾的时候照顾日本，因为美国跟日本两国是一致的。也就是说周边国家跟美国越一致，这样的国家越得不到中国对周边国家照顾的政策。

中国照顾是照顾那些跟美国发生利益矛盾的国家，中国原先是中立，不得已支持美国，现在调整为我是中立，如果不能中立我就支持周边国家。这些国家跟美国没有矛盾，中国就不存在站在它一边儿的问题。像日本、菲律宾跟美国的利益越一致，中国的睦邻友好的政策对它越不相关。

你刚才的问题实际是从日本、越南、菲律宾三个国家的角度提出来的，但是要知道中国说到周边的时候，这个概念是30多个国家，越南、日本、菲律宾不过是30多个国家里的3个。

记者：中国提倡中美关系是新型大国关系，美国说是新型关系，没有提到大国，这个区别在哪里？

阎学通：现在美国已经不再提新型大国关系了，中国政府还在坚持中美之间是新型大国关系。在这一点上，我认为弥合双方之间在这一问题上的认识是比较困难的，也就是说很难寄望于奥巴马在他执政期间的剩下的一年半时间里会重新同意用新型大国关系这个词来描述中美关系，这个可能性是比较小的。

记者：您对这次中美战略与经济对话有何期待？

阎学通：我想这次中美战略与经济对话和以前不太一样的

是，一个很重要的任务要为2个月后（2015年9月）的习近平访美。既然离习近平访问美国的时间这么近，我估计此次不是讨论中美战略与经济对话取得成果，而是中美战略与经济对话如何为中美首脑会晤取得成果创造条件。所以如果说中美战略与经济对话能有什么成果，只能说是为首脑会晤取得成果创造条件，对话框架本身恐怕难有成果。

（原刊发于2015年6月24日日经中文网）

预防性合作管控中美关系[*]

中美之间人员的往来、经济的联系，让两个国家不可分离。交往的作用就在于能够防止冷战的发生，因为冷战的前提是相互隔离。

中美之间务实的做法，就是怎么把双方可进行"消极合作"的领域充分利用起来。在太空问题、网络问题等方面，双方有很大的潜在合作空间。

在（2015年）习近平主席访美之际，阎学通接受了《中国新闻周刊》的采访，就中美关系发表自己的看法和观点。在他看来，作为世界上两个最大的国家，中国和美国既有共同利益，也难以避免战略竞争。但双方可以把防止冲突升级变为共同利益，以此为基础开展合作，也即预防性合作。

---

[*] 本文为《中国新闻周刊》记者徐方清对阎学通教授的访谈。

没有冲突就没有合作

《中国新闻周刊》：在中美关系方面常提到一个词叫战略互信，在未来中美竞争和博弈越来越激烈的情况下，我们如何理解这种互信？

阎学通：我认为，大国之间的战略，其本质就是竞争与合作，有互信照样竞争，没互信也要合作。在竞争与合作上，如果有互信，合作就会容易点，如果没有互信，合作就会难一点。总体上讲，互信是合作的结果，不是合作的条件。典型的例子是，第二次世界大战期间，美国、英国和苏联之间，并没有很多的互信，但它们照样合作，这是由共同利益驱使的。中国跟美国之间也是这样，有共同利益就能合作，没有共同利益就不能。

在利益冲突的问题上可以发展预防性合作，或者叫"消极合作"。也就是把防止冲突升级变成共同利益，然后进行的合作。预防性合作不是以互信为基础，而是以冲突为基础的。两国针对第三方共同威胁的合作是积极合作，也是以与第三方冲突为前提的。因而可以说，合作的第一前提是有冲突，没有冲突就没有合作的必要了。战略合作不是建立在互信基础上的，而是建立在共同战略利益基础上的。

《中国新闻周刊》：现在中美之间的互动越来越多，这种互动是不是能和两国关系的良性发展成正比?

阎学通:与其说是"互动",不如说是"交往"。互动有对抗性的和合作性的,要看是什么样的互动才能促进两国之间关系的发展。简单地认为互动就能改善关系,这种说法是不对的。或者换一种说法,不用"互动"来表达,可以说现在中美"交往"增加了,因此相互了解也增加了。

"交往"这个词比较好,因为交往是一个正面意义的词。你派一个军舰我派一个军舰打仗,不能说是交往。而两国相互派留学生、做生意、进行体育比赛、民间的旅游,这些都是交往。交往的作用就在于,能够防止冷战的发生。因为冷战的前提是相互隔离。美苏之间没有经济往来,没有人员往来,什么交往都没有,因而双方进入长期的冷战状态。

而中美人员的往来、经济之间的联系,让两个国家不可分离。当二者不可分离的时候,你伤害对方的同时不可避免地自己也会受到伤害。我制裁你,不让你出口,那我的进口就有麻烦了。我不让你投资,我引进外资就受影响,就是这利益相互交织导致的结果。在冷战时期,遏制政策就是把对方围起来,但现在美国没法把中国围起来,中国也没法把美国围起来。这就是为什么中美和美苏之间虽然都是战略竞争,但它们所表现的形式和内容完全不同。

《中国新闻周刊》:中国和美国对于当前的世界格局,以及两国在这个格局中的角色的认知有哪些差异?

阎学通：我认为，中国对中美关系性质的认识，没有什么太大的变化。自本届中央集体换届一直到现在，对中美关系的基本认识都差不多。如果要说变化的话，我们对美国作用的认识有变化，政策调整有了变化。

例如，在2013年的周边外交工作座谈会上，中国的对外战略不再把美国当作对外政策唯一最主要的方向。或者说，周边外交在中国外交政策中获得了和美国同等重要的地位。习近平在2014年的外事工作会议讲话中提出，周边外交排序在大国外交之前。这说明中国已经从以前大国优先的外交政策，转变为现在的周边国家和大国并重。

《中国新闻周刊》：这种调整的背后是不是折射出中国对全球格局的理解有变化？同时，美国对全球格局变化有何理解？

阎学通：中国过去认为，中国要想发展，必须依靠美国，如果不能和美国搞好经济合作，中国发展不了。但是，现在我们知道了，中国要实现民族复兴，必须加强和周边国家的合作。和周边国家的关系不能得到有效的改善，不能得到周边国家普遍的支持，中国是民族复兴不了的。这个外交目标的改变决定了我们策略的调整。也就是说，原来是为了争取有利于经济建设的和平环境，而现在则要塑造有利于民族复兴的国际环境。这就是为什么要把周边外交的地位提升的背景。

从美国方面来说，它对全球格局的改变也有一点变化，但它是程度上的，不是本质性的。大约从 2010 年开始，美国意识到，中国的崛起恐怕不能阻挡。美国还认识到，世界的中心将会从欧洲转向东亚，美国要保持在世界的主导地位，就必须保持在东亚的主导地位，所以美国在 2010 年提出重返亚太战略。你要说奥巴马政府上台后对世界的认识，近年来，美国越来越认识到，世界的中心向东亚转移的速度在加快，因而它也越来越明确，自己最核心的战略利益不在中东，而在东亚。

《中国新闻周刊》：中美双方在对世界格局各自认识的基础上，其外交策略方面的主要差异是什么？

阎学通：这个差异表现在两个方面，一方面是双方对外表述上的差异，另一方面是对问题真正认识上的差异。在对外表述上，美国仍然坚持要维护其主导下的国际秩序；中国则提出要推动多极化。而在真正的认识上，美国认为，虽然中国在崛起，但是美国的软实力仍然是强大的，中国是没有能力赶上的。而中国则认为，中国与美国在硬实力上有差距，在软实力上也有差距，但随着政策的调整，中国同美国在软实力上也会像硬实力上一样缩小差距。

虽然美国也认为，一极世界难以维持下去，但是它不认为多极世界有可能会形成。他们认为，对美国构成最大挑战的就是中国。有两个国家对美国构成挑战才有可能多极化，而美国并不这样认为。

《中国新闻周刊》：在当下中美在某些领域存在认知差异的

背景下，将来双方在哪些方面会各自坚持，哪些方面可能会有所调整？

阎学通：目前中国肯定会坚持新型大国关系，而美国会继续坚持战略再平衡。双方的大政方针肯定不会有什么变动，双方可能在具体问题上达成一些共识，例如在气候变化的问题上，已达成了原则上的共识。其实这种原则性的共识都是预防性合作，是着眼于如何防止冲突的进一步恶化。我想，双方在这方面发展合作的空间比较大。如果这次习近平访美能够就网络问题达成一个共识，形成一个文件，也是属于预防性的。可以说，中美之间可进行消极合作的领域比积极合作的领域大。现在务实的做法，就是怎么把双方可进行消极合作的领域充分利用起来。事实上，在太空问题、网络问题等方面，双方是有很大的潜在合作空间的。

在中国现行体制下，至少到 2023 年，我们的战略方向不会有大的改变。然而美国因为受其自身体制的影响，换了总统之后其对外政策就可能发生重大改变。即使不一定是方向性的改变，程度上的改变是可能的。例如，美国的"重返亚太"战略可能不改，但重返亚太的政策力度可能会大幅增强。

《中国新闻周刊》：美国有人对中美关系出现某种担忧，这也可以在美国总统大选在涉华议题的一些说法中体现出来。

阎学通：是的。美国社会上的说法，和美国政府的说法还不完全一样。比如说，奥巴马政府对中国的态度要合作得多。社会上有人认为，奥巴马对中国太软弱，在此情形下，美国社会中对中国强硬的力量在上升。但是就奥巴马政府来讲，它从 2010 年之后到现在基本没有太大变化，只是在 2010 年有过一次变化。奥巴马政府在此之前想跟中国全面合作，其后则全面回到克林顿当年的政策，我称其为"双轨逆向"政策，就是经济上跟中国合作，安全上对中国进行遏制。从那之后到现在基本没有什么变化。

中美之间要制定好规则

《中国新闻周刊》：在近两年来的中美关系中，新出现的高频词是什么？这意味着什么？

阎学通：在有关中美关系的讨论中，目前用到最多的一个词就是网络安全。尤其是今年以来，这一问题的热度越来越高，现在网络安全几乎变成中美关系的第一问题了，这是从来没有过的。

按照美国官方的说法，他们之所以那么做，是因为网络攻击伤害了美国的经济利益。不过我觉得，这实际上是由于人们原本对网络安全问题关注度不够。就是说，人类从没有网络到有网络，对网络重要性的认识是一点点增加的。网络给人类带来便利的同时，也带来了巨大的安全问题。

国际社会还没有管控网络安全问题的规则，而网络和核武器还不一样，核武器是国家使用的，而网络是老百姓使用的，它已经是像电、水、空气一样的东西，已经成为人类生存的一个必要条件。所以，我想，这个问题之所以对中美之间这么重要，是因为它本身对人类生存的影响是巨大的。

之所以中美在网络安全问题上有冲突，是因为两国网络的技术是世界上最先进的，普及率是世界上最高的。强者之间的矛盾一定凸显，这是因为两者有相似的能力。

《中国新闻周刊》：对于普通民众，如何理解中美之间这种有时难以理解、眼花缭乱的关系？

阎学通：这样说吧，我们可以把中美之间比喻成一场足球比赛。双方都想赢对方，双方都不想接受对方比自己强大，这都是正常的。这时候，双方需要的是管理竞争的规则。足球比赛，我们要知道，怎么算赢、怎么算输、怎么算犯规、怎么算不犯规。这个是双方今后合作的领域。这就是预防性合作。

我再举一个更典型的例子，比如说乒乓球双打，咱俩配对合作，把对手打败，这叫积极合作。拳击比赛咱俩相互是对手，那么就制定好规则，不许打后脑勺，因为打后脑勺的话会打死，这就叫消极合作。也就是说，中美之间在接触中怎么不给对方造成致命的伤害。

双方在制定规则上要讨价还价，这是必然的。双方讨价还价的结果，原则上应该是双方实力差距的结果。

中国老百姓应该理解，中国尽管人均 GDP 很低，但中国是世界第二大国，是世界除美国之外第二大影响力的国家。这一点我们必须要认识到。否则的话我们就不会理解，为什么全世界好像老冲着我们来。因为你有这个影响力，你没能力他就不会冲你来，你有能力他才冲你来，要你承担责任。而中国应该承担什么样的责任，如何维护自己的权利，就需要智慧，而不是情绪。

（原刊于 2015 年 9 月《中国新闻周刊》）

中美新型大国关系的核心是"不对抗,不冲突"[*]

国家主席习近平2015年9月22日启程出访美国,并将出席联合国成立70周年系列峰会。针对此访备受关注的几个问题,中国日报网专访了清华大学当代国际关系研究院院长阎学通教授,下面是采访实录。

记者:9月18日,习近平主席访美前夕,中国日报网对中美青年认知度进行了调查。调查对象是18—28岁的中美青年人。结果显示八成美国受访者关注习近平访美,多数中国和美国青年认为中美关系是最重要的双边关系,您能对调查结果进行一下解读吗?

阎学通:根据上面的调查数据,许多人会认为美国青年人对政治关心程度没有中国青年人对政治关心程度高,这种说法

---

[*] 本文为中国日报网记者小唐对阎学通教授的访谈。

可能不是特别符合实际情况，这要看受调查人的教育背景是否无差别。

另外，调查显示，相比美国青年的关注度，中国青年普遍把习主席访美看得更重要，这里有两个原因：一是因为美国比中国强大；二是与以往中美首脑的国事访问不同的是，习主席访美的消息将近7个月前就释放出来，由于消息出来特别早，同时中方对习主席访美报道比美方的报道多，所以中国青年受访者知道习近平访美的比美国多。

更多美国受访者认为中美关系是最重要的，这是因为中文和英文里的"最重要的"（most important）含义略有不同。中文中的"最重要的"含有"好的"意思，冷战时的美苏关系对美国就是最重要的。而英文中的"most important"主要是最具利害关系的，并不必然是好的。

记者：随着习近平访美时间渐近，美国媒体上有关网络安全的话题热度上升，对此您怎么看？

阎学通：首先，从美方来讲，奥巴马已经公开地讲，网络安全问题是中美这次首脑会晤中的最重要问题。美国之所以这么重视，是因为我们已经进入信息时代，信息时代的基础是计算机网络，计算机网络已经关系到人类的生活。而当前人类没有对网络安全的规范管理，今后世界各国安全很大程度上依赖网络安全。我们国家也认为网络是关系安全的重大因素。网络安全问题对中美来说都是一个重大安全问题，关系到各自安全的核心问题。

其次,中美网络技术能力越接近,美国越感到网络问题的严重性。美国担心失去网络优势。

中央政法委书记孟建柱前往美国,美国政府停止原计划要出台的制裁中国单位的措施,表明双方在一定程度上达成了的共识,预计中美会在某种场合通过某种形式表达双方在网络问题上达成了一定的共识。

记者:习近平主席此访第一站从西海岸的西雅图开始。2006年,胡锦涛主席也是从西雅图开始对美国展开国事访问的。您觉得为何中国领导访美首站安排在西雅图呢?

阎学通:之所以西雅图成为中国领导人国事访问的首站,主要是那里有波音和微软两大公司,这里是中国与美国进行经济合作的重要标志。人们普遍认为经济合作是双边合作的正能量,从访问来讲经济合作是促进双边关系改善的,安排在西雅图表明要强化中美之间的正面因素,正面因素其中最重要的是经济合作。

胡锦涛主席此前访美,我个人参加了在西雅图举行的中美智库的对话。我想习近平主席此次访美在西雅图的活动可能比胡锦涛主席那次活动的内容要多一些。西雅图的活动是中国政府针对美国社会安排的一场活动,可以理解是一场公共外交。

记者:美国即将迎来大选年,各竞选人唇枪舌战,根据以往的经验,在大选过程中,中国往往可能被用来当作攻击的对象。今年的情况是怎样的？

阎学通：从冷战结束以来，美国大选期间，对华政策都是大选中的一个议题，相对比较不突出的是在奥巴马争取连任那次竞选。此次总统竞选才刚刚开始，目前情况看，和上次总统大选2011年的同期相比，涉及中国的话题比上次突出。最近这几个月和前几个月比，对中国的攻击明显在增加。从目前的形势看，这次大选中以中国为话题争取选票的情况可能会比2012年多。

记者："不对抗，不冲突"是中美新型大国关系的重要内涵，但中美关系目前在南海问题、网络安全等领域摩擦不断，那您认为中美在重大问题上如何减少误判、管控分歧？

阎学通：中美新型大国关系分三个内容，即"不对抗，不冲突""相互尊重对方核心利益""合作共赢"，这三点在建设过程中应该分别对待。

中美新型大国关系的核心是"不对抗，不冲突"；"合作共赢"是理想的收益，能带来合作共赢很好，带不来也没有关系；对于"相互尊重对方核心利益"，有共识更好，没有共识可以搁置争议。所以，新型大国关系对中美两国来讲都应该侧重"不冲突，不对抗"。

正是因为"不冲突，不对抗"是新型大国关系的最具实质性意义的部分，所以管控相互之间的冲突才变成是非常必要。管控双边的冲突从原则上来讲，最主要的方法是加强预防性安全合作，预防性安全合作的核心就是双方在有冲突的安全领域进行对话，防止冲突升级，制定管理冲突的规范，这样才能使中美关系向新型大国关系发展。

有人把新型大国关系的三个内容理解成三个层次，我认为这种理解不利于新型大国关系的建设，因为没有重点就没特殊性了。

记者：多方信息显示，已持续7年的中美投资协定（BIT）谈判或将在习近平此次访美中取得突破。您认为这次习近平主席访美在经贸合作方面会带来哪些惊喜呢？

阎学通：现在网上传的比较多，最大的一个新经济合作项目就是关于中美可能达成高铁建设路线，从洛杉矶到拉斯维加斯。若这条高速铁路建成，这可能带来中美之间在经济合作方面的快速发展。如果中国企业在美国进行铁路建设，那么可以带动中国很多的施工设备、铁路装备以及中国其他制造业的产品大规模向美国出口。这条铁路也会带动美国国内运输业的变化，加速人员货物的流动，增强当地的经济活力。看到这些好处后，可能会有更多美国地方政府愿意修建铁路。

中国与美国、中国与欧洲合作修建铁路，从中国角度来讲是非常具有经济战略意义的事情，因为它们比"一带一路"沿线国家有更多资金能够投入基础设施建设，既能带动中国产业发展，又能带来经济收益。

记者：您个人对习近平主席此次访美有何期待？

阎学通：我个人的理解，此次习近平主席访问面临的双边矛盾和冲突，比胡锦涛主席当年的访问、比邓小平同志当年的访问都多。从这种意义上讲，在双方矛盾较多的情况下进行国事访问，能够稳定中美双边关系就是很大的成功。有的人说习近平主席此次访问能够确定今后中美关系的发展方向，我觉得这种说法不符合实际情况。奥巴马还有一年多就下台了，奥巴马政府与习近平主席在中美双边关系上的共识，能否为下届美国政府的执政者接受，这不是由我们决定的，也不是由奥巴马政府决定的，是由下届美国政府决定的。认为中美这次首脑会晤达成的共识，能够约束下届美国政府对华政策，这种认识和实际情况似乎是有差距。

对于习近平主席此次访问的意义，我认为有三个：一是有助于稳定当前中美关系；二是有助于扩大中美合作领域；三是为中美讨论新的国际秩序创造一个较好的条件。

（原刊于2015年9月22日中国日报网）

美国对"新型大国关系"的立场是明确的[*]

"今后两年,中美的结构性矛盾还会深化,同时合作的领域也会增加。因此,我认为双方推进新型大国关系的原则是无论有无互信都要进行合作,通过合作增强互信,而不是通过增强互信发展合作。"

北京"习奥会"期间,习近平时时处处都在讲要推进中美新型大国关系建设,并且提出了六个重点推进的方向。尽管中国官方媒体报道显示,奥巴马也表示要推进中美新型大国关系建设,但白宫公开的奥巴马在北京期间的部分谈话和演讲实录中,却找不到"新型大国关系"的字眼。

构建新型大国关系,事关中美避免重蹈崛起国与守成国难免冲突的覆辙,"习奥会"后中美双方在这方面工作的现状与

---

[*] 本文为澎湃新闻网记者焦东雨对阎学通教授的访谈。

前景如何，澎湃新闻记者焦冬雨就此专访世界和平论坛秘书长、清华大学当代国际关系研究院院长阎学通教授。

澎湃新闻：这次北京"习奥会"上，习近平对建设中美新型大国关系又提出了六个重点推进的方向，这与他此前所提的"不冲突、不对抗，相互尊重和合作共赢"有什么本质区别？

阎学通：这次习近平提出的六点建议与原先新型大国关系的三点内容最突出的不同表现为，这六点建议比原先的三点具体了。

首先，把双边关系的合作领域具体化为"经贸、两军、反恐、执法、能源、卫生、基础设施领域的务实合作"。其中关于两军和反恐的合作可以加强中美真正战略意义上的合作，而执法是指反腐，这是中国政府迫切需要的。其次，是在多边国际问题上的合作领域明确了，包括伊朗核问题、朝核问题、阿富汗问题、国际反恐、气候变化、传染病防控等。

美国人认为要建设新型大国关系需要有具体化的措施，我认为习近平的六点建议正是要推进新型大国关系的具体化。此外，管控分歧和敏感问题成为六点之一，这表明中国坦承中美之间的矛盾是必然的，是双边关系中的主要问题。我认为只有承认中美关系中矛盾是主要方面，才会增强防止矛盾升级的动力，也才会认真建立防范危机的措施。否认中美关系矛盾是主轴，是不利于新型大国关系建设的。

澎湃新闻：在六点建议中，还能看到"相互尊重""合作共赢"的字眼和意思，但为什么反而看不到"不冲突、不对抗"的字眼了？还是说其中第一点里面的"增进战略互信"可以理解为"不冲突、不对抗"呢？

阎学通：在建设新型大国关系的问题上，中美在"不冲突、不对抗"这方面没有分歧，中美的分歧在于"相互尊重"。美国不接受这个提法，认为中国的核心利益不断增加，美国无法确定什么是中国的核心利益，因此不接受这个提法。

我想正是因为美国不愿接受，所以中方坚持这一提法，想向美方讲清楚"相互尊重"为什么重要。根据媒体报道"习奥会"的情况，明显习近平在向奥巴马介绍中国历史时，特意说明了为什么中方有必要坚持"相互尊重"这一立场。此外，从现实的角度讲，中美实力对比是美强中弱，弱方提出要求强者尊重是非常符合情理的。这在历史上是经常发生的现象。

澎湃新闻：另外，其中新增加的内容，比如建设性管控分歧、应对地区和全球挑战，看起来似乎是把美方所强调的观点加了进来，是这样吗？这是想进一步争取美国对这一概念的认同吗？

阎学通：美国对管控分歧非常重视，特别是在中美两军在南海发生军机和舰船两起对峙事件后，美方认为有必要加快建立防范危机的管控机制。这一点中国不持异议，中国也认为有必要建立管控机制。我认为建立管控机制是双方的需要，恐怕不是美国单方面的需要。接受美国的建议对中国并无损害，而且这也是需要做的。

澎湃新闻：从您对这次"习奥会"的观察和了解来看，美方对"中美新型大国关系"这一概念的态度有什么变化吗？

阎学通：我不敢判断说美国对"新型大国关系"这个概念的认识发生了重大变化，无论从正面讲还是从负面讲，应该说都没有发生质变。美国对这一概念的认识是反复不定的，一开始不接受，去年（2013年）11月赖斯在乔治敦大学讲话时正式接受，但是不久又退了回去。尽管奥巴马对这一概念没有表示异议，但还很难断定他已经真心接受了这个概念。

我认为重要的已经不是美方是否在官方讲话中使这个词组，而是美国的对华政策是否能向积极方面发展。这次奥巴马来华访问，没有背负国内的政治压力。共和党赢得两院选举后，提出要奥巴马采取强硬外交政策，但是指叙利亚、伊斯兰国和乌克兰这三件事。政策矛头没有对准中国。在东亚峰会和G20峰会上奥巴马都没有把中国作为主要攻击对象。在G20峰会上，奥巴马主要攻击的是俄罗斯，致使普京气得提前离会。我认为，奥巴马在任的最后两年里，不得不把外交精力主要用于叙利亚、伊斯兰国和俄罗斯，因此他主动对中国挑衅的政策不会太多。

澎湃新闻：此前，不少人认为，由于美方不能认同习近平三点中的后面两点，即"相互尊重和合作共赢"，而开始回避公开使用这个词。据您的观察，这次"习奥会"，这个趋势是否是坐实了？

阎学通：美国对"相互尊重"和"合作共赢"的态度并不完全一样，前者美国不接受，后者美国不相信。美国人认为接受"相互尊重"是美国吃亏。美国实力比中国强，应该中国单方面尊重美国的战略利益，美国没有义务尊重中国的核心利益。关于"合作共赢"，美国人认为中国对美国关注的国际安全问题不配合，总是支持俄罗斯，没法共赢。所以美国是不相信能共赢。我认为，这次习近平提出的六点中明确使双边合作的领域具体化了，这有助于美国向相信合作可能共赢的方向发展，但对于"相互尊重"美国还不会接受。

澎湃新闻：上次在清华举办的"中美新型大国关系"研讨会上，您告诉我"不冲突、不对抗"才是这个概念的真实意图，而且美方也能接受。那为什么不能就缩小这个概念的范围先达成一致意见呢？达成"不冲突、不对抗"的一致意见，与暂时放弃后面两点"相互尊重、合作共赢"，冲突吗？如果中方这么做，是损失了，还是收获了？损失更大点儿，还是收获更大点儿？

阎学通：中美在"不冲突、不对抗"上有了共识，而且这次也达成建立管控机制的共识，这有了实质性的内容，因此双方都认为这方面的合作是可操作化的，是能向前推进的。既然可以开展合作了，因此主要精力就集中于如何解释仍然具体化、操作化不了的方面。

中方认为"不冲突、不对抗"仅是最低标准，因此希望把中美新型战略关系的标准再提升一点。我认为，提出高一些的目标，即使达不到，能达到比低水平目标略多一些的成果也还是可以的。我不认为提出的目标高或低对中国有任何损失，我关心的是目标高和低哪一个更容易实现。

由于我是道义现实主义者，因此认为目标低一点有助于实现。取得一些实实在在的成果，有助于提升双方的信心和信任。从政治理想角度讲，中美双边关系的战略目标高一些合理；从实践效率角度讲，目标低一些更为现实。这也许是政治家和专家在认识上的分歧。

澎湃新闻：在我的采访中，华盛顿的战略与国际研究中心（CSIS）费和中国研究项目亚洲事务高级顾问邦尼·格拉泽（Bonnie Glaser）告诉我说，美国也不想突出美中在这一概念上的分歧。您是否认同她这一观点？如果真是这样，据您了解美方这么做的考虑是什么？

阎学通：中国和美国都不想突出在这一概念上的认识分歧，但分歧是客观的，是躲不开的。现在的问题是双方如何能就"新型大国关系"这个概念达成共同的定义。这就如同，中美双方在反恐问题上都不想突出分歧，都想进行合作，但是双方在"恐怖主义"这个概念上没有共同定义。对于新疆地区的暴恐分子和组织，美国不接受我们的判断。因此，我认为中美要使新型大国关系能较快建立起来，解决共同定义的问题是必要的。

澎湃新闻：悉尼大学中国研究中心主任凯利·布朗（Kerry Brown）最近在 CNN 有一篇评论，其中提到说中美关系公开表现出更多言语冲突，私底下却比以往多了很多共同联系和共识，中美总是假装双方的分歧大于双方的实际共识。您如何看？这个观点是否适用于双方在"中美新型大国关系"上的言行？

阎学通：我的认识与他的观点相反。我写过一篇文章提出中美是假朋友关系，我认为中美之间有结构性矛盾，双方总是要否认这个结构性矛盾，总是用好话来掩盖中美之间的利益冲突。克林顿、小布什、奥巴马都说过"中美关系处于历史最好时期"。

自从冷战结束以来，中美战略关系从没有达到过 20 世纪 80 年代的水平。当时美国为中国提供武器，现在是美国对中国实行军事禁运。连韩国想派先进一点的军机到中国参加航展美国都不同意。

我认为，正确认识中美关系现状可遵行两个原则：一是历史的原则，即从 1950 年朝鲜战争以来的历史看中美关系现状，看现状比哪个时期好，比哪个时期差；二是全面的原则，即从经济、政治、军事和社会四个不同方面进行比较。看哪个方面的关系是好的，哪个方面的关系是差的。遵循这两个原则观察中美关系，就可能得到较为客观的判断。

澎湃新闻：从这次"习奥会"上，双方共同发表的《中美气候变化联合声明》，以及双边投资谈判协定、军事交流、反恐等方面的共识来看，是否可以说，即便美国对"中美新型大国关系"这个概念态度暧昧，但并不影响双方朝着实际的合作推进，并通过合作逐步建立战略互信？

阎学通：我认为美国对"新型大国关系"的立场是明确的。一是美国不持反对立场，二是美国不会全部接受中国的定义，三是美国以具体内容为判断标准而不关心语言表达方式是什么。

我想美国的这个立场在奥巴马今后的两年里不会发生重大变化。因此我认为，中国要鼓励奥巴马不持反对的立场，要与他商讨共同定义的问题，把具体内容作为推进新型关系的主要工作。

今后两年，中美的结构性矛盾还会深化，同时合作的领域也会增加。因此，我认为双方推进新型大国关系的原则是无论有无互信都要进行合作，通过合作增强互信，而不是通过增强互信发展合作。结构性矛盾的深化意味着提升双方的战略互信是困难的，因此中美需要在没有互信的基础上发展合作。以没有互信为理由而不发展合作对双方都没有好处，而增强不了互信也合作则对双方都有好处。

（本文原刊登于 2014 年 11 月 18 日澎湃新闻网）

中美"假朋友"关系会更"假"

特朗普任期至今,如何评价他的对华政策?

问:特朗普任期近百日,您怎样评价中美关系?

阎学通:他上台以后非常不顺,他自己的理念没法完全实施,遇到困难之后,他不想退缩但也没法不妥协,因此他是个有主见但是也没法完全执行的人。

所以,对于特朗普的对中国的政策,我们之前的策略是好的经验,就是他采取任何政策,我们都不要马上反应,也就是说,不管他是实施对华友好或者强硬的政策,我们都要"慢三拍"反应,拖一段——他应该不是一个会坚定执行自己政策的人,出台的政策可能不到两个星期就会改变。

问:这跟奥巴马时期的政策是不是相似?

---

* 本文为搜狐公众号"知世"对阎学通教授的访谈,采访人祖晓雯。

阎学通：不太一样，奥巴马不敢出台一些太强硬的政策，因为害怕反对派的反对，而特朗普是不管大家怎么想先出牌，"碰了钉子"之后再说。

问：年初（2017年）您在《纽约时报》上的文章，提出"美国梦"和"中国梦"是一个零和博弈的过程，您这种观点，是否有点悲观？

阎学通：这不是我的看法，这是一个事实。特朗普的"让美国再次伟大"就意味着不能让中国比美国强大。

问：这个事实有变化的可能吗？

阎学通：不可能改变，中国的崛起靠的是国内的力量，不是国际的什么力量，美国可以延迟中国的崛起，但是不能阻止，而只要中国国内的思潮和发展不停止，那么外部的力量无法阻止中国的发展。

特朗普执政，中美"假朋友"关系会变得更"假"

问：您此前一直认为中美之间是"假朋友"的一个关系，目前，据特朗普和中国高层领导人的互动及他的一些表态来看的话，您如何评价中美关系的走向？

阎学通：外交政策是由特朗普任命的内阁班子共同决策的。我们先看他的利益偏好。特朗普注重实在的利益，不注重意识形态，他的利益是大目标，是要实现美国再次伟大。他认为，中美之间的竞争是结构性矛盾，是零和矛盾，中国如果不衰落或者增长速度不比美国慢，美国想重新伟大是做不到的。

问：这次会晤的特殊地点——特朗普的私人庄园，而中美元首以形式相对灵活的"庄园会晤"作为开头不是第一次，这种外交安排在外界看来有利于两国领导人私人关系的建立，在轻松的氛围中促进两国关系向积极的方向发展，您认为这会促进两国的友好关系吗？

阎学通：我认为这只会对中美关系有程度上的影响，不会改变中美关系的性质。从冷战结束，中美领导人已经会晤无数次，历史上，没有哪一次会晤真地改变了中美关系的性质，因此，这一次会晤只会是众多会晤之一，最多起到程度性变化。

中美从1995年开始，把双边关系界定为"既不是朋友，也不是敌人"，应该说从官方来说，目前没有改变。中美就是一个"假朋友"关系，竞争是两国关系的主流，合作只是缓解两国竞争关系的手段。首脑会晤，只是缓和竞争的激烈关系。

2017年的中美关系，确实有一点跟大家预测的不一样，就是此前的美国总统，都是上任一年，才开始调整对华关系，而现在特朗普，只持续了一个月，就调整政策，这意味着什么？他调整对华政策的速度如此之快，这就意味着，他的认真程度是不够的。他如果是认真的，就不会这么快调整政策。

再者，他这么快就调整对华政策，也可能很快调整成对华的强硬政策，虽然他接受了中国的"新型大国关系"的内容，但据我们所知，他也在考虑增加对台销售武器的数量，因此，他很有可能像过去几任美国总统一样，嘴上"高度肯定中美合作关系，大谈合作"，而实际上，采取的政策和口号是完全相反。

他执政，中美的"假朋友"关系会变得更"假"。

中美在贸易方面必有一战？

问：您曾说，绝大多数人都认为特朗普是商人，所以中美关系能改善。这跟职业有关系吗？美国总统有过农场主、律师和教授，职业怎么能决定他的对华政策呢？您现在对这一问题怎么看？

阎学通：其实经济领域的秩序现在面临的最大挑战，就是贸易保护主义，是因为美国带头要搞贸易保护主义，只要跟美国有贸易赤字的都得平衡，所以这样一来，他使用贸易保护手段，对美国的出口进行制裁，那你想反报复措施会不会发生？会发生的。

另外，2017年1月特朗普曾经批评德国宝马、大众等汽车公司，设在美国国内生产更多的汽车，并威胁对非美国生产的汽车征收35%的边境关税，最近美国的公司想到墨西哥投资，结果被特朗普阻止了，说只能在美国投资，不能去墨西哥投资，这就是贸易保护主义的具体表现。

问：特朗普的这种贸易保护主义的倾向，影响到美国和一些国家的合作；转过头来看中国这边，有越来越多的国家加入亚投行；一些国家，比如加拿大，正在考虑和中国建立双边自由贸易协定的可能性；而欧盟在考虑和中国发展全面贸易投资合作伙伴关系的可能性。在这种形势下，对中国是个怎样的机遇和挑战呢？

阎学通：对中国来说，这种影响是负面的。但是如果利用好负面的影响，就能转换成正面的，这不是辩证法，这是一种能力。也就是说，你现在遇到一点困难，但这给美国带来的负面影响更大，那么，如果把特朗普对美国和对中国的负面影响相比，中国算是相对获益。

举个例子，你丢了10块钱，对手丢了50块钱，那么你还是相对合算的。

问：既然美国不再领导自由贸易的世界秩序了，那么在将来，中国有可能领导自由主义贸易的价值体系吗？

阎学通：不可能。中国只讲"经济全球化"，由于意识形态等问题，中国没法支持"全球化"，因为经济之外的全球化我们都不支持，既然我们都不支持全球化，更不会去领导全球化。

（原刊于2017年4月9日搜狐网）

中俄"结伴"应对美国战略压力[*]

2016年6月25日至26日,在俄罗斯总统普京对华进行国事访问期间,中俄共同发布了《中华人民共和国和俄罗斯联邦联合声明》《关于协作推进信息网络空间发展的联合声明》《关于促进国际法的声明》《关于加强全球战略稳定的联合声明》四项联合声明,被认为是中俄"结伴不结盟"关系向前推进的重要一步。

清华大学国际关系研究院院长阎学通在接受《中国新闻周刊》专访时表示,中俄间的这种战略合作的推进,美国压力是唯一因素,没有任何其他因素可以促成中俄之间的关系发展到今天。

---

[*] 本文为《中国新闻周刊》记者徐方清、牛楚云对阎学通教授的访谈。

中俄为何要结伴

《中国新闻周刊》：中俄《关于加强全球战略稳定的联合声明》中，多次用了"个别国家、某些国家"，对其进行批评。对于这种就差直接点名批评的表述方式，您觉得意外吗？

阎学通：这个表述并不意外，这也不是第一次。在6月初（2016年）刚刚举行过的新加坡香格里拉会议上，中央军委联合参谋部副参谋长孙建国的发言中也说"某国"，其实指的就是美国。孙建国是代表中国政府，不是代表个人。这是最近的一个例子。以前很多官方的发言和表态都使用了这样的方式，不用直接点名的方式，以某国来代替。

这次中俄共同发布的四项声明中，舆论最关注的就是关于加强全球战略稳定的联合声明。对于这项声明，我想说两点。

第一，"不针对第三方"，这是2001年中俄签署的《中俄睦邻友好合作条约》里明确提出过的。以不点名的方式来针对某一国家，是否属于针对第三方呢？这是一个大家关注的问题，我自己认为这样的表述不是语言层面的问题，而是双边关系的性质问题。

第二，中俄双方认为战略稳定不只局限于军事领域，还扩展到了政治领域。结合前面不点名批评"个别国家"的表述，会给人一种印象，这份声明不是一个军事同盟间的声明，但它是类似于政治同盟的声明。

《中国新闻周刊》：中俄现在的这种战略合作关系被认为"结伴而不结盟"，结伴和结盟之间有实质区别吗？

阎学通：结伴是从不结盟到结盟的转变过程的一个过渡。结伴，意味着开始向结盟接近。今天，中俄没有达到军事同盟的水平，双方在联合声明中没有提出"当一方陷入战争时，另一方自动卷入战争"。所以我认为，它还不是一个进攻性的军事同盟。

不过，同盟本身，也划分为不同类别和等级，比如进攻性同盟、防御性同盟、协作性同盟、中立性同盟、互不干涉同盟等。如今的中俄关于加强全球战略稳定的联合声明，是针对美国采取共同战略协作的政治同盟。

《中国新闻周刊》：中俄为何现在"结伴"？

阎学通：客观上，中国和俄罗斯的战略安全利益需求不断上升。中国综合实力的增长，和美国综合实力差距缩小，决定中美之间战略对抗会日益严重，战略摩擦会日益增加。中国需要得到俄罗斯更多的战略支持，俄罗斯在欧洲方面面临美国的战略压力也处于增长的趋势。在这种情况下，中俄双方的共同战略利益在不断地扩大。

《中国新闻周刊》："结伴"和经贸上的合作有没有必然联系？

阎学通：没有必然联系。两个国家经济合作非常紧密，但两国可以是盟友,也可以不是盟友,甚至可以是对抗国家。反之,两国可以在经济上没有任何合作,却照样可以变成军事盟友。

中俄贸易往来的数额不大,对两国的战略关系没有实质性影响。中俄战略合作建立在面临美国战略压力的基础上。如果没有美国的压力,中俄之间的贸易合作不论达到什么水平,都不可能发展到类似于政治同盟的关系。一个很好的反例是:中日经济合作水平远高于中俄,但中日不仅不是战略盟友,而且相互敌对。

《中国新闻周刊》:中俄"结伴",多大程度上是由于美国因素倒逼的?

阎学通:美国压力是唯一因素,没有任何其他因素可以促成中俄之间的关系发展到今天这个水平。

结盟或不结盟都是手段,与意识形态无关

《中国新闻周刊》:您曾经提出"一个富裕且强大的国家的结盟"问题,能解释一下?

阎学通:我曾经提出中俄之间要结盟。对于结盟,有两点需要澄清。

第一,结盟的根本目的在于服务和维护结盟者本国的利益,而不是为了实现两国友好。中俄结盟有利于维护中俄各自

的战略利益，但不必然就促进两国间的所谓"友谊"。现在很多人反对中俄结盟的理由是"即使结盟也不会友好"。这种说法是误解了结盟的本质。

事实上，两国间"友好"与否，与两国间是否"结盟"没有必然关系。譬如，第二次世界大战时期苏联和英国并不友好，但照样结盟，共同利益是战胜纳粹德国。可见，在"不友好"的情况下，同样可以实现"结盟"的战略合作。把结盟理解成为必须以意识形态为基础或必须以促进两国友好为目标，这才是冷战时期的思维，不利于正确使用结盟这种战略手段。

第二，同盟是一种外交手段，就像建立政党来治理国家一样，或者说像修车需要使用扳子或者螺丝刀一样。它是一种手段、方法、策略，没有意识形态、阶级、国别的性质，只是纯粹的一个方法。我们没有必要反对一个外交方法。回溯人类千年历史，封建主、帝王、资本家、无产阶级的革命家都普遍使用过结盟这种方法。

《中国新闻周刊》：但也有人说，结盟是一种冷战思维。

阎学通：很多人把结盟理解成为意识形态的、带有阶级性的坏概念，说成是冷战思维，这是不合逻辑的。20世纪50年代，中国和苏联结盟，进行朝鲜战争，抵抗美国领导的盟军，双方都使用了结盟手段。第二次世界大战期间，反法西斯世界组成军事同盟与法西斯同盟进行斗争，这也不是坏事。由此可见，结盟是种手段，本身没有好和坏的问题。

我们过去提出的"同志加兄弟"概念无助于维护双边同盟关系，原因有二。

第一，"同志"本身，是指意识形态一致。而意识形态一致与否与两国是否进行战略合作没有必然关系。如前所述，意识形态一致可以结盟，不一致也可以结盟。譬如，美国和沙特意识形态、宗教信仰完全不同，但同样可以结成军事同盟。现在日本在亚太地区搞意识形态同盟，但就是建立不起来。

第二，"兄弟"之说也不准确。兄弟关系不意味着一定要结盟。这就好比家里的亲兄弟也未必一定会合伙做买卖。同理，跟我们友好的国家不一定非要和我们进行战略合作，如果相互间没有共同战略利益的话。

这样就能理解，我们过去为什么没有处理好同盟关系：因为我们误把同盟的基础建立在意识形态和友情上，而不是建立在共同的战略利益上。如果我们把同盟建立在共同利益上，并且不断扩大战略利益，那么同盟关系就会巩固。反之，如果战略利益消失，同盟也会随之瓦解。

从本质上讲，不结盟也同样只是手段，不应该存在意识形态、好坏的问题。结盟与否本身都不存在好坏的问题。就像扳子和螺丝刀，我们不能说哪个好、哪个坏。它们只是工具，不同的时候能派上不同的用场。

在20世纪80年代，中国国力较弱。因此，在当时的两极格局下，弱国采取不结盟的手段是有利于维护本国的国家利益的。但是今天中国的实力地位已然发生了变化,加速崛起的中国正在逐步成为世界力量的一极;这次中俄联合声明以及对美国的不点名批评,就说明了安全领域两极化的形式已然凸显。明确这个大背景我们就能理解,不结盟的手段现在已不能最大限度地维护中国的国家利益了,我们应该思考需不需要换一种手段,譬如结盟。这原本是件很正常、合理的事,然而现在结盟却被"污名化"了。

《中国新闻周刊》:现在俄罗斯国内的发展遭遇到一些危机,有没有可能当某一天俄罗斯的危机解除了,中俄间的这种"结伴"关系也会变得松散和不稳定?

阎学通:这种说法意义不大。比如现在英国国内有危机,导致法国、德国与之关系变得不稳定,但是不稳定的战略合作关系和没有战略合作关系相比,显然前者好于后者。同理,中俄两个大国之间不稳定的战略合作,比两国之间没有战略合作要好。

今后两极化格局与冷战时期有性质上的不同

《中国新闻周刊》:什么样的关系才算稳定的同盟关系?

阎学通:战略关系的稳定与否首先取决于时间的长短,其次是相互合作的程度。如果比较在国际事务中双边的合作,目前最紧密的是法国与德国。即使是英、美之间也达不到德、法间的程度。如果以法、德之间的双边战略关系作为稳定的标准，那么美国与英国、日本的战略合作都属于"不稳定的同盟关系"。美国同日本的战略合作比不上法德关系的稳定度，美国就应该放弃美日同盟吗？

《中国新闻周刊》：中俄的"结伴"有可能会导致美日同盟关系进一步加强吗？

阎学通：不管中俄关系是否"结伴"，美日同盟关系都在加强。虽然不能说对中俄战略合作的推进一点影响都没有，但这种影响就是在 90% 的基础上再加上 1%，边际效应并不大。美日同盟关系加强的前提是中国崛起。

《中国新闻周刊》：您在 2013 年出版的《历史的惯性》中曾预测，在 2023 年世界会形成两极化格局。

阎学通：2023 年是比较有把握的。按照现在英国公投"脱欧"和中俄之间发布四项联合声明的势头来看，当时对 2023 年两极化格局形成的预测可能还是偏保守的。

《中国新闻周刊》：你所说的"两极化格局"和冷战时期的"两大阵营"的区别是什么？

阎学通：冷战时期的两极格局以意识形态为基础，它是意识形态指导下的战略争夺。那个时候社会主义阵营要在全世界推广共产主义价值观，建立共产主义社会，让全世界所有国家都由共产党来执政。而以美国为代表的阵营则竭力阻止共产主义思潮在世界范围的传播，要扩大所谓资本主义、自由主义的影响范围。这样就形成了意识形态上的对立。

如今，意识形态并不是中美双方争夺的核心，所以我认为今天的两极化不会造成冷战时期的那种结果。把两国之间在意识形态上的分歧上升为战略上的核心矛盾，对中国自己没有好处。即便是在20世纪80年代末90年代初，美国在各领域对中国实行全面制裁，中国仍然强调不以意识形态作为外交政策的指导原则，仍然要淡化中美之间在意识形态上的分歧。

现在，只要中国坚持这个原则，不主动把意识形态之间的矛盾上升为中美之间的主要战略分歧，那么我认为今后的两极化格局就会跟冷战时期的两大阵营有性质上的不同。"文革"给我们的一个非常大的教训就是：不能拿意识形态指导国家的对外政策。

20世纪90年代，有一个政策上的重大变化就是将"国家对外政策的制定要以国家利益为出发点"的原则写入党的文件。这是一种积极的、有利的改革。

《中国新闻周刊》：但中美间的战略竞争是存在的，其核心内容是什么？

阎学通：内容很多。举个具体例子，网络安全主导权就是现在中美间的一个竞争领域。今天的网络主导权有多重要？相当于以前没有网络的冷战时期，美苏两国在战略核武器领域的竞争，相当于核时代之前大国间战略要地和战略资源上的竞争。而现在，谁控制了网络，谁对网络拥有主导权，谁就可能主导未来世界。还有一个很关键的问题是，今后的军备竞赛也会成为网络竞争中的一部分。

此次中国与俄罗斯关于协作推进网络空间发展的联合声明是一种防御性同盟，没有进攻性。它说明，我国的网络战略是防御性的，而非进攻性的。然而，今后在网络占有主导地位的国家，将是拥有进攻能力且采取战略威慑的国家。反之，采取防御性战略的国家将无法主导网络。其根本原因在于网络主导权的形成基础是：网络对全球开放，供全世界使用，四通八达。如果做不到这一点，就不可能有主导权。

（原刊于2016年7月《中国新闻周刊》总第762期）

第三部分　美国反建制主义与国际秩序的未来

反建制主义与国际秩序

冷战后的国际秩序是在以美国为主导的自由主义价值观指导下建立起来的。苏联解体后,老布什政府提出建立全球化的国际新秩序。当时全球化秩序的主要体现是政治民主化和经济市场化两大潮流。20世纪90年代,美国大力提倡全球化,中国曾反对全球化并将其称为"美国化"。20多年后的今天,中美两国政府在全球化问题上调换了立场,中国提倡推动全球化,而特朗普政府则采取了反对全球化的政策。特朗普政府对全球化的态度反映出了西方国家内部反对极端自由主义的思想浪潮。面对这个历史新现象,清华大学国际关系研究院分别于2016年11月和2017年1月组织了"国际思潮发展趋势研讨会"和"反建制主义与未来国际秩序研讨会"。受与会专家发言的启发,笔者在此谈一下对反建制主义思潮的管窥之见。

自2015年英国"脱欧"公投通过后,学界普遍认为一种新的国际思潮正在兴起,但对于这种思潮的本质是什么却难以达成共识。学者们为这种思潮起了许多不同的名称，如民粹主义、大众主义、民族主义、保守主义、重商主义、排外主义、右倾、极左、逆全球化、反全球化，等等。在上述众多名称中，"民粹主义"是使用最为广泛的。人们为何喜欢使用"民粹主义"这个概念不得而知，但人们对"民粹主义"有三点共识：第一，这是一个贬义词，可用于描述一种不好的思想观念；第二，该名称没有明确的定义，内涵所指是不明确的；第三，这个概念的优点是相互对立的意识形态可以被概括成为同一思想。

"民粹主义"被理解为既是思想，也是运动，还是政策。然而，思想、运动、政策三位一体并非民粹主义的特殊性，而是许多思想观念的共性。任何一种思想被大众接受都能发展成为运动，被政府接受则会转化为政策。近代史上出现的共产主义、社会主义、民族主义、自由主义、保守主义都具有这种三位一体的共性。民粹主义被认为具有反现代化和反全球化特点，表现为反精英、反官僚体制和反对现行政策。然而，这三点也不是民粹主义的特殊性，而是所有反政府的政治思潮的共性，甚至中国封建时期的很多农民起义也具有这三个特点。由于"民粹主义"是含义不明的概念，因此这个概念并不能帮助我们理解当前这股政治思潮的本质。

众多不同名称描述同一种思潮和"民粹主义"一词缺乏明确定义，都反映出人们还缺乏对当前西方社会兴起的这股反主流意识形态的本质的认识。经过两次研讨会的讨论，笔者认为，这股新思潮的本质是反对极端自由主义。

自由主义的核心价值是自由、民主、平等。这三个核心价值是近代历史上指导人类进步的政治理念。西方赢得了冷战的胜利，于是自由主义成为国际主导价值观。自由主义的胜利被一些西方学者视为意识形态之争的"历史终结"，即再也不会有任何意识形态能与自由主义争夺道义上的正确性了。自由主义的这种世界主导地位逐渐地培养出极端主义的"政治正确"原则。"政治正确"原则使自由主义走向极端，失去了包容性，走向自己的反面，从而在西方社会引发了严重的社会对立。

"政治正确"使自由主义不容忍非自由主义的言行，人们在任何场合的言行如果不符合自由主义，就要受到舆论的批判或公众的蔑视。这在国际政治中表现为自由主义信仰人权高于主权，于是维护国家主权的言行被谴责为落后的"威斯特伐利亚"观念。"政治正确"使自由主义不再接受通过民主程序得出的违反自由主义观念的结果。例如，美国的自由主义者们高举"不是我的总统"标语拒绝接受特朗普赢得大选的结果。"政治正确"使自由主义不允许给非自由主义行为体以平等地位。在国际上，自由主义在反恐和反分裂的问题上都采取双重标准，反恐和反分裂的政策只用于反对西方国家内部的反政府力量，而将非西方国家内反政府的恐怖势力和分裂势力作为"自由战士"来予以支持。

其实,"政治正确"这个原则并非只把自由主义推向极端,使之引发严重的社会冲突。这个原则可以将任何一种政治信仰或宗教信仰推向极端,导致严重的社会冲突,甚至暴力冲突。进入21世纪后,宗教激进主义的"政治正确"原则使恐怖主义泛滥。当"政治正确"将言论自由推向极端时,同样会导致暴力冲突。批评本群体领导人的言论具有自我批评的性质,因此批评的自由度较大,然而,批评他群体领导人的言论自由如毫无限制就有导致暴力冲突的危险。例如,2011年和2012年,法国《沙尔利周刊》发表嘲讽伊斯兰教先知穆罕默德的漫画,在一些伊斯兰国家引发大规模抗议活动,该杂志社也遭到暴力攻击。

虽然当前这股政治思潮在不同国家和不同领域的表现有所不同,但在反对极端自由主义这一点上有着共性,因此笔者认为,"反建制主义"这个名称能较为准确地反映这股政治思潮的性质。反建制主义是全球化时代产生的一种政治思潮,其反对全球化的特征是全球化时代之前任何意识形态或政治思潮所不具备的。其反对全球化的具体内容是针对自由主义主导下的全球化客观现象。反建制主义和人们常说的民粹主义的特点有所不同。

首先,反建制主义并不是反对精英主义,而是反对自由主义的精英。由于自由主义在西方国家占有主导地位,而在多数非西方国家不占有主导地位,因此反建制主义思潮在西方国家比在非西方国家要强烈。反建制主义提倡的是以观念相对保守的精英取代自由主义的精英。

其次，反建制主义只反对自由主义的某些观念和政策，并不是反对现行的政府官僚机构和体制。反建制主义推选出来的政治领导人，仍是在原有政府机构框架下治理国家，而并不是打破原有的政府机构，建立新的机构。这既不同于苏联取代沙俄的政权更迭，也不同于法国大革命的改朝换代。反建制主义反对极端自由主义的移民政策、社会福利政策和"政治正确"原则，但它并不反对政治民主体制、市场经济制度和言论自由原则。

最后，反建制主义领导人的强人特点表现为政策上的不确定性。他们从思想上反对自由主义，但取代自由主义政策的新政策却效果不佳，于是在自由主义政策和反自由主义政策之间来回摇摆。反建制主义领导人与独裁者有所不同，独裁者的政策取向是确定的，而反建制主义领导人的政策取向则是不确定的。特朗普执政的几个月里，其对俄政策、对朝政策、对华政策、对盟友的政策都是摇摆不定的，有时甚至是180度的转变。特朗普政府的决策行为具有敢于冒险且不怕失败的特点，有点像在赌场里玩游戏。反建制主义领导人的政策不确定性，可能与反建制主义本质是反对自由主义但缺乏系统性的思想主张有关。

反建制主义思潮在较多发达国家和少数发展中国家出现，

这意味着导致这种思潮形成的原因并非国别性的，而可能是全球性的。自由主义主导下的全球化使两极分化问题在国际和国内两个层面上同时加剧，发达国家和发展中国家内部的社会两极分化都十分严重。此外，全球化的负面作用不断扩大，多数国家在全球化进程中遭受的伤害大于收益。例如，金融危机、恐怖主义、非法移民、疾病、走私、贩毒、电信诈骗也具有全球化趋势。全球化的负面作用给反建制主义兴起创造了社会条件，反全球化、反外来移民、反自由贸易、反对向国际机构让渡主权等思想得到越来越多的人支持，这些思想都是与自由主义相对立的。反建制主义主张强化主权边界的控制、限制移民数量与权利、支持贸易保护主义政策、收回让渡给国际机构的主权，等等。

由于冷战后的国际秩序是建立在自由主义价值观之上的，因此反建制主义对自由主义的挑战就不可避免地对现行国际秩序构成冲击。2016年以来，国际秩序所面临的新挑战主要来自西方国家内部，这不同于非西方国家崛起对国际秩序的影响。这意味着，我们需要从国际主流价值观的变化角度来理解当前国际秩序的变化趋势。反建制主义思潮并非一日间发展起来的，这种思潮在2008年金融危机之后就有了快速蔓延之势。只是当这种思潮导致英国"脱欧"和特朗普赢得美国大选后，其对现行国际秩序的挑战才凸显出来。美国是当今世界上实力最强大的国家，是西方国家的领导，是自由主义的领头羊，也是冷战后国际秩序的最大支柱。如今，美国政府突然要改变自由主义的价值观，不再遵守现行国际规范了，这意味着现行国际秩序的支柱动摇了。

英国政府在"脱欧"问题上的务实政策和特朗普政府出台的政策不断失败，这意味着，虽然自由主义面临着反建制主义的挑战，但它仍有强大的社会基础，对反建制主义领导人的政策选择具有牵制作用。反建制主义与自由主义之间的斗争日益激烈。为了深入研究这场思想斗争对未来国际秩序的影响，本期《国际政治科学》将发表一些关于反建制主义的文章，希望引起学界同仁对这一新的国际政治思潮进行深入探讨，从其思想内涵、形式特点、兴起原因、政治作用、发展趋势及对未来国际秩序的影响等方面进行学理分析。

阎学通

2017 年 6 月

（原刊于《国际政治科学》2017 年第 2 期）

未来世界谁主沉浮——
国际秩序走向

为什么讨论国际秩序问题？

一方面，人们越来越关心国际秩序的变化，去年国际社会出现了众多"黑天鹅"现象，尤其在特朗普上台后，社会公众和国际关系学界关于国际秩序未来变化的讨论更加热烈。但另一方面，人们对国际秩序的认识还不充分，国内外对于什么是国际秩序、国际秩序与国际体系有什么区别、谁在改变当前的国际秩序等问题还不是特别了解。因此，在讨论国际秩序的变化趋势之前，我们有必要先来认识一下有关国际秩序的基本概念和影响国际秩序变化的条件及因素。

什么是国际秩序？

一 国际秩序的定义是什么？

国际秩序是指国际体系中的行为体依据国际规范采取非暴力方式处理冲突的状态。在国际社会，秩序的重要标志是有无战争。没有战争，我们就认为是有秩序的。而有战争，就是没有秩序的，比如在战争中的叙利亚，就处于无秩序的状态。

二 国际秩序的构成要素有哪些？

国际秩序由主导价值观、制度安排和国际规范这三要素构成。主导价值观是绝大多数国际成员接受的思想观念，现有国际秩序的主导价值观是西方自由、民主、平等的自由主义思想。

国际规范是根据主导价值观而制定的约束国际成员行为的习惯、规则、法律等一类的规范。比如，在民主思想的影响下，国际社会形成了对政府合法性原则的共识，认为通过民主程序选举出来的政府具有合法性，而通过军事政变上台的政府则没有合法性。拉美加勒比共同体的章程中甚至明确要求，所有成员国应军事干涉发生了军事政变的国家，这一规定就是对民选政府合法性规范的维护。

当国际社会根据主导价值观制定好了国际规范后，如果有人不遵守这些规范怎么办？这就得靠制度安排来惩罚违反国际规范的行为。比如 1990 年伊拉克入侵并占领科威特，违反了联合国关于领土主权不受侵犯的规范，于是联合国安理会作出决议认定伊拉克破坏了国际秩序，并组织多国部队打击伊拉克，恢复了该地区的秩序。

通过上述例子可见，制度安排是约束国际成员遵守国际规范的组织机构及其权力分配。联合国安理会的议事规则就是一种典型的体现权力分配的制度安排。安理会由 15 个理事国组成，只有 5 个常任理事国拥有否决权，而其他 10 个非常任理事国只有投票权而无否决权。

三　国际秩序与国际体系的区别是什么？

国际秩序与国际体系二者最主要的区别在于它们的构成要素不一样。国际体系是国际行为体的组合及其运动规则，它由国际行为体、国际格局和国际规范这三要素构成，国际行为体包括从事跨国活动的国家、国际组织、跨国公司等行为体，国际行为体中大国的实力对比及其之间的战略关系形成单极、两极或多极的国际格局。国际规范是构成国际体系和国际秩序的一个共同要素。这个共同的构成要素往往也是造成人们混淆国际体系和国际秩序的主要原因。

在同一个体系下，可以存在不同的秩序。比如机械表这类钟表体系，佩戴着走时准确，长期不戴则会走时不准，这就是在同一体系下可能有秩序也可能无秩序。同理，在不同的体系下，也可以存在相同的秩序。比如，电子表和机械表是生活中常见的两类钟表体系，两种表都走时准确时，表明在不同体系下都出现了有秩序的状态。

在国际关系中，中国古代的五服体系和现代国际社会的主权体系是两种性质不同的国际体系。五服体系是一种等级体系，王城之外的诸侯国根据实力及距王城的距离形成甸服、侯服、宾服、要服和荒服这五种不同的等级。而现代主权体系是基于主权平等原则的一种无等级体系。在等级性的五服体系下，周王朝维持了几百年的有序状态，没有发生全体系性的战争。在平等的现代主权体系下，曾发生过两次世界大战这样的全体系战争。这一组例子并不能说明等级体系和平等体系孰优孰劣，但可以表明：国际体系的变化与国际秩序的变化是两回事，国际体系的不同并不意味着国际秩序的有无。

四 国际秩序与国际格局的关系是什么？

国际秩序中的制度安排和国际体系中的国际格局，也是人们常常混淆的一组概念，二者区别在于：国际格局是客观存在的实力分布形态，而制度安排是人为设计的权力分配。当然，它们之间也是有联系的，权力分配如果符合实力对比，则有助于体系的稳定有序。

国际格局的类型变化由位于顶层的大国实力对比及其之间的战略关系所决定，中小国家的实力变化并不会影响国际格局的变化。尽管我国一直提倡推动国际格局的多极化，但当前国际格局的现实变化却是两极化的客观趋势。中美两国之间的实力差距在缩小，但中美两国却同时拉大了与其他所有国家的实力差距，而欧洲国家则在走向衰落，难以凑成一极。因此我在《历史的惯性》一书中预测，到2023年，中国将成为除美国之外的另一个超级大国。

国际格局的变化可能会影响到国际秩序的变化。当国际格局已形成相对稳定的单极、两极或多极格局时，国际社会就会相对有序。而当国际格局处于一种格局向另一种格局变化的过渡阶段时，国际秩序往往得不到保障。这比较好理解，正如我们在工作中，按部就班时诸事有序，而遭遇改革时则会出现种种无序、不稳定的状况。

为何当前国际秩序不受欢迎？

一 为什么发达国家、发展中国家都不满意当前的国际秩序？

对秩序不满是人类的天性，对国际秩序不满也不是今天才有的新鲜事。秩序需要建立在人们的自我约束之上，但所有人都希望让他人受约束，让自己享受无约束的自由和有序，都认为秩序是被别人破坏的。国际秩序也是这样，一直以来发达国家和发展中国家都互相抱怨对方破坏了国际秩序。只不过在不同时期，他们抱怨的内容不一样。

今天发达国家与发展中国家都抱怨什么呢？他们抱怨全球

化，认为全球化导致国际和国内两个层面的两极分化。这也是发达国家与发展中国家都反对当前国际秩序的共同原因。

在国际层面，富国越来越富，并且富国与穷国的差距越来越大。我们来对比这一组数字：美国一家研究机构的数据显示，在美国每年生产出来的食物中约40%的因没有被食用而浪费。与此同时，联合国儿童基金会表示，目前仅在也门、南苏丹、索马里和尼日利亚东北部就有2000多万人面临挨饿和饥荒。G20成员的经济规模占了全球GDP的85%以上，剩下一百几十个国家的经济加起来还不到全球GDP的15%。而未来的趋势是，G20国家占世界经济的比重会越来越大，国际层面的两极分化会越来越严重。

在国内层面的两极分化是富人越来越富，穷人想缩小与富人的差距越来越难。以G20的发达经济体为例：在日本，与2011年相比，到2015年时财富向富人集中的程度上升了3%，目前2%的人拥有全国20%的资产。在美国，3%的富人财富占全国总资产的比重日益增长，1989年时这一比重为44.8%，到2013年时这一比重已超过半数上升至54.4%。现在特朗普执政采取大幅削减资本税这样的政策，会加剧美国国内贫富差距的两极分化。

二　国际秩序的哪些方面令发达国家与发展中国家反对？

发达国家反对全球化的负面作用，具体表现如反移民运动、反全球化运动、反建制主义兴起、英国退欧等。发达国家是制定当前国际秩序规则的国家，他们制定出来的规则被认为是符合自由、民主、平等价值观的好规则，但为什么在制定规则的国家内部会产生这些反对力量呢？

原因可能在于，自由主义极端化令发达国家的民众不满。自由主义走向极端的标志就是宣称自己"政治正确"。因为"政治正确"，所以不能被批评；因为"政治正确"，所以不需要改革。无论多好的思想理念、多好的主义信仰，只要坚持"政治正确"，则必然走向极端，而走向极端则会导致社会问题。比如在美国加州，考虑到同性恋群体心理性别与生理性别不一致这个特殊性，为了追求绝对的性别平等而为这类特殊群体建造了"无性别厕所"。但男厕所、女厕所和"无性别厕所"这三类厕所同时存在，虽然很"政治正确"，但也造成新的社会问题，观念传统的父母们开始抗议因为"无性别厕所"扰乱了他们对孩子的性别教育。

对发展中国家来说，他们尤其反对西方的双重标准，例如反对在分离主义、恐怖主义、自由贸易、人道主义干预等问题上，西方采取双重标准的做法。由于发展中国家在国际秩序规则的制定过程中处于劣势地位，不能主导国际规则的制定只能被动接受，所以他们抱怨国际秩序，反对不利于己的双重标准。

三 什么样的国际秩序受欢迎？

所有国家都追求有利于己的秩序，但没有一个秩序能同时满足所有国家的需要。所以，一个受普遍欢迎的秩序必须符合两个条件：第一，多数人愿意遵守这个秩序下的规范；第二，少数不遵守规范的人会受到惩罚。怎样做到呢？主流价值观使人们愿意遵守依据该价值观制定的规范，同时制度安排赋予国际组织或大国权力使违反规范的行为受到惩罚。

就像交通秩序，如果大家都闯红灯，交通秩序就无法维持。大多数人能遵守交通规则红灯停绿灯行，是因为主流价值观倡导人们要行事合法。少数法律观念不强的人不愿遵守这个规范，觉得不等红灯可以早点到达目的地，这时候就需要交警行使国家赋予的执法权来惩罚这些破坏秩序的行为。

哪些因素在改变国际秩序？

一 反建制主义兴起和特朗普上台

什么是反建制主义？反建制主义有三个基本特征：一是反对社会精英，认为精英们的想法脱离社会大众的需要；二是反对现行体制，认为技术官僚在决定国家的各类政策，其中一些政策甚至使老百姓的利益受损；三是主张采取激烈的手段迅速改变社会，而不愿采取温和、渐进的手段慢慢地改变社会，比如英国退出欧盟、特朗普驱逐移民和"修墙"的计划都属于激烈的措施。

为什么反建制主义会动摇当前的国际秩序？反建制主义是

西方国家内部产生的思想，它对自由主义价值观的挑战大于非西方国家价值观的挑战。当前的国际秩序是在自由主义价值观主导下建立起来的秩序，制定的原则、规范符合自由主义的价值观。但是现在，反建制主义反对自由主义的价值观，不愿遵守那些符合自由主义价值观的原则和规范。

特朗普执掌美国政府，使当前秩序的最大支柱不再支撑现有秩序，这个秩序开始动摇。特朗普能够赢得大选，就是美国国内反建制主义力量兴起的结果。特朗普上台后，签署总统令退出TPP，推翻奥巴马时期的气候政策等，这表明原先主导自由主义秩序的领导国——美国，现在开始带头不遵守了。当美国这个全球唯一超级大国开始采取破坏秩序的行为时，其他国家还没有实力可以惩罚美国，约束国际成员遵守规范的制度安排变得难以发挥作用。

二 中国崛起

如果说反建制主义是当前国际秩序变化的内部原因，那么中国的崛起则是这个秩序变化的外部原因。中国崛起对国际秩序变化的影响，不是因为我们提供了某种新价值观去取代自由主义价值观，从而主动改变国际秩序，而是由于中国崛起在客观上改变了实力对比，使已有的制度安排变得不合理，需要重新分配权力。

比如我们看到，世界银行和国际货币基金组织先后进行改革，调整主要成员国的投票权份额分配，中国在世界银行和

IMF的投票权份额上升，美国不变或小幅降低，日本、德国、法国、英国等相应减少份额。世界银行和IMF关于权力再分配的改革说明权力就是零和关系，你有我就没有，你增加我就得减少。而建设国际新秩序就是对权力再分配，它与对责任再分配的全球治理是不同的。

我们前面在介绍国际秩序与国际格局的关系时也讲了，权力再分配的过程中可能会使秩序出现一些动荡，但如果权力分配的结果符合客观的实力对比，实现责任权利相等，就会有助于国际秩序的稳定。特朗普现在的做法是要求减少美国的国际责任，但又不愿减少美国的国际权力，这样别的国家不愿意，也不利于维持当前的国际秩序。随着中国的崛起，我们提出的口号是要承担与我们实力相适应的国际责任。而责任的增加，也意味着相应的权力要增加。

三　全球化的负面作用上升

反建制主义的兴起与全球化的负面作用日益凸显是相关联的。全球化是把双刃剑，既有正面作用也有负面作用，在经济全球化的同时也出现了恐怖主义全球化、污染全球化、贩毒全球化、走私全球化、疾病全球化等。当全球化允许人员自由流动时，就避免不了移民、难民、恐怖分子的自由流动；当允许资金自由流动，就避免不了经济危机发生的概率会增加。

当人们发现全球化导致的伤害甚至多于它能带来的好处

时，就出现了逆全球化发展。逆全球化发展在国际关系方面的表现就是主权的回归，开始重新强调主权的重要性，而放弃了自由主义的一些理念，比如人权高于主权、区域合作等。所以我们看到：在面对难民危机时，一些申根国家违反申根协议，重新管控边境；英国要求退出欧盟，收回国家主权，觉得抱团取暖还不如单干有用；现在甚至连欧元也开始出现危机，一些欧洲经济学家提议恢复欧洲各国的民族主权货币。

五年内国际秩序走向何方？

从总体上看，国际秩序将向不稳定方向发展。

原因我们在前面也分别解释了，现在总结一下主要有四点：(1) 国际格局处于从单极向两极过渡的时期；(2) 全球化的负作用上升；(3) 全球治理无效，美国减少承担维护国际秩序的责任；(4) 现有的国际规范得不到有效执行，新的国际规范还未形成。

在安全秩序方面。(1) 中东地区军事冲突将更加严重，美国作为霸权进入这一地区时带来了战争，而当美国不作为霸权从中东地区撤出后，这一地区的战争将会更多。(2) 各地区的分离主义势力将更加坐大，因为"浑水摸鱼"，国际秩序的动荡为分裂活动提供了机会。英国已经启动退出欧盟的程序；苏格兰也再一次启动全民公投的程序要求退出英国；在中国，台湾分离主义势力也在不断发展；未来大的趋势是联合国还会有新的会员国加入，会员国数量会越来越多。（3）核扩散和反导系统的矛盾将更加对立，尤其在朝鲜半岛，朝鲜的核计划和美韩部署萨德反导系统的计划都很难被阻止。

在经济秩序方面：大趋势是贸易保护主义将上升，贸易自由主义从顶峰开始弱化。比如英国一家智库的数据显示：2015年全球实施的贸易限制措施数量为736个，较上年增加了50%，而全年促进自由贸易的措施数量却不及三分之一。现在越来越多的国家开始采取贸易保护主义措施。中美两国是世界第一和第二大贸易国，如果这两个国家进行贸易战，对世界的影响会非常大。

在政治秩序方面：多种思潮在进行竞争，现在的趋势是极端主义思潮涌现，自由主义式微。为什么大家都很担心极端主义呢？因为思想上的极端必然会带来行为上的极端，而行为上的极端必然会破坏国际秩序。如何应对呢？各国政府应首先避免提倡"政治正确"，防止采取极端的政策，然后政府才能抑制住本国的极端主义发展，从而缓解国际社会中极端主义思潮的涌现。

历史是向前发展的，想维持现有的秩序完全不变，这基本是做不到的，因此中国对国际秩序的态度是：我们既是现有秩序的维护者也是改革者。而新的秩序是否会比现在更稳定，现在也没人能知道。所以我们只能顺应历史，在秩序的过渡阶段采取理性政策，让我们能以相对平稳的、暴力和战争尽可能少的方式过渡到新的国际秩序。

（本文为阎学通教授2017年5月在清华大学"人文清华"讲坛的演讲记录稿）

全球化的强化可能大于弱化*

G20杭州峰会是我国今年（2016年）最重要的主场外交，充分展示了中国积极维护和拓展经济全球化成果的决心。与此同时，世界范围内的逆全球化浪潮此起彼伏，地缘政治冲突加剧，贸易保护主义抬头，TPP、TTIP等排他性区域化出现，全球面临更多不确定性。对此，本报就什么是全球化、全球化与区域化关系、逆全球化表现以及全球化走向等问题，采访了清华大学国际关系研究院院长阎学通。

学习时报：2016年被一些人称为是全球化开始逆转的一年。我曾读过您的《历史的惯性》一书，在这本书中，您预测了英国脱欧这一事件，并认为区域一体化将会倒退。请问，您觉得区域一体化倒退是否标志着全球化的逆转，区域化与全球

---

* 本文为《学习时报》记者史小今对阎学通教授的访谈。

化是什么样的关系？

阎学通：长期以来，自由主义学派将区域化说成是全球化的一部分，我则认为区域化是对全球化的反动。全球化是市场经济的自然趋势，是跨国公司利用世界各国的经济和政策的差别，在全球范围进行资源有效配置的生产布局，这对各国政府控制本国经济主权构成冲击。为减少全球化给各国经济带来的冲击，各国政府通过区域化扩大参与国的市场规模来应对全球化的冲击。区域化本质上是对域内国家开放，对域外国家封闭，这不过是扩大地理范围的保护主义政策。比如欧盟，其目的就是要扩大经济边界，从而抵御全球化的压力和冲击。在一个国家靠本国市场的力量无法抵御全球化冲击的时候，依靠国家联合，将市场边界做大，在区域内部实行人、财、物的自由流通，对区域外则仍然是保护主义，也就是说，是保护主义更大范围地使用。通过这个手段来抵御全球化的影响。因此，我的观点是区域化是全球化的反动，是阻止全球化发展的力量。

此次英国脱欧，其本质是欧洲区域一体化的倒退，而不是全球化的逆转。同时区域化倒退也不意味全球化逆转，而是意味全球化的负面作用比以前强大了。我在《历史的惯性》中预测英国会脱欧，是基于英国民众认为，借助欧盟的区域化来应对全球化的冲击是无力的，因此他们想收回让渡给欧盟的主权，自行抵抗全球化的冲击。至于这种退出欧盟的方式是否有利于英国经济的发展,目前还很难判断。在全球化趋势下,究竟是依靠本国力量单干有利,还是联合其他国家集体合作应对有利?我个人觉得,应对全球化的策略成败不取决于方式的选择,而取决于国家本身的能力。这也是为什么大国对区域化的需求小于中小国家。中美印利用自主的经济主权应对2008年世界金融危机的效果较好,但这不意味着中小国家利用这一策略也能奏效。无论中小国家采取收回主权的策略,还是向地区合作组织让渡更多主权的策略,都阻止不了全球化的进一步发展,即绝大多数国家的社会相似性将进一步增强。

学习时报:区域化弱化的主要原因是什么?如果说全球化只会强化不会弱化,那么是否意味着未来区域化将会持续弱化呢?

阎学通:区域一体化弱化的原因主要是,2008年世界经济危机发生后,地区经济组织未能有效地帮助成员国摆脱经济困境。希腊可能是最典型的例子。这使得人们怀疑参与地区经济合作的意义。特别是当美国、中国、印度这些严守货币主权的国家能较快摆脱经济危机后,这使得人们重新审视参加区域一体化策略是有利还是不利。英国摆脱这场经济危机快于其他欧盟成员的原因,被大众认为是英国没加入欧元区而保留了英镑,希腊无力摆脱困境与其没有货币发行权相关。英国受中东难民困扰相对较小被认为是因为没有参加申根协定,而开放边界的欧盟成员则受冲击较大。拉美、非洲、中东和东亚的区域化水平低于欧洲，原因各有不同，但有一个共同原因是这些地区缺乏强有力的领导国推动区域化。2008年金融危机发生后，地区大国推动区域化的领导能力更弱了，因此区域化停滞不前或有所倒退。

今后五年，区域化弱化的可能性大，而全球化则可能会进一步强化，更加重视主权将成为趋势，国家向地区组织让渡主权变得更加谨慎。欧盟一体化将是倒退趋势，会有更多的成员进行公投，决定是否留在欧盟，特别是关于是否继续使用欧元和是否继续执行相互开放边界的协定。欧盟的经验促使其他地区的国家在合作时更加谨慎让渡主权。

学习时报：什么样的情况下会出现全球化的逆转趋势？

阎学通：我认为有三种情况。一是大国之间采取相互隔离政策，即全面相互遏制政策。像冷战期间一样，政治经济各方面都隔离。二是再次发生世界大战，各国相互实行制裁和封锁，这就会使全球化发生逆转。三是出现计划经济成为大国的主导经济体制，采取封闭式的发展模式。冷战后全球化加速的两大动力：其一为市场化，即很多国家采取了对外开放的经济政策；其二则是东西方两个市场的融合。在上述三个情景不发生的条件下全球化出现逆转的可能性就很小。

学习时报：一直以来，对待全球化都有两种声音，有的人认为全球化是好事，有的人则极力反对全球化。您的意见呢？

阎学通：我们国家对全球化的认识经历了一个很有意思的

过程。冷战结束初期，国内很多人在媒体上发表文章说全球化就是美国化，只看到了全球化不好的一面，后来这些声音逐渐消失。到了20世纪90年代后期又出现了颂扬全球化的声音，认为全球化代表了进步的未来。我认为这两种看法都比较极端，不客观。全球化本身具有双刃剑作用，正面作用很多，如扩大市场、促进资金流通、降低交易成本等，其负面作用也很多，最为突出的有三方面。一是一个地区的经济危机很容易快速扩散为全球性的经济危机，且持续时间较长。二是加剧国际和国内两个层面上的两极分化。国际上，富国会越来越少，穷国会越来越多。G20成员国占了全世界GDP的85%以上，贸易的80%以上。也就是说G20所代表的国家之外的150多个国家，还占不到全世界GDP的15%和贸易的20%。由此可以看到当今世界两极分化的严重程度，这是全球化发展的结果。在国内，由于全球化为跨国公司提供了进行跨国投资的便利，导致在全球范围内国家内部阶层固化的速度加快。三是削弱了主权国家的能力。全球化导致一些跨国公司十分强大，有些跨国公司一家的财力相当于十几个国家的财富总和，这就导致一些小国的政府无力对抗跨国公司，维护不了本国小企业的利益。随着全球化的加深，今后全球化对国家主权的冲击会更大，而不会更小。

我国是全球化的受益者，因此可总结参与全球化受益的经验。另外还可总结在区域化过程中美国和德国的经验，他们是区域化的受益者。不开车就没有车祸危险，但永远无法快速前进。防范全球化负面影响也是同理。我国需要不断摸索如何在不断加大开放的前提下，防范全球化危害的方法，而不能学英国走回头路的做法，更不能采取闭关锁国的政策。李克强总理在今年（2016年）联大会上向全世界承诺中国将更加开放，这为我国应对全球化冲击指明了正确方向。

学习时报：在未来的全球化进程中，中国将扮演怎样的角色？

阎学通：从经济角度讲，资源在全球范围进行有效配置是全球化的核心内容，而有能力这样做的行为体是跨国公司而不是政府。今后，我国的跨国公司是否会比以往更大力度地进行跨国经营，特别是进行跨国投资，决定了我国对全球化推动作用的大小。我国的跨国公司绝大多数是国有企业，因此我国国有企业在全球范围的投资增幅大小，决定了我国对全球化的促进作用。

从国际政治角度讲，今后五年国际经济增长得快慢主要取决于中国的经济发展。我国是世界第一大贸易国，是第一大经济增长发动机（GDP增量世界第一）。如果我国对外贸易持续负增长，GDP增速不断下滑，世界经济就难以向好。我国经济中高速增长有利于促进全球化，而低增长则不利于全球化。

有人建议在全球化过程中我国应推动建立共同体，我认为，今后十年之内，东亚共同体和亚太共同体都不太可能建立起来，建立更大地理范围的共同体则在21世纪也是不可能的。共同体的建立是以共同利益为基础的，同时参与国得看到共同体给他们带来好处，才能建立起共同体。现实情况下，东亚国家之间缺乏足够的共同经济利益，日本不愿让中国独掌地区合作领导权，中美在东亚区域化的领导权问题上也是竞争关系而非合作关系，因此东亚地区合作水平低于世界其他地区，离建立共同体的目标还很远。亚太地区经济合作存在中美两国之间的战略竞争，TPP和RECP的竞争是具体表现。亚太范围建立共同体比东亚困难更大。要在全球范围建立共同体，其难度就更不用说了。

学习时报：目前全球范围内出现的民族主义、民粹主义、贸易保护主义等现象，我们应该怎么看？如何应对？

阎学通：这些现象的出现也反映了全球化的力量非常强大。全球化导致国内两极分化日益严重，引发了民众的不满。当前的民族主义核心就是要求政府收回主权，少参加地区合作以维护本国的利益；民粹主义则是要求政府缩小两极分化的贫富差距。这些问题，只能由各国政府自行解决。因为，现在的国际体系是一个以民族国家为主要行为体的体系，国际组织的能力还非常弱。尽管国际组织数量上万，但它们的作用却小于近200个主权国家。与此同时，主权国家应对社会问题的能力基本上限于一国之内，对于一国境外的影响力有限。包括美国在内的所有国家政府,都无力治理他国的民族主义和民粹主义问题,因此最可取的政策就是治理本国的问题。对于他国的贸易保护主义政策,有能力制定国际贸易规范的国家可以做这方面的努力,对于无力制定国际贸易规范的国家,只能采取自保政策。

(原刊于 2016 年 10 月 10 日《学习时报》)

大国国际秩序观既要好听还得好用

区分国际秩序、国际体系、国际格局和全球治理

英国带头突破、美国阻碍参加中国倡导的亚投行，使国际秩序的研究成为学界热点。国际秩序研究的"大跃进"似乎要来临，很多单位建立智库要研究国际秩序问题。然而，研究国际秩序问题首先要明确国际秩序是什么？"国际秩序""国际体系""国际格局""全球治理"四者相关联，但它们性质不同。区分这四个国际事务的不同是分析国际秩序变化趋势的前提。

"国际秩序"是由权力分配、国际规范和国际机构三者构成的。权力分配在当今主要是指规则制定权的大小，国际规范是指对国际行为约束的规则，国际机构是执行国际规范的组织体系。研究国际秩序变化主要是分析这三要素的变化趋势。人类社会秩序与自然界秩序的重大区别之一是，前者是指客观社

会与主观目的或价值标准相一致的状态，而后者则指规律性的运动，与人的主观目的无关。例如，图书馆的书按类别摆放就是有秩序，按薄厚摆放就是没有秩序，而地球围着太阳转只要有规律，无论向何方转都是有秩序。"国际秩序"就是指国际社会现状与主导国的政治目标或价值标准一样的状态。

由于主导国和非主导国的政治目标和价值标准是不同的，于是主导国所建立起来的秩序难以得到非主导国的接受。这就是为什么，一些国际媒体不将冷战后美国发动战争的行为视为挑战国际安全秩序，但却认为中国建立亚投行挑战了现行的国际金融秩序。由于主导国的政治目标和价值标准是判断国际社会是否有秩序的重要标准，因此有了中国要提出自己"国际秩序观"的问题。

"国际体系"与国际秩序不同，它是指一个客观的社会系统，与人的主观认识无关。国际体系由国际格局、国际规范和行为体三者构成。例如，冷战体系是两极格局、霸权规范和主权国家为主的行为体。冷战后国际格局发生了变化，但国际规范和行为体并无质的变化，因此国际体系依旧。无论各国如何认识二战后的国际体系，都只能在客观的国际体系内互动。由于国际体系是指一个客观的社会系统，因此没有"国际体系观"的问题。

"国际格局"是指大国实力对比和大国战略关系相结合的国际政治实力结构。它是国际秩序中权力分配的基础，但它并不等于权力分配。例如，冷战时期，在两极格局的基础上形成的是美苏分别拥有东西方地缘政治主导权。现在的两极化趋势很可能形成新的两极格局，但在新两极格局基础上形成的中美权力分配将不同于冷战时的美苏权力分配。未来国际主导权的分配将很可能不是地缘性的而是领域性的。以我国双重领导或双首长制作比喻，在经济领域和安全领域中，中美主导权的分配将是不一致的。

全球治理和国际秩序是责任分配和权力分配之别。"全球治理"是指世界各国承担参加集体行动应对共同问题的责任。各国承担责任的多少不是以权力大小为基础的，而是以实力大小为基础的。这意味着，权力与责任之间发生背离的现象是不可避免的，即权力大的国家不必然承担比权力小的国家更多责任。在防止温室效应而控制二氧化碳排放的全球治理问题上，这一点表现得非常明显。有了国际秩序并不必然就能进行全球治理，这如同避免了战争并不等于就能控制住二氧化碳排放。

中国应谨慎提出自己的国际秩序观

崛起大国提出自己的国际秩序观是个常见现象。第一次世界大战后美国总统威尔逊提出建立世界政府的国际秩序观，第二次世界大战结束前美国总统罗斯福提出建立联合国的国际秩序观，苏联提出共产主义的国际秩序观。今天中国崛起加速，提出自己的国际秩序观无可厚非，但需要谨慎。

研究中国应提出什么样的国际秩序观应汲取历史经验。威尔逊提出理想主义的国际秩序观，无果而终。2005年以来，我们提出了许多关于国际秩序的观念，也未能影响国际秩序标准的改变。然而20世纪50年代我国提出的"和平共处五项原则"则影响了国际秩序的判断标准。前事不忘，后事之师。

各国的国际秩序观是不同的。推行本国的国际秩序观需要特别慎重。搞不好就会卷入意识形态之争。很多发展中国家把美国推广其国际秩序观的做法视为霸权主义。美国政治学家摩根索认为，通过征服和控制人们的心灵来改变国家权力关系，是文化帝国主义的政策。冷战历史表明，意识形态对立是冷战形成的重要条件之一。在中美两国的国际秩序观不同，且两极化不断加强的趋势下，提出什么样的国际秩序观能避免重回冷战是一个重大问题。

随着中国实力地位的上升，中国的国际权力不可避免地会增加，其他大国，特别是美国的国际权力将会减少，而建立国际新秩序的本质又是国际权力再分配的问题。在这种客观形势下，向世界提供中国的国际秩序观，其他国家会从正面理解我国不寻求世界主导权的善意，还是从反面认为我国渴望国际权力，是一个需要慎重评估的工作。新中国的历史表明，极

"左"和极右的思想观念都对国家有害,但极"左"思想造成的历史灾难远远大于极右思想。如何避免极"左"思想对我国国际秩序观的负面影响是一个非常现实的问题。

(本文发表于 2015 年 5 月 12 日《环球时报》)

中美应建立和平竞争的国际秩序

中美首脑会谈平稳结束，双方承诺要进行多种合作。这次峰会表明，中美共同建立一个和平竞争的国际秩序是可能的。国际秩序问题的核心是国际权力再分配，而国际权力的再分配是以国际格局的变化为基础的。当今国际格局两极化的趋势，不仅取决于中美实力差距缩小的变化，同时也受中美分别与其他大国战略关系变化的影响。随着中美两极化的发展，中美对战略伙伴的竞争将日趋激烈，越来越多的国家将不得不在中美之间选边。许多国家在是否参加亚洲基础设施投资银行（亚投行），和中国"九·三"阅兵式上的纠结就是这一趋势的表现。

很多人认为，崛起的中国能在经济和军事上缩小与美国的实力差距，但无法缩小与美国在国际支持上的差距。然而，亚投行和中国"九·三"阅兵式两个事件表明，中国的国际支持的确还远不如美国，但中国的国际支持增长趋势已经出现。

美国担心中国今年（2015年）提倡建立的亚投行冲击美

国主导的现行国际金融秩序，因此反对其盟友参加这一机构。美国以为只有韩国和澳大利亚等亚太盟友有加入亚投行的动机，而没想到其特殊关系的盟友英国竟然带头违背美国意志申请加入亚投行。在英国的带动下，美国的 27 个盟友参加了亚投行的组建，使创始会员国达到 57 个。

西方大国的首脑们没有参加中国 9 月举办的阅兵式，但西方国家也没有采取像抵制今年（2015 年）5 月俄罗斯阅兵那样的政策。这意味着，故意与中国为敌的政策在国际社会中已属于政治上不正确了。此外日本之外的世界主要国家都派出政府代表参加阅兵式。包括了安理会常理事国全体成员、金砖国家全体成员和日本之外的 G7 全体成员。美国驻华大使鲍卡斯还以总统特使的身份出席。这意味，他们有意愿改善对华关系，担心双边关系恶化。

在出席阅兵式的 49 个国家代表中有普京和上合组织成员国的领导人，这不能说明中国的国际支持在上升。然而，在 30 位外国领导人中能有三位是美国的盟友，这在 2012 年之前是不可想象的。韩国总统朴槿惠、捷克总统泽曼、泰国副总理兼国防部长巴维的出席，意味着美国的一些盟友有在中美之间搞等距离外交的意愿，中国有了将美国盟友发展成为自己战略伙伴的可能。

虽然，中国 2013 年以来的"奋发有为"战略增加了中国的国际支持，但中国的友好关系与美国相比仍有巨大差距。中国的正式外交关系国比美国少约 20 个。美国有约 60 个条约盟友，而中国符合这种标准的盟友只有巴基斯坦一个国家。今年（2015 年）4 月中巴两国签署了《中巴建立全天候战略合作伙伴关系联合声明》。

要加快缩小与美国在国际支持方面的差距，中国需要转变经济决定论和结盟是冷战思维这两个观念。"以经促政"长期是中国外交的主导策略。2013 年提出的"一带一路"也倾向于以经济促政治，只不过具体措施是以基础设施建设为核心。中美巨大经济合作未能防范中美结构性矛盾深化的现实，使美国不担心"一带一路"有助于中国与美国竞争战略伙伴。故此，美国只反对中国的亚投行政策，而不反对"一带一路"的战略。

由于长期批评结盟是冷战思维，因此"结盟"在中国已成为政治不正确的概念。这种观念使得中国政府无法名正言顺的与他国发展战略合作关系，因此不得不用"全天候战略合作伙伴"来称中巴关系。同盟是国际关系中最高水平的相互支持关系，不结盟则意味中国无法获得他国最大限度的支持。例如，中俄将双边战略合作定位于非同盟关系。这个定位成了双边战略合作的天花板。

奥巴马政府于 2010 年制定的亚太再平衡战略的核心包括三个层次。第一层是巩固传统盟友关系。第二层是扩大非传统盟友的战略合作。第三层是与战略对手进行对话。再平衡的战略目标是防范中国崛起太快，中美战略与经济对话会就属于第三个层次。重返亚太战略的目的，即最大限度地争取各种力量的支持和最大限度的孤立敌手。

中美决策者都会自然地在战略竞争中，最大限度地争取国际支持，但双方在采取何种策略实现这一目标上却很不一样。美国采取以军事合作为主的策略，而中国采取"以经促政"的策略。在无政府性质的国际体系中，中小国家的核心利益是生存而不是发展。故此，美国提供安全保障的政治效果应比中国提供发展援助的效果好。这意味着，如果中国不破除经济决定论和不结盟的思想禁锢，有效缩小与美国在国际支持上的差距将是困难的。

在中国和美国都有人担心中国回归结盟战略会导致中美两国陷入新的冷战。其实结盟只是冷战众多条件之一而不是充要条件。在意识形态不是中美核心矛盾以及两国每年有几百万人员往来的条件下，结盟是没有导致冷战的可能性的。故此，中美不必担心重回冷战的危险，而应侧重两极化过程中的和平竞争原则，也包括竞争战略伙伴的原则。为了防止战略竞争升级为军事冲突，中国应加强预防性合作，通过预防性合作来保障和平竞争的平稳进行。

（原刊于 2015 年 9 月 30 日中国日报网）

特朗普当选及其国际影响[*]

特朗普当选美国下一任总统，与传统的美国精英当选不同，特朗普至今没有从政经历，有观点认为世界格局将从此改变。对此日本经济新闻（中文版：日经中文网）采访了清华大学国际关系研究院院长阎学通。

美国不搞TPP不见得对中国有利

记者：特朗普就任美国下届总统会对中美关系带来怎样的变化？有观点认为，特朗普有可能取消奥巴马政府主张的"亚太再平衡"战略，这将对中国有利。您怎样看？

阎学通：中美关系的内容是多方面的，所以可能在不同领域，中美之间的关系变化是不一样的。比如，我认为特朗普对

---

[*] 本文为日经中文网记者山田周平对阎学通教授的访谈。

中国的人权问题会关注比较少，所以中美在人权问题的冲突会减少。

特朗普特别注重美国的经济利益，他要让美国老百姓感觉他当总统对经济有好处，所以美国会跟中国发生更多的经济冲突。

在安全方面，中美的冲突会继续，但是体现的领域和范围可能不一样。比如，中美在军事领域的冲突可能不再集中于南海，可能向别的地区转变，至于哪儿，我说不上。在军事领域的竞争将继续。

所以如果比较，可能在人权政治方面关系有改善，在经济方面关系更加恶化，在军事方面没有重大变化。

关于"亚太再平衡"战略，我认为特朗普不会用这个词了，因为这是奥巴马的词儿，他不会用了。但我认为他不会改变这个战略的内容，也就是继续靠加强和盟友之间的合作来维持美国在东亚地区的主导权，这一点不会改变。就是说他不会再用这个词，但是因为"亚太再平衡"战略的核心就是美国加强和盟友的战略合作，在这一点上我不认为会有重大改变。

所以我不认为特朗普上台就对中国有好处。因为特朗普在竞选时候说的那些，我不认为他都会这样做。比如他和朴槿惠刚通了电话，他已经承诺了要进一步加强同韩国的军事同盟合作，所以竞选时候说的只能是程度有所调整，但是方向不可能进行根本的改变。有些事情他改变得了,有些是改变不了的。比如美国执行了自从第二次世界大战以来的军事同盟的战略,这已经是几十年的战略了,把同盟战略放弃了,搞不结盟,这是不可能的。

记者:有观点认为,关于亚太地区自由贸易圈的构建,特朗普对于TPP持否定态度,这一点也将有利于重视RCEP的中国。对于中国主导构建的新经济秩序,包括亚投行、"一带一路"等,特朗普的当选是否将成为有利因素?

阎学通:特朗普上台后肯定不会再搞TPP。但不搞TPP意味着特朗普什么区域合作都不想搞,也即是说中国搞RCEP,美国绝不参加,也绝不让你搞成。

东亚地区亚太地区的区域合作发展不起来,是因为没有一个国家能够提供一个领导,美国提供领导,中国不接受;中国提供领导,美国不接受。在东亚地区,日本提供领导,中国不接受;中国提供领导,日本不接受,所以区域经济合作搞不起来。

为什么"10+1"能搞成,因为中国给东盟提供领导做得到。美国不搞TPP,意味着美国更坚决地不搞区域合作,更坚决地要破坏地区经济合作。那么TPP搞不成,RCEP也搞不成,谁都搞不成。

美国虽然没有搞区域合作的能力,但是美国破坏区域合作的能力是巨大的。从1991年美国破坏马哈蒂尔提出的东亚经济共同体，到现在美国成功地使东亚地区区域合作开展不起来了。也就是说，只要特朗普和安倍坚持共同破坏中国的区域合作政策，这个区域的经济合作就建立不起来，没有建立起来的可能性。因为中国还没有足够的力量来提供一个区域经济的领导。

记者：那中日韩自贸圈也建立不了？

阎学通：中日韩也建立不起来自贸圈，现在的"10＋1"之所以发展不到"10＋3"就是因为日本不同意。日本只要不参加东亚区域经济合作，中国目前的实力还不足以能够在这个区域建成区域合作。

但过20年、30年以后，那就不知道了。但我的判断，只要安倍在，特朗普和安倍两个人合作，这个地区谁都建不成区域经济合作。办成一件事和破坏一件事，需要的能力不一样。修一条铁路很难，把这个铁路炸了很容易。所以特朗普不搞TPP，日本很担心，是因为想做的事情做不成了。但是日本和美国合作起来破坏中国的区域合作那是绰绰有余的，谁也搞不成了。

记者：所以特朗普不搞TPP不见得对中国有利？

阎学通：是的。

记者：中国现在的领导层重视中美关系，将其视为"新型大国关系"。而且，中国共产党第十九次全国代表大会将在2017年召开，您怎样预测明年（2017年）以后的"习近平—

特朗普"关系?

阎学通：中方给特朗普的贺电里面没使用"新型大国关系"这个词，但内容就是"新型大国关系"的内容。这意味着如果特朗普政府不喜欢这个词，中国政府可能以后就不会再用了，用一个他不接受的词，除了制造矛盾没有意义。

这就是为什么说特朗普不会再用"重返亚太"这个词。如果特朗普不喜欢新型大国关系这个词，中国可能就不用了。如果特朗普喜欢这个词，中国就会用。所以中国会不会跟美国建立新型大国关系，取决于特朗普喜欢不喜欢这个词。中国在贺词里面没有提，就是不想提这个词冒犯特朗普，让特朗普不高兴，所以就没有提。

记者：但是贺电的内容就是新型大国关系的内容？

阎学通：没错，内容都有，但是就是没用这个词。所以中国不想为了一个词，影响和特朗普的关系。

记者：奥巴马虽然不喜欢"新型大国关系"这个词，但是事实上已经承认了新型大国关系的内容是不是？

阎学通：不是，奥巴马既没有承认"新型大国关系"的内容，也不喜欢这个词，但是没有公开反对这个概念。

奥巴马反对的是相互尊重核心利益。不冲突不对抗、合作共赢，这两个都行，但是相互尊重核心利益不行，因为他说不能尊重你在台湾和南海的利益。目前特朗普还没有表态。

记者：您现阶段怎样估计明年（2017年）以后中美关系

的发展？

阎学通：我认为中美关系发展的大趋势还是竞争是主流，合作是辅助，矛盾和冲突会进一步增加。

记者：中美两位最高领导人还会有良好的个人信赖关系吗？

阎学通：特朗普上台也改变不了我原先对中美之间的关系定位，就是"假朋友"关系。

两国领导人关系仍然是1998年克林顿访华之后两国领导人的关系，"假朋友"关系是1998年形成的，奥巴马访问中国说跟中国的关系成为历史最好时期，以后也一直在说是历史最好时期。其实中美关系最好的是里根时期，这是真正最好的时候。那时候美国向中国提供军事装备，因为要抵抗苏联，所以自从里根之后，从来没有超越过。也就是说两国领导人的关系会继续维持1998年以来的"假朋友"的关系，应该不会改变。

特朗普不想承担警察的责任，但不愿放弃权利

记者：特朗普提倡"美国第一主义"，并主张美国告别世界警察的角色。在您看来，特朗普就任美国下届总统，会对现在的国际形势带来怎样的影响？是否会为第二次世界大战后固定下来的当今世界秩序带来变化？

阎学通：特朗普当选之后，他只会要求美国减少承担国际责任，而不会放弃国际权利。他不想承担当世界警察的责任，但是也不想放弃当世界警察的权利。所以意味着这将给世界带来很大的不确定性。

他不想承担当世界警察的责任，但是不想放弃当世界警察的权利，这是相互矛盾的。结果是该承担的责任不做，就会带来麻烦，然而又不放弃权利，就会带来冲突。在特朗普执政后，世界将会有更多的冲突而不会减少。所以，他的政策会给国际社会带来更多的冲突，有的是美国和这些国家之间的冲突，有的是特朗普不承担责任带来其他国家之间的冲突。

第二次世界大战后的国际秩序应该说在冷战结束后有了重大变化，所以现在只能说是冷战后的秩序。其实冷战后的秩序在这两年已经开始变化，这个变化就是美国和中国实力差距在缩小。特朗普上台，我认为他没有能力改变中美实力缩小的能力，特朗普的政策看不出来他有什么办法让美国恢复国力，阻止美国相对衰落的趋势。所以中美的实力差距还会缩小。原先导致国际秩序变化的原因没有改变，特朗普不能改变它。所以国际秩序将继续发生变化，但是向什么方向变化，我们可能判断不了。

记者：因为我们还不知道他具体的政策是什么？

阎学通：对，是的。但作为抽象判断，国际秩序应该是更加不稳定，因为特朗普上台后会有更多冲突，国际冲突越多，秩序就越不稳定。所以他上台之后，国际秩序将更加不稳定，理由就是特朗普上台不能改变中美实力差距的缩小，只要差距缩小，国际秩序就要随之改变。而他执政会带来很多冲突，所以国际秩序更加不稳定。

记者：如果美国告别了"世界警察"的角色，其他大国是否会加大行使这种"世界警察"的作用？在您看来，随着特朗普政权的诞生，中国对于国际社会的作用及职能否有所加大？

阎学通：即使特朗普不再当世界警察了，世界上也没有一个国家有能力当世界警察。如果有任何一个国家想当世界警察，那这个国家就注定走向衰败。因为没国家有能力去当世界警察。所以我判断即使美国不做"世界警察"，也不会出现另外一个"世界警察"的可能性。

举个例子，奥巴马想从中东撤军，都说大国要来填补真空。结果没有大国来填补，美国一直希望中国的军队来接管阿富汗，但中国不去。美国从中东向外撤，来填补真空的是地区大国的伊朗、土耳其、埃及、沙特，外部大国没有进去。今天美国如果不做"世界警察"了，各个地区会出现"地区警察"，但不会再出现"世界警察"，没有人想做世界警察了。如果特朗普政府从世界大规模收缩，那么各个地区的冲突会加剧。其实"阿拉伯之春"就是美国政治力量收缩的结果，也就是说美国从哪儿收缩，那个地区就会动乱，因为地区大国就要争夺，中东最典型。

记者：您怎样看待特朗普政权与俄罗斯、日本的关系？

阎学通：俄罗斯跟美国的关系会有明显改善。如果特朗普接受了俄罗斯的改善关系的建议，会使得中国和俄罗斯的合作受到影响。下一步如果特朗普和普京把两国的战略关系缓和了，中俄战略关系再想提升就会困难，没有基础。

日本安倍政府押宝押错了，押在希拉里身上，其实这个对日本和美国关系的影响不是根本性的，因为特朗普上台执政是要看利益来判断。那么多美国盟友都误判了，关系都不好就没法干了。所以跟日本的关系还是要根据美日的战略利益来决定。

日本和美国今后的矛盾不是在安全上，而是在经济上，跟中国一样。美国会让日本承担更多的安全上的经济责任，让日本多出钱，那就是矛盾。再有，特朗普这么关注美国经济利益，跟日本没有经济利益的矛盾不可能，所以特朗普在经济上的斤斤计较会导致美日两国的经济发生矛盾。安全上我认为没什么大变化。现在日本更担心的是安全上的，认为经济没问题，我的看法有些相反。

记者：如果美俄的关系会改善，对日本解决北方领土问题会不会带来影响？

阎学通：日本跟俄罗斯的关系很大程度取决于日本，俄罗斯的政策不太会变的。普京的政策非常明确，不会调整在北方领土的政策，他的政策会非常坚定，没有灵活性。所以日本如果没有调整，这个问题的解决就不会有任何进展。

特朗普也是一个做事情很坚定的人，认准了就做，不是别人说对不对的问题。即便这样做带来冲突也接受。

记者：请您分析一下特朗普政权下，美国与日本、韩国、朝鲜的关系会怎样？

阎学通：韩国和美国的关系，应该说韩国会变得更加弱势。在美韩关系发展上，美国的主导地位会上升，韩国会下降。首先是韩国国内朴槿惠的地位，没有任何可以跟美国讨价还价的余地。如果朴槿惠被弹劾下了台，换了新的领导人，那我就不知道了。

但总的来讲，在美韩关系上美国主导性在上升。原来韩国一度想收回战时指挥权，现在看来可能性很小了，短期之内都实现不了了。美韩的关系自然会影响到朝鲜。特朗普对朝鲜的政策很有可能采取事不关己的态度。他可能进一步强调朝鲜核武器的问题是你们中国的问题。中国反对把朝鲜问题说成是中国的问题，但特朗普肯定说那么远跟我没关系，特朗普对朝鲜发动战争的可能性比奥马巴更小。

记者：特朗普说过可以跟金正恩直接对话。

阎学通：特朗普就这么一说，他对朝鲜核问题肯定不那么关心。他对朝鲜核威胁的担心程度要小于奥巴马政府。

记者：这会给中国带来更多的麻烦吗？

阎学通：他把责任全都推到中国的身上，我们麻烦更大了，不是什么好事。他是要把责任给出去，但权利不给出去。

就像街上有个警察，本来有责任阻止谁停车，保证交通顺畅，但是现在交通顺畅不管了，只负责罚款。

记者：特朗普曾发言表示将允许日本和韩国拥有核武器。您认为日本是否真的有可能朝向拥核国迈进？

阎学通：韩国和日本搞不搞核武器取决于美国提供不提供保护伞，只要美国提供核保护伞，日本和韩国就不会搞核武器，因为没有意义。所以，如果特朗普继续给韩国、日本提供核保护伞，韩国和日本自己就不会搞，但是如果正式宣布从此不提供了，那就是另一回事，但是现在还走不到那一步，如果不提供了，美国有什么好处呢？

记者：您怎样预测特朗普政权与东盟国家之间的关系？南海局势是否会发生大的变化？

阎学通：现在由于杜特尔特的对华政策的调整，南海已经出现了一个新变化，就是越南、马来西亚都已经明显调整了对华政策。日前张德江委员长刚去访问了越南，然后越南的阮富仲也可能访问中国。可以看到东南亚国家已经开始调整对华政策，没有人愿意打头阵和中国对抗。美国在南海没有菲律宾之后没有了抓手，没有了一个可用的工具，所以我觉得特朗普也不会主动在南海跟中国对抗，因为没有可借的力量。所以整个东亚，特朗普政府会更注重东北亚，而不是东南亚。南海问题会一点一点凉下来。

记者：除了南海以外，美国和各个东盟国家的关系会有变化吗？

阎学通：我认为特朗普政府在东南亚的政策会不如奥巴马时期那么积极。因为奥巴马的重返亚太战略非常倚重东南亚，这就是奥巴马为什么首先宣布这个政策之后，第一个访问的是东南亚国家，而不是东北亚国家。

而现在来看，对美国来讲，倚重东南亚国家重返亚太显然不合理。对美国没有好处，所以特朗普继续加强和这一地区的同盟关系的政策，重点会在东北亚，而不是东南亚。所以我觉得对东南亚的关注程度，特朗普会弱于奥巴马时期。

记者：那您说的东北亚包括日本、朝鲜、韩国三国，中国台湾，东海？您对东海怎么看？

阎学通：东海问题很大是中日之间的问题，跟美国无关，美国不会介入东海问题。

记者：特朗普政权的登场会对两岸关系带来怎样的影响？

阎学通：台湾问题我觉得是个比较大的问题，涉及美国的同盟关系的问题。从现在看，美国新政府在台湾问题上可能还至少会延续过去的政策，减少和台湾的往来的可能性非常小。我认为特朗普很可能对台湾的政治支持会超过奥巴马。

如果从全局角度来讲，当东南亚地区美国的优势逐渐丧失，他会更加注重在东北亚的优势，如果台湾问题也松弛，那么东北亚的主导地位也会受到侵蚀，特朗普不希望东北亚的优势实力也会下降，所以特朗普在台湾问题上可能会变得更坚决一些。不过，目前特朗普在东海问题上的态度，不是特别好判断。

从特朗普看精英治国与大众治国

记者：您怎样分析特朗普击败希拉里成功当选美国下届总统的原因？

阎学通：最近很多人在写为什么希拉里输了，特朗普赢了，美国媒体也做了反思，都是从竞选的策略来讲，以及媒体策略。我认为这些分析都不深入，我认为特朗普赢，不是因为美国国内的原因，而是一个全球化的结果。现在像特朗普这样的政治人物在很多国家都受到欢迎，菲律宾的杜特尔特、日本的安倍也跟特朗普差不多，普京也跟特朗普差不多，意大利的贝卢斯科尼也跟特朗普差不多。

所以要理解为什么特朗普赢，不是竞选策略的问题，而是国际社会发生了重大变化。就是全球化导致两极分化日益严重，在美国国内两极分化严重，在中国国内两极分化严重，在欧洲、在世界上也两极分化严重。

比如，G20占了世界经济GDP的85%，那剩下的150多个国家怎么办？他们才占那百分之十几。所以这种社会的不公平带来了全球范围，不论是资本主义、社会主义国家，还是民主国家、独裁国家，所有国家的民众都对政府不满。不是美国老百姓对政府不满,而是所有人都不满。大家对不公平的不满,带来的结果在美国反映出来的是意识形态之争,我不认为是利益的分歧。你看这次选举结果,得票数从绝对数量来讲是相似的,所以不是阶级分化,而是两种不同思想的分歧。

分歧就是到底这个国家应该是由制度来治理,还是由领导人来治理。也就是说,意识形态之争是民粹主义还是民主主义。民粹主义强调用大众和一个强有力的领导来治理国家,而民主主义强调用一个制度来治理国家,这就是两种意识形态。

记者:特朗普是民粹主义那一块吗?

阎学通:对,其实我认为民粹主义和民主主义没有本质区别。民主主义就是通过民主通过选举来支持政府,民粹主义是通过选举通过民主来反对政府。反对政府的时候就是民粹,支持政府的时候就是民主。

精英们多数都在支持政府,大多数的公众们都是反对政府,是不公平导致的这样的结果。所以这次不是利益之争,不是阶级分化,而是意识形态的对立。所以我们看到特朗普当选总统之后,美国很多城市在抗议,街头发生暴力。我想到了中国的"文革","文革"就是这样,百姓们在街头乱斗,他们没有利益分歧,而是观念意识形态的问题。

所以简单说就是全球化导致两极分化,在美国表现为社会更加不公平,民众对这种不公平的不满分裂为两大派,是民主主义和民粹主义,是强调是精英治国还是领导大众治国这样的分歧带来的。

记者：有观点认为谁当选美国总统都一样，因为这个国家是国会比总统个人的意志更重要。

阎学通：这次特朗普赢得大选对我的理论特别支持。我认为起决定作用的是领导，不是制度。美国的知识分子普遍相信制度是决定性的。但是你会发现，这次他们集体站出来反对特朗普。美国政治学会的教授搞一个联合声明，号召大家反对特朗普。就是担心他是美国的一个希特勒，把美国的民主制度改了，所以就是说他们下意识的认为领导是能把制度改变的。美国200年竞选都没有过教授出来集体签字号召反对，这说明就是担心到了极点了。

安倍就是在改变日本的制度，改变宪法。我认为领导是第一自变量，制度是第二自变量。特朗普上台之后就有一个较量，到底是美国的制度能够约束特朗普，还是特朗普能够改变美国的制度。

（原刊于2016年11月21日、22日、23日日经中文网）

2017，美国或制造最大"黑天鹅"*

2016年，世界风云变幻。难民、恐袭、战争、内乱，跌宕起伏，传统地缘政治难题悬而未决，以"英国脱欧""特朗普当选美国总统"为代表的"意外事件"，则带来西方乃至世界性的思考及怀疑——有人甚至称现有秩序正走向毁灭。中国这边看似风景独好，但无论是"港独""台独"，还是其他舆情热点，都显示挑战重重。从今日起，《环球时报》陆续推出年终报道系列文章，与读者一起总结过去，展望未来。本文是该系列的第一篇——专访清华世界和平论坛秘书长、清华大学国际关系研究院院长阎学通。

---

* 本文为《环球时报》记者白云怡对阎学通教授的访谈。

谁是"黑天鹅"存在争议
新历史潮流正在兴起

环球时报：很多观察人士认为，2016年堪称"黑天鹅"乱飞的一年。在您看来，真正称得上"黑天鹅"的事件有哪些？它们的发生真的是"意外"吗？

阎学通：如果将"黑天鹅"定义为多数人事先没料到的事件，那今年这样的事很多：圣多美和普林西比与台湾"断交"，俄罗斯驻土耳其大使遇刺身亡，俄土关系改善，菲律宾对华立场转变，英国"脱欧公投"通过，特朗普赢得美国大选等。如果只有那些既是多数人没想到，同时有巨大国际影响的事件才算"黑天鹅"，那么可以说，今年（2016年）的意外事件都还没形成2001年"9·11"恐怖袭击和2008年金融危机那么大的影响。

一些事件被称为"黑天鹅"可能并非因为意外，而是很多人不喜欢这种事件发生，最典型的是特朗普当选和英国"退欧"。预测之所以不同于瞎猜，是因为预测需要建立在科学原理之上，但现在很多预测错误源于依据个人好恶而非科学原理做判断。比如倘若特朗普的个性与其他共和党人物差别不大，即使他坚持自己目前的政策主张，其胜选也可能不被认为是"黑天鹅"。英国搞公投本就有两种可能，将其中一种称为"黑天鹅"，也是因为一部分人不喜欢这个结果的原因。

《环球时报》：这些事件产生的深刻影响是什么？

阎学通：每个意外事件的影响是不同的。我认为特朗普当选的影响可能大于其他事件，因为美国是世界最强大、最有影响力的国家。道义现实主义的原理是，领导人类型决定国家战略偏好。同类型领导人的变更所带来的变化小，不同类型领导人的变更则带来较大的变化。从领导人类型讲，布什、克林顿、小布什和奥巴马之间是程度差别，而特朗普与他们是性质差别，特朗普政府会有较强"人治"色彩，他对美国政策的调整也可能有性质变化。特朗普带来的改变到底是一个短期现象，还是会长期持续，现在还不好说。

总的来说，今年（2016年）的意外事件多是自由主义者所反对的，这可能意味着一个新历史潮流正在兴起。如果我这个判断符合客观实际，这意味着明年（2017年）会有更多不符合自由主义理念的事件发生。自第二次世界大战结束以来，共产主义、民族主义、自由主义、宗教极端主义先后成为新兴的意识形态。正在兴起的这股意识形态是什么还难以确定，人们给其贴上民粹主义、逆全球化、反精英主义、排外主义、民族主义等不同标签，但我更愿意将其称为"反制度主义"，即反对现已建成的官僚体制，不希望由现有官僚体制决定国家的命运，而是通过国家最高领导人和体制外的民众的结合来改造国家。

《环球时报》：那么，根据您的预测，明年（2017年）会飞出什么"黑天鹅"？

　　阎学通：明年（2017年），美国制造影响最大意外事件的可能性大于其他国家。中美关系恶化程度、美俄关系改善程度、美欧关系下滑程度，都有可能超出预想。如果美国减少其所承担的国际安全责任，明年（2017年）将发生更多冲突，美国从哪里先撤军，哪里就可能先爆发冲突。此外，由于一些欧洲国家将举行公投，欧洲将可能发生更多预想不到的事件。明年（2017年）的世界经济增长将不如今年，因此引发更多经济冲突的可能性上升。这些经济冲突有可能引发一些意外政治事件。如果依据现实主义理论我们预期明年冲突增加，就会感觉"黑天鹅"事件不多；而若依据自由主义理论预测国际冲突减少，就会感觉"黑天鹅"事件不断。

欧盟离心失去样板地位
对外政策俄或更加大胆

　　环球时报：总体而言，世界政治格局在2016年有了什么样的根本改变？

　　阎学通：如果"世界政治格局"是指以国家分类的政治力量对比，我认为只有程度变化而无性质变化。两极化趋势更加明显，中美实力差距缩小的同时，在共同拉大与其他国家的差距。以中美各为一方的战略对抗也越来越突出，一些中小国家不得不选边站。世界中心从欧洲向东亚转移更加明显，两个地区的实力总量趋同，而欧盟的离心倾向使其失去了区域合作的样板地位，国际政治影响力加速下降。

在美日欧国际影响力下降之际，发展中国家的分化也在发展。越来越多的发展中国家将中国视为发达国家，甚至是超级大国。印度莫迪政府的对华政策对抗性增强，蒙古国不顾中国反对邀请达赖访问。中东国家的战略冲突加剧，战争持久化。一些拉美国家内乱不断，非洲大陆进一步边缘化。

中国是全球化的最大受益国，但绝大多数国家是全球化的受害国。全球化加剧了国际和国内两个层面的两极分化，因此逆全球化的社会力量在发达国家和发展中国家都会出现。全球化使发达国家与发展中国家的南北矛盾弱化，使南南冲突和北北冲突上升，而且同时表现在国际和国内两个层面，比如叙利亚内战和英国"退欧"都既是国内冲突也是国际冲突。

《环球时报》：作为世界政治格局中的主角，俄美关系很受关注，特朗普上台后两国关系改善的势头是否不可逆？

阎学通：20世纪七八十年代形成的美国冷战思维是与中国合作对抗苏联（俄罗斯），特朗普有可能改变这种冷战思维，转向与俄罗斯合作但与中国对抗。特朗普的竞选口号是"让美国再次伟大"，这与我们的"实现中华民族的伟大复兴"含义相同。显然，特朗普认为让美国不如冷战结束时那么伟大的原因不是俄罗斯，而是中国的崛起。他可能将"让美国再次伟大"和"中华民族复兴"视为零和关系，两者无法同时实现。能否找到"让美国再次伟大"和"中华民族复兴"同时实现的双赢战略，是个严肃且重大的现实问题，靠反对冷战思维恐怕改变不了这个矛盾的性质。

冷战结束后，自由主义在美国战略界和知识界长期占主导地位，特朗普执政后，自由主义的影响力很可能是下降趋势。以民主价值观为理由对中俄采取强硬政策的建议恐怕难以被特朗普采纳，他更可能以现实战略利益而非民主价值观为决策依据，减少在人权等问题上与中俄的对抗，而是根据与中俄在经济和安全领域的利益冲突来决策。

《环球时报》：您对最近的普京访日之行怎么看？2017年俄罗斯还会让世界刮目相看吗？

阎学通：日本媒体认为日本在普京访日中是失败者，领土问题从归还两岛退到了一岛都不归还。不过我关心的是，为何普京以如此居高临下的态度访日？为何不假装平等？我觉得特朗普表现出来的对俄政策应该使普京对美俄关系大幅改善有了信心，这种信心使他认为今后日本将有求于俄罗斯而不是俄罗斯有求于日本。普京的这种心态，决定了俄日关系的改善将以日本妥协为前提。安倍不向俄罗斯妥协，俄日关系就难以改善。

2017年美俄关系如果有大幅改善，欧洲国家面临的俄罗斯压力就会上升，在得不到美国有力支持的条件下，欧洲国家对俄罗斯将会有所妥协。如果美俄在叙利亚问题上进行合作，俄罗斯的外交余地将大增。欧洲、东亚和中东的形势变化，将使得俄罗斯对外政策更加大胆。

台湾问题发展超出预期
朝核设施不排除遭轰炸

环球时报：您早前接受日本媒体采访时提到，台湾问题会成为一个比较大的问题，那么最近的事态发展符合您的预期还是比您的预期更强烈？

阎学通：比我预期的强烈。我当时只预测特朗普会增加对台军售，增强军事合作，在国际上为台湾说话，没想到他会和蔡英文通电话，公开表示不遵守一中原则。我预测的是程度变化而不是性质变化。

我觉得，自特朗普当选后，媒体对其对华政策做出了许多连续性错误判断，这一点值得我们深思。部分舆论先是兴高采烈地论证特朗普是商人，所以他将改善中美关系。这种预测很奇怪，商人多种多样，商人经历怎么成了对华政策的决定因素？接下来又认为特朗普对台湾的态度是因为他缺乏外交知识、行为鲁莽导致。这种分析似乎缺乏合理性：就算特朗普缺乏外交知识，但他的团队不缺啊，决定和蔡英文打电话不是他个人的决策，而是团队集体决定，这也不是什么鲁莽决定，而是反复考虑的结果。他发推特说不受一中原则限制后,又有人说他明年(2017年)1月20日掌权后会重新回到美国政府现在的对台政策,既然特朗普已经明确说拿台湾当筹码和中国谈贸易交易,我怀疑他就职后的政治目标限于贸易交易。他有可能把"台独"当作实现"让美国再次伟大"目标的一步棋,而这关系到我国民族复兴的问题。所以,如果我们采取"大事化小、小事化了"的政策,可能很难解决今后中美在台湾问题上的冲突。

《环球时报》:这么说,明年(2017年)中美关系必然会经历一段波折?会持续多久?

阎学通:明年(2017年)可能是中美关系冲突为主,合作为辅的一年,或许会出现克林顿和小布什执政第一年双边关系恶化的现象,而难以重复奥巴马当政第一年的无缝对接。恶化时间甚至有可能长于小布什当政的第一年,因为再次发生"9·11"那种迅速提升中美共同战略安全利益事件的概率较低。贸易摩擦加剧是可能的,但可能不是最严重的冲突。安全战略冲突可能比经济冲突对双边关系的影响更大,在东北亚地区发生冲突的严重性可能会大于在东南亚地区。

《环球时报》:东北亚安全形势会如何发展?特朗普会在朝核问题上做什么?

阎学通:美国在东北亚与中国发生冲突的可能性有上升趋势。特朗普会巩固与美日韩以及中国台湾地区的军事合作关系，冲突点可能是"台独"和朝核问题。美国明年（2017年）采取什么具体政策难以判断，但如果以四年为时间段，不能排除支持"台独"和轰炸朝鲜核设施的可能性。

《环球时报》：中国国内有自己需要优先对待的政治日程，这种情况下，该如何应对未来的国际政治格局？

阎学通：中央的判断是国际国内两个大局合为一体，这就需要内外政策同时改革。要知道，外部力量可能会给中国崛起制造一些困难，但不可能从根本上颠覆中国的复兴大业，而"文革"的经验则证明，极"左"政治路线错误是可以使我们的复兴夭折的。

所以，中国对内应以解决"不作为更加突出"为重点，通过扩大各级改革创新的自主权来提高工作积极性是我国的成熟经验，这样综合国力就能快速增长。只要综合国力的增长快于外部困难的增速，我们应对外部困难就不吃力，崛起就能持续。对外战略的原则应从"以经促政"转向"以军促政"，即以扩大和增强与邻国的军事合作为对外战略主轴。历史经验表明，军事关系是双边战略关系的核心，军事合作和军援对增强双边战略关系稳定性的性价比，远远高于经济合作和经援。

（原刊于2016年12月27日《环球时报》）

特朗普执政对中国崛起的影响

特朗普到底想要一个怎样的美国

今天讲四个问题。

一、为什么大家担心特朗普?

大家都在说特朗普,当初小布什、奥巴马当选就没有这么热闹呢?一定有特殊性,所以第一个问题就是为什么美国人、外国人都在担心特朗普执政。

二、特朗普的战略偏好是什么?担心是担心他的政策,担心他什么政策?为什么有对他政策的担心?

三、我们是中国人,关心美国对华政策,所以从他的偏好看他的对华政策应该是什么样。这是带有一定预测性的。国际关系研究如果是科学性的研究,应该都有预测能力。

四、他的政策倾向性或者大家推测的倾向性会带来其他国家怎样的反应,将来会怎么调整?

特朗普是一位"好斗"的总统

首先介绍一下道义现实主义的理论。国际关系理论流派很多，其中一个理论流派是道义现实主义。其基本原理是一个国家的综合国力决定了国家利益，国家分为主导国、崛起国、地区大国和中小国家四类，每一类国家的国家利益是不一样的。比如主导国要维持世界主导地位，崛起国要争取得到世界主导地位，地区大国只是想在地区具有主导地位，中小国家是求生存。

实力决定了国家利益，这是一个客观结果。道义现实主义在这个客观结果上研究领导人怎么实现国家利益。国家领导人是不同的，有无为型、保守型和争斗型。这是道义现实主义对国家领袖的分类。面临同样的国家利益，他们对于怎么实现国家利益的认识不一样，这样就出现了在利益基础上、利益排序判断和策略偏好上形成一个战略偏好，就是以什么办法实现国家利益。

以美国为例。今天讲特朗普，美国是世界主导国，世界唯一超级大国，它的国家利益就是世界主导权，任何人当美国总统，这个国家利益是不发生变化的，是客观的。这就是为什么奥巴马说美国绝不接受当世界第二，特朗普说要让美国再次伟大，他们的方法有区别，但是在国家利益判断上没有区别，都是要维持美国霸主地位。

他们的区别是什么呢？特朗普说让美国再次伟大和奥巴马

说的美国绝不接受当世界第二，区别是什么？奥巴马显然是个保守型领导，他说美国是伟大的，我们不让它衰落就行；特朗普是争斗型的，说美国就衰落了，已经衰落了，现在要让美国重新伟大，他是主动型的——让美国重新再次伟大起来。

奥巴马没有重新让美国再次伟大起来的想法，虽然奥巴马当时赢得大选也是说要变化，但是这个变化和特朗普说的再次伟大这个变化是不一样的。这样来看，奥巴马就是保守型的，维持目前状态别丢了第一就行了，好像现在还不错。而特朗普不一样，特朗普认为美国已经衰落了，所以要重新努力才能改变已经衰落的地位，所以他的让美国再次伟大和中华民族伟大复兴的性质非常相似。

从这里我们看出，特朗普是一个争斗型领导，与天斗其乐无穷、与地斗其乐无穷、与人斗其乐无穷。有一个视频放的就是特朗普和一个人打赌，觉得赢钱没意思，说谁输就给自己剃光头。他就是一种争斗型的人。同样，在维护美国世界霸主地位的目标上，奥巴马和特朗普的战略偏好也是不一样的，一个是保守型的维持现状，一个是要改变现状，不改变现状怎么再次伟大？维持现状就能维持目前状态不再继续落实。这是不一样的。

美国人到底担忧特朗普什么？

从道义现实主义理论出发，我们来看特朗普当选对国际形势的影响。

第一，这次特朗普当选之后更担心的是美国人。这个担心表现在美国媒体天天批评特朗普。在美国，担心的是自由派、自由主义学者，全世界媒体记者基本都是自由主义，保守主义记者很少，自由主义记者最担心的就是美国的意识形态。

在一个现代政治政体中，它的构成就是四个部分：一是有一个政治领导；二是下面有政府机构，贯彻政治领导的意图；三是政党，政党有自己的意识形态，在竞争中他们的领导上来了，就把自己的意识形态带来主导这个国家；四是政府要贯彻意志还要维持社会稳定，需要法律和行政法规，这就是现代国家政治体系的基本构成。

为什么这次大选之前美国政治学协会组织教授们集体搞一个联合声明，动员大众不要给特朗普投票？这违反了美国政治学学者清廉、清高、不介入政治的传统。政治学家认为我们是客观的，我们不介入你们的政治，我们没有政治偏见，所有分析都是根据客观原理做出来的，因为他说我们是科学的。

现在突然改变了，他说不行，这回我们得出来动员大家不要投特朗普，我想问大家，他们居然不顾一个学者中立立场的政治正确原则要站出来反对特朗普，原因是什么？是因为他们担心特朗普上台会改变美国的制度。

这个制度里最重要的就是长期以来，美国形成的自由主义意识形态，长期形成的美国政治和法律机构。这是他们最大的担心。从学术角度来讲，自由主义学派或者美国很多学者都认为制度是决定性因素，认为制度最重要，制度是决定性的，只要有一个好的制度，什么样的坏领导人都没有关系。这是他们的理论。所以你要让一个人分粥，他一定自己分得最多；但是如果有一个制度规定，你可以分，你最后一个拿，别人先挑，他就分得特别匀，所以要绝对相信制度的作用。

但为什么美国学界这次不相信制度的作用了？美国制度这么强大，就让特朗普上去折腾吧，制度可以约束他。但怎么这次就担心了呢？我从理论角度讲，这就是道义现实主义和自由主义学派的区别。

道义现实主义认为政治领导是决定性变量，是自变量，领导是能改变制度的。领导可以改变法律，可以改变制度，可以改变机构，还可以改变意识形态。我们国家自己也经历过极"左"的意识形态，"文化大革命"就是，后来进行了调整，把极"左"的意识形态改变了。

所以，现在美国学界、知识界特别在媒体上反映，他们特别担心特朗普上台以后对美国制度和意识形态的改变。他们认为美国的制度和意识形态，是维护美国世界霸主地位的重要力量和重要工具。没有意识形态的先进性就不能成为世界意识形态中的主导型思想，没有意识形态的先进性就不能吸引全世界其他国家把你作为样本、跟着你走。这才是他们为什么这么担心的原因。

担心到什么程度？据说在美国大选历史上第一次出现，当大选结果出来，居然有教授在自己的课上公开哭泣。谁赢了跟你有什么关系？他就哭泣。有一个搞统计学的学者说，他教统计的，他的统计分析结果都说应该希拉里赢，他说这堂课咱们不考试了，因为事实证明我是错的。

现在美国自由主义学派面临的问题已经不是一个经济利益问题了，而是一个价值观的问题，是世界观和意识形态何者在美国占主导地位的问题。为什么在中东地区都是伊斯兰教，仅仅分成什叶派和逊尼派，从咱们外行来讲，那点差别没多少，就那一点差别，就打得你死我活，要以战争方式来解决。这就是意识形态。这次意识形态在美国的分裂带来的社会动荡和社会冲突是非常严重的，不只是换了一个领导人或换了一个政党。这也是为什么这次美国国内知识分子担心这么严重。

美国的盟友们在担心什么？

这样我们就能体会：第一，特朗普执政带来的不是一个阶级分化的问题，而是美国国内政治分化的问题，意识形态对立的问题。意识形态对立带来的冲突要远远大于阶级矛盾，阶级矛盾仅仅是钱，钱带来的冲突没有意识形态、观念和信仰上的矛盾大。

人们一旦有了某种信仰就很难改变。这就是为什么纳粹德国时期情报负责人说意识形态主义者做间谍最合适，因为这样的人极其坚定，被抓住以后绝对不会把组织机密泄露出去。意识形态坚定的结果是带来冲突。意识形态不一样，矛盾会有多激烈？那叫你死我活的斗争。

第二，一般来讲，一个国家领导人上台以后的政策取向，朋友欢迎，敌人担心。但特朗普不是，特朗普当选了，敌人和朋友都担心。这是很奇怪的现象，为什么？

盟友的担心是什么呢？盟友担心特朗普不再承担国际责任。特朗普提出了美国第一，说这是典型的民族主义政策，不再承担国际责任，这样就不参加全球治理。从美国角度来讲，他们这个问题一点都不差。为什么他会问这个问题？如果全球化说是美国人发动的，中国当初说全球化就是美国化，这是咱们说的；后来咱们从全球化得到好处了，咱们再也不说了，改成我们要积极参与全球化，积极推动全球化，积极参与全球治理。

特朗普开始问：如果全球化是美国推动的，但我们为什么推动半天却让别人成了最大受益者？这个问题就使得他有了一个理由，我们是应该参加全球治理还是不应该参加？现在美国人就是参与了太多全球治理，承担了太多国际责任，所以国家衰败了。

我们国内对全球治理和国际秩序的认识是比较混淆的。建立国际新秩序，是全球权力再分配，建立新型国际经济秩序，就是经济权利要重新再分配。但全球治理恰恰是相反的，是指国际责任再分配，这就为什么全球治理大家不是抢着干而是推着干。

全球治理和建立国际新秩序是两个不同的概念。从特朗普来讲，我觉得他这个概念非常清楚，他说我要的是国际新秩序，要维护美国霸主地位一极格局或者重新强大，重新使美国获得更大国际权利。我不是要承担更大国际责任，承担更多国际责任是全球治理的事。这样它的盟友说你不再承担全球治理责任，你不再承担世界警察责任，你还保护不保护我们？

哪有不讨厌警察的司机？但如果没警察，司机更够呛，就是车祸。特朗普说我不当世界警察，我只想要世界警察的权利，罚款我继续干，但是交通规则我不再管了。这时候他的盟友就害怕了。

不再保护，不再承担作为盟主提供安全保障责任的时候，它的盟友就恐慌了。典型例子就是安倍，都不等他上任就急急忙忙地说我得见你，跟你谈一谈。安倍最担心的是特朗普放弃美日同盟，不再给日本提供安全保障。

美国与俄罗斯关系改善，欧洲传统盟友多恐惧、多害怕，害怕什么呢？他们认为跟美国共同战略利益的基础就是俄罗斯的军事威胁，而现在特朗普认为俄罗斯只威胁欧洲不威胁美国。与俄罗斯改善关系，美国就不可能像过去奥巴马那样坚决地支持欧洲国家反对俄罗斯，美国的欧洲盟友就变得非常恐慌。

这就是一个你要不要承担责任的问题。退出 TPP 也是这样，就是经济责任。你是不是要继续建立新的贸易规范，这种贸易规范由美国承担主要责任。建立这个国际规范是美国做出的大规模让步，最典型的就是对越南做出相当大让步，某种程度上就是美国对越南单方面零关税才能让越南加入。

领导国组织区域合作，就是提供公共产品，好听的就是提供领导，不好听的就是提供公共产品，就是你花钱修红绿灯让大家公用。为什么大国愿意提供公共产品呢？它从公共产品上获得的好处比别人还多。

对中国来讲，中国要推动 RCEP 就要提供公共产品。提供公共产品不能让大家均摊，这是不可能的，你得多承担。你的计算是搞了以后我得的好处比别人还多，我付出的成本比我获得的好处小，那你就值。

现在特朗普说 TPP 不值：我们做这么多让他们享受了美国的市场，搭便车，而他们搭了便车，美国却没得到什么。特朗普对美国国家利益判断不一样，他更强调实际物质利益，而不是说掌握了某种权力，比如新的国际贸易规则制订权。他说这事我要钱不要权。

不是说这个不是利益，而是这两个利益哪个应该放在第一位，钱放在第一位还是掌握制订国际规则贸易权放在第一位。这样我们就了解到了盟友对他的担心。

特朗普要改变价值观，这让西方都接受不了

这里有学界经常出现的另一个混淆，甚至官方文件里也经常混淆，就是国际体系和国际秩序。

国际体系是由国际行为体如国际组织、国家、跨国公司组成，如是一极格局、两极格局还是多级格局，还有国际规范和国际法律、国际规则，这样构成了国际体系。

国际秩序是由国际规范加上主流价值观和国际制度安排建立的。价值观为什么重要呢？什么样的价值观决定了你制定什么样的规范，信奉自由主义价值观，你就主张自由贸易；信奉保守主义的价值观，你就采取贸易保护主义。国际制度安排也是一样的，根据价值观你决定设立什么样的国际制度，是建立世界银行、国际货币基金，还是建立联合国，还是建立在这之前的维也纳体系下的国际制度。

我想说的是，国际制度和国际体系完全是两回事，根本不存在相等于、约等于。你到图书馆去，图书馆的体系包括管理员，就是我们说的国际行为体；图书分类有分区，这就是国际格局；然后有借书规定、还书规定，这是国际规范。这是图书馆的体系。有没有秩序，从国际关系来讲是指有没有战争。什么样的国际体系都可能有战争，也可能没战争。不存在这个国际体系就有战争、那个国际体系就没战争的情况。不是这样的。

同样的图书馆，都是管理员在管理，管理规则和管理图书分类一样的情况下，有的图书馆有秩序，有的图书馆没秩序。这样我们就分清了什么是国际体系，什么是国际格局，唯一的重叠就是国际规范。

特朗普的盟友担心的是什么呢？是担心国际体系改变吗？不是。主权国家不可能改变，特朗普上台，国际格局不管是两极化还是一极格局，四年之内不会发生质的变化，唯一担心的是国际规范有些小的变化，但不是核心。最主要的是他们认为价值观会发生变化。价值观的改变、规范的改变影响的是国际秩序的变化。所以，他们担心的就是美国不再当世界警察了，国际秩序会发生混淆。这样才有美国媒体每天在攻击特朗普，欧洲、法国的媒体都在批评特朗普。

西方国家冷战后建立了自由主义价值观，特朗普上来以后要把主导价值观改了，不再是自由主义价值观，这对他们是极其难以接受的。主流价值观一旦改变，国际规范就会改变，国际规范主流价值观改变以后，随着时间的变化，国际制度就可能发生改变。这两者改变，国际秩序就会发生变化，这是美国知识界精英的担心。

特朗普赢得大选之后为什么会有教授哭？就像信仰一样，当你有一个特别坚定的信仰，突然有一天告诉你说你这个信仰是错的，你能接受吗？如果有宗教信仰的人，突然有一天你告诉他说你信仰的神病了，你能接受得了吗？神都病了，我怎么办？我有病我还求神来治呢？对自由主义者来讲，最大的问题是自由主义的大旗是美国扛的，美国领导者公然要砍掉这杆大旗，他们实在难以承受。

还有一个担心就是美国对手的担心，他们担心特朗普以武力方式来解决争端。现在从理论上来讲,他是一个争斗型的总统,可能会采取激进方式来解决矛盾和冲突,这就是为什么他的对手担心。前面我们已经讲了特朗普的当选为什么产生了全球性的恐慌、本国的恐慌、盟友恐慌、对手也恐慌。

特朗普到底喜欢什么?

第二个问题我们来讨论特朗普这样的政治领导人组织的领导班子偏好是什么。

不是说外交政策由特朗普一个人来决定,是特朗普任命的这些人,他们是一个领导集体,这个领导集体的观念,用老百姓的话讲就是人以群分,物以类聚。同样的人会聚到一起,相互之间促成,相互支持对方观点,政策就这样形成了。

我们先看他的利益偏好。他重实利,重实在的利益,不注重意识形态,他的利益是大目标,这就是为什么当特朗普发一条推特说不能再受一中原则的限制,除非中国在贸易上做出让步,很多人说特朗普哪能要钱这么公开要呢?不支持"台独"你要给我钱。这样要也没法给你。他能够愚蠢到这个程度吗?如果真要钱他能这样说吗?

因为特朗普背后有一个更大的目标。是什么呢?就是要实现美国再次伟大。要实现美国再次伟大,他的逻辑就非常清楚:中美之间的竞争是结构性矛盾,是零和矛盾,中国如果不衰落或者增长速度不比美国慢，美国想重新伟大是做不到的。

中国经济增长速度比美国快，差距越来越小，怎么让美国再伟大？根据世界银行2016年的统计，按购买力平价计算，中国GDP去年已经超过美国了。你说美国怎么办？他这样的偏好，之所以好斗，其中有一点就是他好斗的性格决定了他的目标是很高的，他有大目标，在大目标中他又注重实力，不注重意识形态。

《日本经济新闻》在特朗普当选之后对我做了一个采访，问特朗普当选之后中美关系什么样。绝大多数人都认为特朗普是商人，所以中美关系能改善。我觉得特别奇怪，为什么商人就能改善中美关系，运动员就不能改善吗？道理在哪儿？因为运动员天天比赛，竞争，就不能改善，商人做买卖就能改善？这跟职业有关系吗？美国总统有过农场主、律师和教授，什么样的人都有，职业怎么能决定他的对华政策呢？这很奇怪。

我自己理解，经济决定论在我们国家太盛行了，认为他一定财迷，一定认钱，我们有钱，拿钱一买就行了。中美关系内容很多，是多方面的，所以可能不同领域，中美之间的关系变化是不一样的。比如特朗普对中国的人权问题会关注比较少，他是争斗型注重实力的政治人物，可能在人权政治方面关系会有所改善，经济方面会更加恶化，军事方面没有重大变化。

（2016年）12月6日午餐会上，特朗普说他不会像前几任总统一样与中国争论那些愚蠢的问题。特朗普是一个注重实力、注重战略利益的领导者,他把战略利益放在国家利益排序第一位,不会把意识形态利益放在第一位。

有很多书都在问:美国外交政策到底是意识形态决定的还是国家利益决定的?把利益和意识形态对立起来,我不同意,如果这样容易理解,那就是在特朗普执政期间意识形态不会成为他对外政策的首要,这个利益他要放得靠后,不会放得靠前。

他的战略原则是什么?他有了这样一个利益目标,会采取什么变化呢?因为他是争斗型的,他选择的就是冲突和对抗,就是采取以强压弱,以大险求大利。他不怕输。他能三次破产,说明这个人就是敢冒险的,不冒险怎么能破产呢?稳稳当当干小利是没有风险的,他就是宁可破产也要挣大钱。他的性格和他喜欢的人,和他一起的大老板们,他的17个内阁成员里大老板和大公司的特别多,可能都是这样的人。

还有一个最新消息能说明他们政治目标多宏大。他们明确对外讲:副部长以上所有官员不能领工资,他们是奔钱去吗?他们是要小利吗?要的就是大利,几十亿美元就甭跟我谈,至少几万亿,没有几万亿跟我说什么?他是一个不怕冒大险而要求大利的人,不管政治、经济、文化各个领域都是这样,你要想收益高,一定冒风险就大,没有又不冒险又挣钱的,银行存款最保险了,就是利息高不了。我们看到他是这样一个人,这是他的性格决定的,他的性格和他的选择。他选的内阁成员被美国媒体批评，也是他们的性格取向和选择上跟特朗普是相似的。

特朗普想要做一个划时代的总统

美国三个心理学家给奥巴马写了一封信，说你们应该成立一个医疗小组，应该对特朗普进行一个医疗诊断，根据他们的专业知识判断，他属于自恋型性格。

根据他们的学术研究，自恋型基本特征就是自大、幻想、坚信、需要赞扬、高傲无礼和嫉妒。其中自大就是说认为自己很重要，认为自己出类拔萃。

我比较同意特朗普认为自己出类拔萃，我认为他不想做一个和奥巴马一样的总统，我都不认为他想做一个克林顿这样的总统。他也不想做像里根这样一个在美国现代政治中比较成功的总统。他想做一个至少要和华盛顿、林肯、罗斯福平起平坐的人，这样的总统他能不能做到我不知道，但他的想法是公开的。

有人说这是美国一个时代的结束。特朗普要开创的不是一般意义的小事，是在美国历史上的分水岭式的前面两百年、后面两百年这样的领导人。

安倍想做九年的首相，想干什么？超过吉田茂。吉田茂是第二次世界大战以来在日本历史上最有功绩的日本首相，而安倍想要修改日本宪法，这是吉田茂做不到的。普京都不满足于超过斯大林和赫鲁晓夫。他说给我20年，我给你一个强大的俄罗斯，就是说我是第二个彼得大帝。他们的政治抱负极其高，不相信自己是个平常人，认为自己是出类拔萃的。这样他有一个幻想，永远不会拥有足够的权力，本国的权力不足以，全世界的权力不足以。

所以他们的战略原则也会跟别人不一样，倾向于采取极端手段。

特朗普说，他就职当天，就是2017年1月20日那天，会出台多项总统命令，否定奥巴马的几项政策。他就是选择这种做法，他会走险棋，这跟他的冒险精神一致。他会反常规，你们都认为这么做，我就不这么做。特朗普自己说：我会采取一个政策是你们想不到的，专门走你们认为不可能的路。

这个战略偏好和性格使得他的对手会感到非常恐惧，你猜不到他会干什么，你永远不可能事先准备好，他永远给你一个"没想到"，你怎么准备？因为策略选择有无数的可能性，你总会选择三种可能性，选择可能性大的，你不能选可能性最小，谁也不会做这种准备，这就是他的特点。

特朗普对华政策就是防范中国崛起

再讲特朗普的对华政策是什么。从他现在的表态和竞选口号来看，我认为特朗普对中国的政策就是防范中国的崛起，就是过去我们说的遏制政策。

特朗普竞选时候使用的口号大家不太赞扬：让美国再次伟大。其实大家想想，他让美国再次伟大和奥巴马当初竞选的口号"change"含义一样，但是程度比他更高。change 只是改变，他说的是我让你变得更伟大，美国民众等了八年，都没有看到奥巴马这个口号的实现。

奥巴马提出口号，但是没有带来那么大的变化。很多美国老百姓现在需要变化，希望见到一个变化，但八年过去了，哪儿变了？皮肤变了、颜色变了，政策没变。连性别都变了，政策还不变。改变皮肤颜色和性别，不改变政策，这对我们来讲没有意义。所以他们选择特朗普，就是觉得特朗普上台会采取极端手段改变国家，让国家发生变化，而且可能会变坏。

变坏都比不变强，这是美国老百姓做出的选择。如果它变坏，还有变好的可能性；如果不变，连变好的可能性都不存在。变是第一前提，然后才能说变好变坏。

这样就带来一个结果，特朗普上台之后，他的"让美国再次伟大"口号，可能成为至少前四年他整个对外政策的指导思想。他不是空话，不是骗骗人吸引选票就结束了。他既然已经当选了，就会把这个作为目标，他就会问：谁让美国不再伟大了？

大家想想，从冷战结束到现在，美国跟所有国家的实力差距都在拉大，除了中国。

冷战结束时，日本 GDP 是美国的三分之二，美国 6 万亿美元，日本 4 万亿美元，德国是美国的三分之一，两万亿美元。现在呢？美国 17 万亿美元，有人说是 18 万亿美元；日本 5 万亿美元，变得不足美国的三分之一，从三分之二降到不到三分之一；德国从 2 万亿美元到 3 万亿美元，涨的结果是什么呢？从原先是美国的三分之一现在变成不到美国的四分之一。日本从三分之二降到不到三分之一，德国从三分之一降到不到四分之一，别的国家差距就更大了。

只有一个国家使美国觉得自己"不那么伟大了"，只有一个国家在经济规模上缩小了和美国的差距。中国跟美国不仅仅在经济规模上缩小差距，连中国学者在 SSCI 杂志上发表文章的数量现在也是世界第二，远远超过了日本。你可以说这个没用，但就连没用的事中国都已经超过了。

特朗普把他的内阁成员弄到一起，问：你们说，谁让美国不再伟大了？美国因为什么原因不那么如日中天了？他把防范中国放在第一位，我认为是一个必然结果。

美国会更依赖东亚同盟关系

特朗普不再像奥巴马那样提"重返亚太"，他绝不会用"重返亚太"这个词，也绝不会用"再平衡"这个词。但是我说的不是用词的差距。特朗普真正的竞争重点我觉得不再是亚太，应该是东亚。亚太有什么可争的，拉美和欧洲有什么可争的，争的是东亚，不是整个亚太。从这个意义上来讲，他不是说重返亚太，强调在亚太部署多少部队，而是在东亚部署多少部队，这是他遏制中国的统一战线。

遏制政策要利用结盟，而美国的盟友现在很担心，当时有记者问我日本特别担心特朗普放弃日本，我说不会，他要想遏制中国，不依赖同盟没有办法，单靠他自己不行，所以他一定还会继续强化跟东亚国家之间的同盟关系。安倍去了以后问题解决了，现在他对韩国也是一样，朴槿惠面临弹劾的情况下，他给朴槿惠打电话商量改善关系。所以他还会同东亚国家加强关系，加强和东亚传统盟友军事关系，同时会改善和俄罗斯的关系。

我不认为特朗普仅仅因为普京帮他赢得大选，所以就跟他关系好。世界中心正转向东亚，争夺的就是东亚。在东亚的争斗，俄罗斯的力量非常重要。借用俄罗斯的威胁团结欧洲国家，对他在东亚地区获得世界主导权的作用不大。欧洲离中国太远，欧洲国家帮不上忙，能帮上忙的是俄罗斯。俄罗斯和中国挨着，只要俄罗斯跟中国之间关系不铁瓷，对美国遏制中国方面就是一个利好，而且是重大利好。

今后中美经济冲突可能增加

特朗普特别注重美国的经济利益，他要让美国老百姓感觉他当总统对经济有好处，所以美国会跟中国发生更多的经济冲突。

（2016年）12月21日，特朗普宣布组建白宫国家贸易委员会。这是一个原来没有的组织，认定的负责人是纳瓦罗，他写过一本书叫 Death By China，我们非常温柔地翻译成《致命中国》。从译者、出版社的心理，就是不想说美国被中国整死，而是说美国因为中国死了。

纳瓦罗现在负责成立白宫国家贸易委员会。成立一个机构和任命一个职务是不一样的，成立领导小组和让一个人当部长性质是不一样的。领导小组多大权力，他让这个人做这个领导小组组长，这个人上台专门负责美国经济等各个方面的协调，例如贸易、投资、金融等各个领域的协调。

昨天（2017年1月4日），特朗普又任命了罗伯特·莱特希泽出任美国贸易代表，主要负责跟中国贸易谈判。莱特希泽2010年说，应该对中国采取更激烈手段。他当年跟日本谈判贸易，20世纪80年代打击日本，要求日本数字化开放市场，当时日本被逼得没办法，到美国开农场然后出口到日本。

现在这样一个人上台，说他的对华贸易政策会是温和的，是以协商为主的，我不认为是这样，你从他任命的这些人就可以知道他的政策取向是什么。

特朗普上台对周边国家和地区对华政策的影响

特朗普对华政策的另一方面就是利用周边国家：北边同俄罗斯改善关系，南边与东盟国家盟友加强关系。更重要的是中国台湾,他会利用台湾地区,朝鲜和伊朗他也会利用。离中国越近的地区,他与其改善关系的力度越大,加强军事合作的力度越大,对朝鲜很有可能是两手,要么战,要么改善关系。总体来讲就是给中国制造更大的外部困难,加大对军费的开支已经是必然。

台湾会朝"台独"走得更远

现在谈台湾问题。台湾问题我觉得是比较大的问题,涉及美国的同盟关系。

从现在来看,美国新政府在台湾问题上还会延续过去政策,减少与台湾往来的可能性非常小。特朗普一当选,很多人都在说这下台湾没希望了,这下蔡英文完蛋了。特朗普看重中国市场,看重大陆的钱,台湾什么钱都没有,美国不会再看重台湾了。我说这是不可能的,很可能特朗普对台湾的政治支持会超过奥巴马。

从全局角度来讲,当美国在东南亚的优势开始逐步丧失,特朗普会更加注重在东北亚的优势,所以他必须保持美国在东北亚的优势,如果台湾问题松弛,那么美国在东北亚的主导地位也会受到侵蚀。特朗普不希望东北亚的优势实力也会下降,所以特朗普在台湾问题上可能会变得更坚决一些。(2016年)12月2日,特朗普给蔡英文打电话,舆论说这是蔡英文搞的小把戏,过了十天,特朗普发推特说:美国没有必要受一中原则限制。这个时候很多人,包括媒体,才开始从原来特朗普上台会抛弃台湾的幻想中摆脱出来。

想到特朗普的战略偏好，就不会做出"抛弃台湾"的判断，他具体采取什么政策呢？防范是目标，在这个基础上要采取遏制中国的几个政策。经济上他很注重实力，他注重的实力不是钱，他认为物质实力是美国再次强大的基础，注重的是经济利益和军事安全利益，这种战略利益决定了美国的国际地位。

台湾蔡英文在那一通电话的激励下，进一步走向"台独"的信心会上升。她知道特朗普对一中原则不再像过去那样坚持，而且美国国会也采取了一个相一致的政策。在特朗普赢得大选之前，美国国会通过六项对于台湾的安全保障法案，是变相支持台湾"独立"。在这之后，又不再限制美台官方交往级别，这就是说美国国防部长将可以对台湾进行访问，也不再限制台湾"国防部长"到华盛顿访问。奥巴马这是在强化与台湾的军事合作关系。特朗普上来后，只会沿着这条路往前走，不会退回去。这样，对台湾来讲，有了美国更强大、更坚定的支持，蔡英文政府在"台独"道路上只会走得更远，而不会回到"九二共识"。后一种情况是没有可能的。

俄罗斯可能会疏远对华关系

最后一个问题，特朗普政策是这样，大家虽然在猜，但大方向大家都看出来了，各国怎么办呢？我觉得对我们影响最大的就是俄罗斯的对华政策会有所变化。

为什么俄罗斯会有所变化？俄罗斯跟中国战略合作的基础是什么？是美国的战略威胁，是美国对中国和俄罗斯形成了共同战略威胁，所以中俄关系走得这么坚实。今天这个基石可能要消失，美国说我不再对俄罗斯施加战略压力，我只对中国。从这个意义来讲，当美国对俄罗斯战略威胁不再像过去那么严重的时候，俄罗斯对中国的战略需求会大规模下降，努力和中国改善战略关系的意愿就会减少。

我长期建议中国和俄罗斯应该结成同盟。如果我们是盟友，今天我们还用得着那么担心美俄关系改善中俄关系会产生负面影响吗？你说我们不跟它结盟有多少好处，但是你有没有想过不结盟的坏处是什么？甘蔗没有两头甜的。

俄罗斯跟美国关系的改善大规模减少了其压力，最主要体现在它的西侧，也就是欧洲的压力会下降。没有美国支持，欧洲没有足够力量对俄罗斯施压。欧洲压力一下降，俄罗斯整个国际战略空间就会大规模改善。这种改善是跟中国合作所获得不了的。我跟你怎么合作都获得不了这样的重大战略利益，和中国拉开一点距离有利于它获得这样的战略利益。

朝鲜可能变得既反美又反华

至于朝鲜，我认为特朗普上台之后对朝鲜压力增大。有人认为朝鲜会因此更加需要中国的帮助，会向中国靠拢。我觉得这种可能性比较小。

为什么？因为我们很难改变我们无核化的对朝政策。美国的要求就是消除它的核武器。除非我们支持朝鲜搞核武器，只要我们不支持，这点我们和美国就难有本质性的区别。朝鲜很有可能像我们在20世纪60年代一样，两个拳头打人，当时我们既反美国又反苏联。朝鲜很有可能最后走向既反美国也反中国。这个可能性是存在的。

日本会更坚决地与中国对抗

日本认为机会来了。安倍本来就是通过对抗政策实现了执政早期的目标，通过对抗巩固了自己在日本的历史地位，巩固了自己的执政地位，现在有可能会创造日本战后首相从来没有过的历史纪录。对抗政策是它的主轴。现在特朗普的政策会使日本觉得能够更有力地和美国合作和配合，矛盾会减少，合作会更多，所以日本会采取更加坚决的与华对抗政策。

有人说日本还说要和中国领导人见面。只是，日本和中国领导人见面不是要缓和同中国的关系，而是要缓和中国针对日本的对抗政策。也就是说，日本对华政策应该是继续强硬甚至会更强硬。

东盟国家难成美国遏制中国的抓手

至于东盟，菲律宾杜特尔特上台后，选择了改变依靠美国、转向中国这样一个政策，其根本原因是因为他上台之后，在菲律宾发生了一场未遂政变。

这场政变是由菲籍美国人和他们的后代策划的，就是要推翻杜特尔特。杜特尔特认为这是美国政府搞的，所以他坚信美国政府会继续推动这些人。加上菲律宾军方和美国军方关系特别紧密,杜特尔特认为美方会继续推动军方搞军事政变把他弄下台,所以觉得不能再和美国关系紧密,一定要让美军撤退。这不是领土主权问题,而是政权安全问题。

上周(2017年1月)又有一个报道,说美国使馆一份文件被泄露出来,证明美国驻菲律宾大使曾经给美国国务院发过一个邮件,是关于如何推翻杜特尔特政权的方案。你要干掉我,我怎么跟你军事合作?昨天菲律宾已经任命新的驻华大使,新大使说,我们这次对华政策的调整是战略性调整,就是要亲中疏美。

杜特尔特上台,特朗普到底是选择在南海跟中国对抗为主,还是选择在东北亚对抗为主,我觉得这是值得讨论的。两个领域都会对抗没错。但我认为,在东北亚,从台湾开始往上对抗的程度会超过在南海的对抗。为什么?因为在南海对抗得有抓手,现在美国的几个盟友都在往后退,新加坡坚定跟美国走但又不想打头阵。从便利条件角度来讲,美国利用对东北亚遏制中国比在东南亚更有利,可能下一步美国在东亚地区和中国的对抗政策会更多体现在东北亚地区。

印度将向对抗中国的结盟方向发展

至于印度,它正进一步远离它的不结盟政策。什么叫远离?印度长期坚持不结盟政策被认为很成功,但是印度人民党出身的总理莫迪说这是国大党的历史遗产,跟他没关系。

所有反对党上台后都不想继承前执政党的政治口号和政治原则。我要成为一个伟大领袖，得是我创造的原因，我创造的词汇，我创造的概念。所以莫迪不再强调不结盟政策。

根据我们的研究发现，印度的不结盟是这样的：当中国跟一个大国矛盾很尖锐的时候，它会偏离不结盟原则，与对抗中国的大国发展带有结盟性质的关系，可能会签条约，但是名义上还要保持不结盟。但是中国和大国关系好的时候，就坚持做不结盟国家。我们跟苏联关系好的时候，它说不结盟，但是我们跟苏联关系不好，它就跟苏联实质性结盟。我们跟美国对抗的时候，它就同美国有战略合作；我们和美国关系好了，它说不结盟。

特朗普上台，给莫迪创造了条件，会使印度向结盟方向发展。即便不签订条约，印度同美国结盟性越强，合作内容越强，跟中国的对抗也就越强。这就是为什么印度对美日印三边联合军事演习积极性特别大，原来比较谨慎，只在印度洋，现在已经到了东海。特朗普上台后，印度会不会在南海演习，我不知道，但不能排除这个可能性。印度派军舰与美国、日本三家一起在南海搞军事演习的可能性也存在。总体来讲，印度对华的政策会呈强硬趋势。

上合组织不会发展为军事同盟

巴基斯坦知道这个形势（美日印军事合作加强）对它不利，也会更加依靠我们，美国对印度支持越多，巴基斯坦就越得依靠中国，没有选择余地。

上海合作组织有五个"斯坦"，按照我的理解，五个"斯坦"将走向松散，五个"斯坦"能不能在对华政策上保持以合作为主的态势，很大程度上受俄罗斯影响。中俄关系越紧密，它们同中国合作越紧密；中俄之间距离拉远，它们和中国合作就会有顾虑，担心俄罗斯对它们不满。

中国去年同意了印度和巴基斯坦两个国家进入上合组织，意味着上合组织再也不可能发展成为同盟关系。把两个敌对国家拿进来以后它不能成为一个积极合作的组织，只能成为一个预防性合作的组织，就是一个松散的组织。也就是说，上合组织由于巴基斯坦和印度同时加入成为正式成员，这个组织发展成为军事同盟的可能性没有了。

欧洲会与中国有限改善关系

比较远的是欧洲。欧洲同我们改善关系的可能性在上升。美国和欧洲关系有所疏离，在这种情况下，俄罗斯对他们的压力等于变相增大，这样的结果就是它会更多地和中国改善关系。

但是有一点，欧洲与中国关系的改善是非常有限的。首先，距离太远，这样欧洲在军事上对东亚没有影响力，对我们来讲仅仅是经济合作；其次，在人权问题上，欧洲顶多不会像以前那么坚决地同中国对抗，但是也不会走得更远，说不关心中国的人权。我们与欧洲的关系会改善，但是对我们崛起带来的帮助是非常有限的。

大国实力都在下降谁衰落得慢，谁就能赢

特朗普上台以后，总体来讲，机会和挑战并存，如果发挥主动性好，我认为机会大于挑战。

特朗普上台导致美国国内严重分裂，他没有能力重新让美国团结起来，美国内部分裂会使这个国家再次伟大面临很多困难。应该说，今后四年甚至更长时间里，所有大国都是实力下降的趋势。这时候谁衰落得慢，谁就能赢。在这种情况下需要智慧，是整体处于向后退的情况下谁有本事利用这个向后退的趋势，利用得好的就叫作战略机遇期。

总体来讲，经济方面我不认为有特别大的挑战。虽然会增加一点政策压力，但是我觉得仍然有机会。机会在于我们的智慧和能力。

历史发展有几个进程。20世纪30年代，军国主义在许多国家盛行；50年代，共产主义在许多国家盛行；60年代民族主义盛行；90年代自由主义盛行，被称为历史的终结。但是，后来出现了反建制主义，开始挑战自由主义的主导地位，又兴起了伊斯兰宗教极端主义，弄得到处打仗。现在，又兴起了新的一轮反建制主义，或者叫民粹主义。这个新潮流带来一种新的政治变化，谁能抓住这个政治变化，利用好这个政治变化。我不是说随大流，而是你怎么利用它的问题。利用好了，你就能在这个动乱之间实现崛起。

自从冷战结束以后，长期以来自由主义是针对中国的。我们不是自由主义，所以我们处于劣势。但今天有很大变化。昨天和约瑟夫·奈吃饭，他说你看特朗普还没上台，突然全世界就有了一个观念的改变，认为维护当前自由主义国际秩序的不再是美国了，得靠中国。这是一个很奇怪的现象，自由主义长期都在攻击中国，现在却说需要中国来维护。我不是说我们要维护，我也不是说我们要反对，我觉得这是一个机会。至于怎么利用这次自由主义受到挑战的机会，该做什么，这是一个特别值得思考的问题。

2016年是不平凡的一年，叫作"黑天鹅"之年。2017年，我预测将是更加不平凡的一年，将是一个我们会觉得非常新奇、不熟悉的一年。谢谢大家！

（此为阎学通教授2017年1月5日在中国人民大学国际关系学院举办的"中国国际问题高级讲坛2017"上的讲座记录稿）

建立符合亚洲地区
多样性的地区秩序

亚洲相互协作与信任措施会议（简称"亚信"）非政府论坛首次年会，于（2015年）5月25日至26日在北京举行。本次年会以"未来十年的亚洲：安全与发展"为主题，旨在推动对新形势下亚洲和平与发展的更广泛思考。

5月26日上午，亚信非政府论坛首次年会第二次全体会议举行，会议主题是"战后国际秩序与亚洲安全"。清华大学当代国际关系研究院院长、世界和平论坛秘书长阎学通教授做了大会发言，内容如下。

亚洲，是世界上最大的大陆，有全世界40%的人口，有48个国家，各国所面临的安全环境都各有不同，尽管国际秩序是相同的。

我想说的第一点就是，相同的国际秩序对每个国家所产生的安全作用是不同的。我们指望建立一个国际秩序，让每个国家都从中受益，这恐怕是做不到的。

现在，整个亚洲地区相对安全环境较好的应该是东亚，东亚是从1991年以来没有发生过战争的地区，这比欧洲的情况要好，欧洲在冷战结束之后还经历了科索沃战争、格鲁吉亚战争和现在的乌克兰战争，可见同样的国际秩序之下，欧洲的安全形势未必比东亚好。

亚洲另外一个相对安全的是南亚地区。冷战之后，南亚地区发生冲突的次数或者规模的强烈度都明显小于战时；另外，中亚也好一些；西亚地区正处在战争的骚扰之中，而且有多场战争现在还在进行。

那么我们就得出一个思考：在不同的亚洲地区，是需要建立相同的国际秩序，还是建立不同的国际秩序？在亚洲，不同国家面临不同安全问题的条件下，是需要共同的理念，还是需要不同的理念？是需要因地制宜的秩序，还是需要统一的秩序？

从全球的角度来跟亚洲地区比较，会发现，我们已经享受了全球性秩序的积极方面，即避免了世界大战的发生。应该说，二战后这样一个全球性的国际秩序，使得世界各个地区没有遭受世界战争的威胁。但是在除此之外的其他方面，每个国家面临的情况不一样，特别对有些进行长期战争的国家而言，没有世界战争，意味着没有别的国家在打仗，但就这些国家而言，无论有没有世界战争，都得进行战争。

所以，在亚洲地区会出现实力对比并不一样的情况。在东亚地区，我们实际上是面临中、美、日、俄四个大国实力的对比，在中东地区或者西亚地区，实际上是大国的势力已经撤出，特别是以美国为首的西方国家，伊朗、沙特、土耳其、埃及四国之间的实力结构在这里起了重要作用。也就是说，在整个亚洲，我们恐怕还得在每个次地区，依据它的实力结构来考虑建立一个适应那个实力结构的次地区秩序。

亚洲地区的多样化，决定了我们要提到美国人提倡的非常不适应世界的一个概念——世界建立统一的秩序是最有效的。这个想法在历史上明显是不符合客观国际政治的，一个统一的国际秩序是不能解决所有国家的问题的。亚洲地区多样化，更决定了我们要根据亚洲地区的多样性，来考虑每个地区的秩序建立怎样的秩序。

第二点，创造符合本地区或次地区的国际秩序所需要的理念可能有所不同。比如我们现在通常有一个认识，认为只要有了经济基础，国家间的和平就能维持，就能获取安全。这对有些国家来说可能是客观的事实，但对于那些常年处于战争状态或者现在处于战争状态下的国家，经济发展不是他们首要的，经济发展不能解决他国家的问题。甚至我们的经验是，在利比亚和叙利亚这样的国家，自从2011年发生战争以来，这些国家的经济基础没有起到任何维护这些地区安全的作用。

我的想法是，由于亚洲地区有48个国家，我们应该充分利用亚洲地区多种文化、多种思想、多种认识的优越性，提出各种不同的看法，把这些不同看法的优势都发挥出来，我们可能能够建立起来更符合这个地区多样性的地区秩序，这样才能使得我们这个地区减少战争、促进合作、维护安全。

(刊发于2015年5月中国网，记者毅鸥、实习生蒲俊)

卡塔尔危机的根源在于
中东地区多极化[*]

中东地区一直是安全问题频发的地区，各种利益矛盾错综复杂。前不久爆发的卡塔尔断交事件，再次点燃了中东纷争的火苗，一时间引发全球各大媒体关注。而在清华大学国际关系研究院院长阎学通看来，造成此次危机的主要根源是特朗普调整了美国的同盟政策，由原先在盟友冲突中不选边改为选边站，这导致美国的海湾盟友分裂。另外，谈到朝核问题，阎学通认为，任何国家都不会接受朝鲜拥核，但任何国家也没有办法让朝鲜停止导弹试射。无论是中东还是东北亚无一例外都是我们关注的国际安全问题，这些问题也是第六届世界和平论坛所要讨论的问题。"文晶talk"对话了世界和平论坛秘书长、清华大学国际关系研究院院长阎学通。以下是对话实录。

---

[*] 本文为新浪国际记者文晶对阎学通教授的访谈。

中东地区矛盾的根源不是恐怖主义

文晶 talk：中东地区一直是全球安全问题频发的地区，也是各种矛盾利益错综复杂的地方，前段时间发生的卡塔尔断交风波现在回头看，会对中东地区包括全球产生多大的影响？

阎学通：首先，对于卡塔尔事件，大家觉得非常意外。其实这件事情也不那么出乎意料。2013年的时候，我出版了一本书叫《历史的惯性》，2013年在《历史的惯性》里我就预测，中东地区将出现多极化的趋势，这个地区和别的地区不一样。东亚地区就是两极化的趋势，中东地区则是多极化的趋势。

中东地区的多极化不是域外大国的多极化，而是这个地区域内大国的多极化。将来在这个地区产生影响最大的不是美国、俄罗斯、法国、德国、英国，而是伊朗、沙特、土耳其和埃及。这四个国家在地区的争夺，在卡塔尔问题上已充分显示出来了。

就我自己理解，中东地区的分歧不是恐怖主义的问题，而是什叶派和逊尼派的权力争夺。就这次和卡塔尔断交的巴林说，卡塔尔干涉它的内政。这不是恐怖主义的问题，而是由哪个教派掌权的问题。所以，在卡塔尔这个事情发生后，埃及跟卡塔尔断交了，土耳其马上表态愿意支持卡塔尔，甚至说可以派军队驻军，埃及跟土耳其的立场是不一致的。到目前为止我们看到，虽然海湾国家中巴林、阿联酋和沙特跟卡塔尔断交了，但是阿曼和科威特没和它断交。为什么？不是说阿曼、科威特和卡塔尔没有宗教问题，而是它们和卡塔尔在宗教问题上的矛盾没有那么大。现在伊朗是什叶派政权的主要支持者，沙特是逊尼派政权的主要支持者。叙利亚阿萨德政权，是什叶派中的一个小派别，所以伊朗支持它，沙特就反对叙利亚政府。所以这个地区的核心问题是宗教矛盾。宗教矛盾在中东地区长期存在，只是现在美国在中东的主导地位弱化了，使这个地区宗教矛盾突显出来。冷战时期美苏在中东的矛盾主导了地区事务，地区内部矛盾从属于超级大国间的争夺。冷战后，超级大国的矛盾没有了，美国一家独大，在这种情况下，这些国家的宗教矛盾在美国的霸权之下也被压制住了。当美国的霸权在中东地区削弱，宗教矛盾就上升了。

其实从2010年开始的"阿拉伯之春"和民主化没有关系，是地区内宗教矛盾导致政权更迭和政权争夺暴力化。这个趋势越来越严重。当时将这些冲突称为"阿拉伯之春"，是从西方自由主义观点对这些事件性质做出的判断，如今看来，这个词本身就反映了当时对中东地区冲突性质的认识错误。这个地区没有民主化问题，这个地区现在存在的问题只是宗教政权争夺的问题。

特朗普改变美国同盟政策触发了卡塔尔断交危机

文晶 talk：卡塔尔事件发生之后，有不少学者认为特朗普这次出访中东选择跟沙特站队，可能是触发事件的直接原因。您认同这种观点吗？

阎学通：特朗普是不是直接原因我很难判断，但特朗普的政策有影响是明显的。过去美国在自己盟友的矛盾中是不选边的，是促进盟友团结。比如，美国在韩国跟日本之间是不选边的，是促进它们往一起走。美国在盟友之间选边，必然促使它们矛盾更加尖锐。所以，如果说特朗普在这次事件中有作用，就是其改变了美国的同盟政策。特朗普采取的政策，是不再促进同盟国之间的团结，甚至美国自己与同盟国的团结也不重视了，跟北约成员，甚至德国关系都搞坏了。当特朗普放弃了促进同盟团结的原则以后，美国跟盟国的关系发生了变化，同时也影响到了美国盟友之间的关系。美国的影响力下降已使得中东地区内的矛盾上升，特朗普再把美国促进中东盟友团结的原则放弃，中东地区内部的矛盾就更多了。

特朗普目前的同盟政策，既不重视保持和盟友的团结，也不在乎盟友之间是否团结，甚至把盟友分成敌友两类。

文晶 talk：两年前我采访您的时候，您跟我谈到过道义现实主义。谈到结盟，您非常支持中国去结盟，美国在全世界到处有盟友，但是中国公开地说自己不是一个结盟国。

阎学通：今天特朗普的政策从反面证明我的道义现实主义理论是成立的。道义现实主义强调领导国的领导类型的变化将导致该国对外政策的转型。特朗普与美国历史上的领导人非常不同，可能是一个特殊类型。他这类领导人执政必然改变美国的对外政策，从而改变美国对国际社会的影响。由于美国领导人类型发生重大改变，在美国的政治、经济、军事、文化等物质和文化力量不变，甚至政治制度和意识形态都没变的情况下，美国的世界领导力大规模下降。这就是道义现实主义所说的，政治领导力是软实力的核心，即一国国际力量、国际吸引力、国际动员力的核心。

特朗普上台后在同盟政策上的改变，也证明了道义现实主义所提倡的策略的合理性。特朗普上台后采取的是不严格遵守同盟规则的政策，即不严格履行同盟条约。由于美国变得不情愿为盟友提供安全保障，轻视同盟、不维护同盟、不注重和盟友之间的团结一致，这种政策使美国的国际影响力大规模下降。它从反面证明了，道义现实主义强调要想做好国际领导必须搞同盟，而破坏同盟的作用只会削弱美国的国际地位，不会加强美国的国际地位。有人认为结盟是"冷战思维"，以此为据，特朗普不履行同盟责任就成了放弃冷战思维。放弃冷战思维，美国的国际领导力并没有上升，而是下降，美国在世界上得到的国际支持在减少而不是增加。

文晶 talk：除了中东地区，朝鲜半岛也是一个矛盾集中的区域。前段时间朝鲜一直在频繁进行导弹试射，您如何看待目前的朝核危机，东北亚的安全困局将如何解决？目前来看，萨德还会继续部署吗？

阎学通：萨德问题很难成为一个全球性热点问题。萨德问题对中国来讲是一个战略安全问题，除中、俄、朝外反对美在韩部署萨德，其他国家并不反对。

朝核问题是很多国家都关注的。通过这次朝核危机，我觉得相关方达成几个共识。一是都认为以军事手段消除朝鲜核武器代价太大，承受不起。二是认为让朝鲜放弃核武器的方法，到目前为止还没有。三是各方不再认为朝核问题是紧迫性问题，这就是为什么各国媒体、政府对朝鲜进行导弹试射关注的程度越来越弱。任何国家都不会接受它一直进行导弹试射，任何国家也不会采取能立即消除朝鲜导弹能力的措施。

特朗普外交理念改变将深刻影响国际秩序

文晶 talk：前段时间"通俄门"在国内外媒体都受到广泛关注，这个事件将如何影响特朗普的执政地位？

阎学通：这现象说明美国的建制派要把他干掉，要对特朗普进行弹劾，如果弹劾能成功，特朗普就得下台。现在建制派抓住的"通俄门"，就是说特朗普在竞选期间跟俄罗斯沟通合作。这件事儿已经有这种说法，但是并没有直接的硬证据，有了证据才能弹劾，没有证据弹劾不了。媒体的广泛报道只能说这个事儿在发酵，但是没有硬证据。

文晶 talk：我们感觉特朗普上台之后就四面出击，但是又没有成型的外交战略。您如何看待他的外交理念？

阎学通：本届和平论坛有一个专门小组讨论特朗普政府对当前国际秩序的影响是什么，就是因为美国仍然是世界上最强大的国家，美国的外交政策对世界影响最大。特朗普的政策明显和奥巴马不一样，甚至是相反的政策。比如奥巴马当时搞TPP，他就退出TPP，奥巴马时期参加《巴黎协定》，他就退出《巴黎协定》。他跟奥巴马相反的外交政策对现行国际秩序的影响必然是重大的。

至于说影响将产生什么样的结果，很大程度取决于特朗普的执政时间，执政四年和执政两年产生的影响会很不一样，执政两年和执政一年的影响也是不一样的。大家关注"通俄门"事件，是因为这涉及他执政时间长短的问题。我以为现在判断特朗普政府对国际秩序的影响有多大，有点早。

文晶 talk：世界和平论坛是一个长期关注安全议题的高级论坛，已经举办了六届，您能谈谈这次论坛的情况吗？

阎学通：世界和平论坛和中国举办的其他论坛的最主要区别，就是在中国开始实行对外开放、开始组织一些国际会议的情况下，由非官方机构组建了一个大规模的高级别国际安全论坛。世界和平论坛是中国第一个非官方高级别安全论坛，之前组建的国际论坛都是关于经济的。

文晶 talk：今年论坛有哪些焦点？

阎学通：去年在世界和平论坛上的焦点性问题集中在南海问题上。我估计今年参加论坛的嘉宾会较多关注三件事。

第一是朝鲜核问题。朝鲜的导弹试射连续不断，在本月24日论坛举行之前，朝鲜可能还会有导弹试射，所以这可能是一个重点关注的问题。

第二是恐怖主义。今年上半年，恐怖主义发生的频次在增加，涉及的国家范围在增加。英国、伊朗、法国、德国、伊拉克、阿富汗、巴基斯坦，还有土耳其都有发生。上半年的后三个月比前三个月发生的恐怖主义事件还多。

第三是中东问题，关于刚才说到的卡塔尔断交风波。卡塔尔的问题现在刚刚发生，还没有结束。从现在到论坛开始，还剩下不到十天时间，这期间估计这个问题还会引发一些意想不到的事件。所以中东问题可能会成为很重要的焦点。

我预测朝核、恐怖主义、中东是今年世界和平论坛的三个热点问题。这三个是具体的问题。还有一个议题是国际秩序。今年我们设立了比较多的关于国际秩序的讨论。刚才提到的三个问题，其实也是关于国际秩序的。国际秩序受思潮影响，这次专门设立了反建制主义思想的讨论。反建制主义在发达国家是个普遍现象，在一些发展中国家也有。反建制主义明确反对的是自由主义思想，这必然影响自由主义思想主导的现行国际秩序。学界和战略界已经注意这一问题，普通大众对这个问题的关注度还不高。

（本文原刊于 2017 年 6 月 15 日新浪地球日报）

第四部分　道义现实主义的改革创新理念

改革能力影响国家实力

进入21世纪后,特别是2008年国际金融危机以来,美国对国际政治秩序的主导能力相对下降,而中国伴随着经济高速增长和综合实力快速提升,对国际秩序的影响力大大增强。怎样看待这一现象?美国学者保罗·肯尼迪在《大国的兴衰》一书中分析了世界帝国走向衰败的原因,就是帝国的过度扩张。这一理论可以解释历史上众多帝国衰败的过程,但解释不了一个国家如何才能变得强盛。

中国学者比较早地开始研究"崛起的困境",即崛起国从原来不是主导国变成主导国的过程中,面临哪些困难以及怎样去克服。从美国来讲,不管是在军事上、经济上还是科技发展上,都处于世界领先地位。按照原来一些西方学者的预期,美国的软硬实力都比中国强,两国综合实力差距会不断拉大。然而,现实是两国之间的差距正在缩小。原因在哪里?这是一个需要深入思考的问题。中国古代思想家管子有一句话:"夫国大而政小者，国从其政；国小而政大者，国益大。"意思是说国家实力很强大，但如果政治领导是弱的，就会把这个国家引向衰败；国家虽不强大，如果有了强大领导，弱国就会变成强国。

国际格局的变化实际上是国家之间的实力对比发生了变化，也就是国家强弱发生了变化。有的国家发展快，有的国家发展慢，这是由不均衡发展规律决定的。2008年国际金融危机之后，美国出现相对衰落，中国发展速度加快。这里面有很多深层次原因，其中很重要的一点是两个国家的领导力不一样，领导国家进行改革的能力不一样。应该说，奥巴马改革意愿强烈，但其推动改革的能力不足，改革政策能够真正落实下来的部分并不多。

国家实力增长很大程度上来源于这个国家的改革能力。以前的弱国能够发展起来，进而成为强国，靠的主要是该国领导能力强，也就是不断进行改革的能力强。改革就是及时发现政策中的错误并及时纠正。如果改革多、落实好，那么，这个国家的实力增长就会很快。反过来，如果一个国家不改革，实力增长就会停滞。而若一国采取倒退的政策，其实力将加快衰败。发展中国家要实现崛起，必须有强有力的领导，并不断地进行改革。美国要维持其霸权，也要不断进行改革。但现实情况是，美国的政治运行慢慢固化，纠错能力不断弱化，从而在国内难以改变许多弊端，在外交上屡屡发生战略失误。特朗普现象在一定程度上反映的，就是美国民众对政府无力推动改革的不满。

今天中国的发展带来国际格局的变化，即冷战后美国一超独大的局面有所改变。冷战之后，在国际关系研究中出现了"综合国力"概念。一些学者认为国家的强弱应当从经济、政治、文化等各方面综合衡量，而这些实力都是以经济实力为基础的。直到今天，这个观点仍有市场，许多人评判国家地位和国际事件仍然从经济力量和经济利益的角度去理解。然而，如今越来越多的人开始意识到，这样的观点不能完全解释今天国际社会的许多现象，需要从新的角度去观察。比如，在反恐战争中，美国以强大的经济和军事实力在阿富汗、伊拉克和叙利亚都无法全面赢得战争，经济力量并没有起到决定作用。

在国际上，人们不仅注意到中美经济力量差距在缩小，而且对两种政治制度的看法也在发生变化。有西方学者反思，西方民主制度这么好，怎么就不能从2008年国际金融危机中摆脱出来？中国被认为是不符合西方民主制度的国家，却是摆脱国际金融危机最快的国家，这是为什么？实际上，美国的制度对美国发展成世界超级强国起了很大作用，但并不能保障美国的霸主地位永远维持下去。美国制度对美国崛起有积极作用，但这种成功也成为其不愿改革的主要原因。由于制度模式化了，改革难度加大，现行制度逐渐不适应时代变化。时代、技术、人的观念、社会环境、生活水平等都在变，如果制度不变，不落后是不可能的，不阻碍国家实力增长是不可能的。

实践证明，中国的发展强大得益于中国比较强的改革能力。与时俱进是中国人深信的道理，从战略角度讲，高明的战略是与时俱进的战略。采取改革与开放两个并行的政策，一个国家就具备了崛起的强大动力。

（原刊于 2016 年 10 月 16 日《人民日报》第 5 版）

以外交创新实现民族复兴目标*

当今国际格局的"两超化"(即中国成长为和美国一样的超级大国)趋势要求中国实行大国外交,我国海外利益的迅速拓展需要中国实行全球外交。在大国外交中,中国要与美国以合作来增进互信。在全球外交中,中国要做到两点:一是在经济上,让他国能同样得到实实在在的好处;二是在安全上,为他国提供切实的保护。只有这样,中国才能在国际上树立良好的国家形象。

奋发有为的中国外交大战略

记者:对于新中国60多年来的外交,有学者认为总体上属于被动反应型,中国缺乏真正意义上的外交大战略。王毅外

---

* 本文为《社会科学报》特约记者徐庆超对阎学通教授的访谈。

长也提出，中国正在探索有中国特色的大国外交。回顾65年来的新中国外交历程，您是否认同这一判断？如何在新时期推进我国外交工作的改革创新？

阎学通：在2013年10月24日的周边外交工作座谈会上，习近平主席对中国外交政策已经讲得很清楚了，包括我们的战略目标、基本方针和具体措施。习主席的讲话，阐明了中国外交的国家战略。

王毅外长在去年（2013年）世界和平论坛上提出探索有中国特色的大国外交，实际上是为习主席的这次讲话进行预热。所谓"有中国特色的大国外交"，根据我的理解，就是指中国要从作为不发达国家的弱国外交向作为真正大国的外交的转变。以前我们所讲的大国外交，是指作为大国的其他国家，而非中国。现在我们所说的大国外交，很明确就是在讲中国自己，而且我们自身的定位已经是一个世界大国，而非一个地区性大国。

习主席在讲话中首次提出"要推进外交工作的改革创新"，强调要统筹兼顾，"把外交工作办得更好"，为增强新时期我国外交工作活力提供了新路径。

简言之，现阶段的中国外交需要思想观念创新：创造民族复兴的外交理论，培育大国的全球外交意识，塑造奋发有为的外交理念等；中国外交需要策略创新：从回避冲突向直面冲突转变，从融入国际体系向塑造国际环境转变等；中国外交需要制度创新：建立有持续性的改革机制、政策评估机制，进行专业化和社会化相结合的改革等。

记者：美国前驻印度大使、基辛格中美关系研究所高级研究员罗伯特·布莱克威尔曾说："你能想象，在这个世界上，还有什么样的国际事件，它的重要性超过了中美关系么？有什么样的国际危机，它的灾难性后果，大于中美之间的对抗冲突么？"但美国制衡甚至遏制中国的意图也很明显，比如，美国构筑所谓"C型包围圈"，操盘东亚地缘政治关系。您认为中美两国应该怎样构筑真正的新型大国关系？

阎学通：在国内，目前绝大多数人对"什么是新型大国关系"还不甚理解。很多人将中美新型大国关系理解为双方以合作为主的关系，这是不对的。按照我的理解，新型大国关系是指中美以竞争为核心的关系，讲合作是为防止中美的竞争关系演变成对抗关系。

很多美国人认为，美国和中国的关系不可能发展成为像美国和英国那样的关系。如果把中美新型大国关系理解成以美英关系为目标，那么，那种大国关系是不可能建立起来的，是不现实的。如果把中美新型大国关系理解为，避免中美竞争升级为当年美苏之间展开的全面军事对抗，那么，这样的大国关系则是有可能实现的。

具体要做些什么来构筑可能实现的中美新型大国关系，需要双方的不断摸索和实践。一言以蔽之，中美需要在没有互信的条件下实现合作。现在坊间有一个错误的观点,认为双方没有互信就不能进行合作,如果是这样,中美新型大国关系是根本建立不起来的。因为中美新型大国关系就是要建立在缺乏互信基础上的合作,以合作来增进互信,而不是以互信为前提展开合作,二者不能颠倒。

中国正进行首次真正的民族复兴实践

记者:今天的亚洲,一方面经济增长非常活跃,老牌大国和新兴国家都在这里跃跃欲试;但另一方面,从日本、印度、越南、菲律宾、俄罗斯等国家的表现来看,亚洲似乎有一种民族主义复兴的迹象。布热津斯基担心,复兴的亚洲会不会滑向一种民族主义狂热,引发类似20世纪欧洲那样的冲突。您认为,亚洲的复兴能走出一条新路吗?另外,有学者认为现在亚洲的力量对比呈多极化,美国、日本、俄罗斯以及中国、印度等发展中国家的群体性崛起,您怎么看?

阎学通:自从提出中华民族伟大复兴的口号以来,现在是第一次实践,历史上我们从来没有真正地实践过民族复兴,所以不存在这次民族复兴与上次民族复兴有没有什么不一样的问题。布热津斯基担心包括中国在内的亚洲民族主义会太强烈,但事实上,中国的民族主义远没有美国的强烈。

现在全世界范围内存在着一个普遍现象,就是在解释别国的政策行为时，都说是受这个国家民族主义的影响，而当阐释自己国家的政策时，则说是受爱国主义的影响。实际上，爱国主义和民族主义，没有任何本质差别。

我不认为现在亚洲出现了所谓多极化趋势，在我看来，亚洲的力量对比表现为两极格局，即中国和美国的"两超化"趋势。"发展中国家的群体性崛起"这一概念本身就是一个想象，是在没有实证基础上的主观臆测。除中国之外，目前其他所谓金砖国家的发展速度都下降得很严重。提出金砖国家概念的美国学者吉姆·奥尼尔最近表示，现在所谓金砖国家中只剩下中国这一块"砖"了。对于中国而言，实现中华民族伟大复兴的任务要求我们开展政治导向型外交，以保证任务目标的顺利完成。

树立国家形象的战略选择

记者：西方国家对中国一直存在刻板印象，媒体报道也是以西方价值观为标准评判中国的好或不好。那么，现阶段中国国家形象是否存在一个对外与内部的同步解构—建构过程，您认为理想的中国国家形象是什么样？有西方学者认为，中国崛起为全球性大国的最大阻力在于意识形态，对此，您如何评价？

阎学通：世界上所有的国家都在以自己的价值观来评判其

他国家，西方国家以它们的价值观判断中国，中国也以自己的价值观来判断西方国家，二者都是一样的，没有本质区别。事实上，中国的国际形象不取决于我们价值观的形态，而与我们的对外政策和自身国家建设程度的关系极大。如果我们在过去的30年像今天一样大力反腐败，那么，中国的国际形象和今天相比肯定不一样，至少会有政治清明的好形象。

中国和美国的战略竞争，首先是一个实力的问题，竞争的核心是综合国力。假设现在英国的综合国力超过了美国，美国也不会同意。意识形态不同可能会使双方在实力竞争基础上又增加了一些矛盾，但意识形态分歧不是中美之间的核心问题，主要还是双方的实力差距。美国人不愿意看到中国的实力和美国一样强大，如果中国是一个落后的共产主义国家，那么，美国会非常愿意接受中国的共产主义意识形态选择。

习近平主席讲"亲、诚、惠、容"理念，就是说我们要让周边国家觉得能通过与中国的合作而得到好处。当我们一味地强调以经济建设为中心，所有的外交政策都服务于我们的经济利益，而不能让别人从我们的发展中获得好处，并且当我们无法给周边国家提供安全保障时，中国的国家形象是好不起来的。

记者：习近平主席提出要与周边国家构建利益共同体、责任共同体和命运共同体。这种共同体思想中是否包含除经济合作之外的安全合作，甚至如您所说向周边国家提供安全保障？

有人批评中国外交注重于利益驱动，不能成为国际关系准则的道义提供者。作为一位"道义现实主义者"，您认为应如何平衡这种利益外交和价值观外交？中国一直是不结盟战略的坚定支持者和践行者，您认为到今天，这种战略选择是否应该发生变化？

阎学通：如果中国与周边国家没有军事上的合作，就不能叫作"命运共同体"，而只能称其为"经济共同体""文化共同体"等。既然习主席将之命名为"命运共同体"，顾名思义，就一定包含着与周边国家建设"军事共同体""安全共同体"的内容。

中俄都否认两国是同盟国关系，但西方社会已经认为中国和俄罗斯就是正式的军事同盟了。因为即使在西方国家的盟友之间，也不可能像中国和俄罗斯这样多次举行大规模、高水平的海上联合军事演习。一般情况下，任何两国举行此类性质的联合军事演习，人们就不认为它们之间不存在军事同盟关系。至于中俄之间是否已然超越盟友关系，升华为更高境界的国家间关系，则是人们的主观认定，因人而异，但客观事实是，中国军官可以站在俄罗斯军舰上指挥，俄罗斯军官也可以站在中国军舰上指挥，这一点在西方很多的盟友国家之间都做不到。因此，我认为，总体而言，中俄关系已经达到同盟国水平。

所有国家都以自身利益为驱动制定外交政策，包括那些批评中国以利益为出发点搞外交的国家。所有的大国外交都是利益外交，只不过在推行这一政策的同时，要顾及该政策的道义合法性。中国的政策也是如此，在执行过程中，利益外交和价值观外交之间不存在比例分配或权重的问题。中国现在还不能成为国际道义提供者，这主要是基于两个原因。其一，我们的物质力量还不够强大，其二，我们在这方面似乎还没有明确的想法，也没有具体的行动措施。至于努力方向，习主席的讲话中已经提到了，就是要身体力行地"坚持正确义利观，有原则、讲情谊、讲道义，多向发展中国家提供力所能及的帮助"。

时至今日，我认为中国外交在理念上已经从韬光养晦向奋发有为方向发展，在实践上已经从基于不结盟政策开始向具有同盟性质的国家间关系方向发展。

（原刊于2014年9月《社会科学报》）

中国外交改革创新应加大力度*

中国外交如何在总结实践经验的基础上，丰富和发展对外工作理念，使我国对外工作有鲜明的中国特色、中国风格、中国气派，切实走出一条与历史上传统大国不同、具有中国特色的强国外交之路？清华大学当代国际关系研究院院长、世界和平论坛秘书长阎学通教授接受《瞭望》新闻周刊采访，从如何进行外交思想创新、外交策略创新和外交制度改革等方面畅谈了他的思考。

《瞭望》：过去两年里，中国特色大国外交风生水起，从外交思想到实践都显示出了创新进取，奋发有为的特点。你认为，改革创新成了中国外交关键词的大背景是什么？

阎学通：在过去两年里，中国政府阐述了中国梦的世界意义，倡导以合作共赢为核心的新型国际关系，提出了正确义利

---

* 本文为《瞭望新闻周刊》记者杨士龙对阎学通教授的访谈。

观，提出共同、综合、合作、可持续的亚洲安全观，提出构建全球伙伴关系网络，提出建设丝绸之路经济带和21世纪海上丝绸之路的重大倡议等，这一系列新思想、新理念、新举措，贯穿着改革创新、奋发有为的积极进取精神。这是中央对当前我国国际地位和国际格局变化做出的战略调整，也是对我国与世界的关系进行战略再思考的结果。

其一，国际格局的深刻变化要求中国开展大国外交。今后十年，在中美综合国力差距缩小的同时，两国还将拉大与其他大国的综合实力差距。除美国之外，中国与其他国家的实力对比不再是"弱对强"而是"大对小"，我国外交需从"以弱对强"向"以大事小"转变。

其二，中国海外利益迅速拓展需要全球外交。今后十年，伴随中国海外利益的快速拓展，其面临的海外安全威胁也必然上升。这要求我国具备全球性的外交视野和应对能力。如何从全球角度制定我国的双边和多边外交政策，正在成为新的课题。

其三，民族复兴任务需要政治导向型外交。当前外交战略的任务是服务于"两个一百年"奋斗目标和实现中华民族伟大复兴。为民族复兴创造条件和实现民族复兴是两种性质不同的战略任务，前者是积累实力，后者如参加比赛。在积累实力阶段，我国有避开与世界主导国进行正面战略竞争的可能，但在参赛阶段却无法回避。

中美结构性矛盾加剧要求中国外交要更多考虑安全战略利

益。今后十年，美国防范我国崛起的"亚太再平衡"战略不会改变，美国维护其世界霸主地位与中国实现民族复兴的结构性矛盾将日益深化。承担更多国际安全责任，就是向全球和地区提供更多安全公共产品。由于非传统安全的威胁不断上升，我国要提高自身的国际战略信誉，还需要在非传统安全领域提供公共产品，如防范金融危机、应对气候变化、打击恐怖主义威胁。要通过逐渐提高我国外交友好关系的质量，有效扩大国际社会对中国崛起的政治支持。

其四，经济和社会的转型要求外交改革跟上社会治理现代化步伐。社会利益的多元化要求外交决策需要更高水平的协调能力，在兼顾不同利益集团利益的同时，平衡好不同利益集团的影响，防止个别利益集团对外交决策产生过大影响。保证外交政策的公共属性成为一个现实问题。

网络化使应对意外事件的决策时间被压缩，需对外交应急决策机制进行改革。优化外交决策程序已成为不可避免的趋势。

与世界的深度融合要求我国加强公共外交，强化自身软实力，提升中国文化亲和力，更积极主动地介入国际事务并提出我国的主张和建议，参与国际安全规则的制定，增强在国际事务中的话语权。

总之，我国外交工作能在多大程度上服务好实现民族复兴的这个国家目标，很大程度上取决于我国外交改革创新的能力有多大的提高。

《瞭望》：你在新著《历史的惯性——未来十年的中国与世界》指出，未来十年，历史的惯性有利于中国的崛起。世界历史经验表明，崛起大国需要创造出相应理论支撑其外交战略。要切实将中国特色大国外交落到实处，你认为最关键、最需要创新的是什么？

阎学通：任何改革创新都始于思想观念的改变。一方面，我国需顺应历史的发展趋势，创造出新的外交理论，用于指导我国实现民族复兴的外交战略。

今后十年，随着中国崛起速度加快，防止中美战略竞争升级为战争成为一个现实的任务。因此我国需要创建和平竞争的国际关系理论，以适应总体外交的需要。建立国际新秩序是国际权力的再分配，进行全球治理是国际责任的再分配，两者性质不同，但两者均要求对现有国际规范进行修订和发展。因此，我国需从权力再分配、责任再分配和建立新国际规范三方面进行理论创新。这种理论创新需结合全球化、信息化、网络化、智能化、知识经济等时代特征及其未来的发展趋势进行，从而使这些新理论具有实际作用。

"民族复兴"是我国特有的国家利益，目前尚无其他国家提出类似的政治目标。民族复兴本身就是以我国特有的历史为基础形成的。在去粗取精的原则下，从我国古代传统政治思想中汲取营养，是创造民族复兴理论的捷径和必由之路。《管子·霸言》说："夫国大而政小者，国从其政；国小而政大者，国益大。"这种政治领导决定论的认识，对理解政治领导力在民族复兴中的重要性，具有很大的启发作用。

另一方面，实现民族复兴的目标，还需要培养大国外交意识。简言之，大国外交是舍小利而谋大势。今后十年，中国的大国地位和大国责任无法掩饰和回避，因此中国外交需强化敢担当的意识。在个人层面，外交工作者应敢于担当，负起责任。在政策层面，我国应主动承担与自身国际地位相适应的国际责任。同时，需勇于参加大国博弈，在涉及国家利益以及全球重大问题上要主动表明立场和提出主张，尤其要在动员国际社会接受我国主张方面加大工作力度。

在全球化的时代，许多国际事务已难以区分是地区性的还是全球性的，我国外交还需要强化全球外交意识，即使是双边和地区政策也要从全球角度进行考虑，特别是有关国际规范的事务更要从全球的角度进行考虑。

《瞭望》：您在《历史的惯性》中对中国对外战略向全球性大国战略转变也做了深入探讨，请简要阐述下您的主张。

阎学通：其一，从回避冲突向直面冲突转变。今后外交工作应是面对冲突而非回避冲突。国家间的冲突是以双方发生关系为前提的，深化改革开放的政策必然导致我国与他国间的冲突增多。但从另一方面讲，冲突又是促成多种合作的重要条件之一。国际冲突增加将使预防性合作与积极合作同等重要。当我国与他国发生冲突时，可发展两类战略合作：一类是与第三方进行积极合作，如针对安倍政府否定日本二战罪行的行为，我国可与韩国进行战略合作，共同钳制日本的对抗政策。另一类是防止冲突升级的预防性合作，如20世纪90年代，中美达成战略核武器互不瞄准对方的合作。当前建立中美新型大国关系的根本目的是管控双方的分歧和冲突。

全球性冲突增多也是推进建立国际新秩序的动力。全球化进程不断加快，给世界各国带来的冲突也必然增加，贸易规则、减排规则、引渡规则、避税规则等诸多方面都会频繁引发各国之间的冲突。解决此类冲突需要大国提供领导和公共产品。借助我国在世界经济领域影响力不断上升的趋势，我国可在一些非军事冲突的领域加大与相关国家的合作，推进国际规范的建立。

其二，从维护战略机遇期向创造战略机遇转变。历史表明，大国崛起靠的不是一个时不再来的"战略机遇期"，而是靠自身化"危"为"机"的战略能力。有抓住机遇的能力，战略机遇就源源不断，没有这种能力，就永无战略机遇。实现民族复兴的任务要求我国自己主动地创造战略机遇，这样才有把握国际战略机遇的主动权。

其三，从融入国际体系向塑造国际环境转变。崛起大国实力增长与国际体系压力成正比的规律是客观存在且难以改变的，只有依据规律制定策略才能为民族复兴创造有利条件。目前，我国已具备从正反两个方面影响国际环境的能力。塑造于我有利的国际环境的重要内容之一，就是改造那些于我不利的国际环境。

《瞭望》：在外交改革创新的执行制度层面，您有何建议？

阎学通：第一，要建立持续性的改革机制，保证工作效率得以不断提高，创新热情得到激发，创新能力得以加强，改革得以持续不断。

第二，建立政策评估机制。政策评估机制应与政策制定和政策执行相结合。评估工作的一个重要内容是及时调整政策目标，应根据我国实现目标能力的变化，及时将短期无力实现的目标调整为未来的中长期目标，将具备实现条件的中长期目标提前为当下的现实目标。

每项具体的外交政策都要经历决策、执行和结束三个阶段。然而，在多数情况下，如何结束一项外交政策的执行常常被忽视。在进行政策的可行性研究时，不仅需要评估出台一项政策的利弊，还需要制订如何结束这项政策的方案。顺利结束一项政策的意义在于，可避免该项政策陷入困境或节外生枝的弊端。在一项政策的执行过程中，也需要评估结束该项政策的时机和条件是否已经具备。

定期评估和废除过时的文件和规定，可及时减少旧文件对现行政策的不必要干扰。政策退出机制能增强政策在实施过程中的主动性，进退有序。由于国际形势的变化很可能与已出台的中长期战略不一致，因此中长期战略并非不可改变。对中长期战略的评估，关系到外交战略的重大调整的及时性。

第三，简化决策程序以提高效率。对于外交工作而言，一个虽有缺陷但及时的决策，比一个正确但迟到的决策更能发挥作用。因此，为减少工作层级，宜推进机构设置的扁平化，这将有利于缩短工作流程，提高工作效率。

外交工作事关重大，需由高层领导决策，这一制度需要坚持，但对具体事务应权力下放。领导要有更多时间和精力去考虑本单位的全局性工作。

第四，建立鼓励创新的激励机制。外交创新不应只局限于政策创新，在干部任用、培养人才、海外工作方法、外交礼仪、接待制度、后勤社会化等方面都需要鼓励创新。鼓励创新的制度并非是制定奖金发放标准，而是要为创新性工作提供合法的制度保障，提供平台或渠道。

第五，进行专业化与社会化相结合的改革。利用社会智库是提高外交政策研究质量的常见方法。我国外交职能部门已日益重视对各种智库的利用，但还缺乏制度性的建设。

（原刊于2015年3月《瞭望新闻周刊》）

中国须继续加大改革开放的力度[*]

中美两极化趋势明显

《参考消息》：您是如何理解"中国世纪"这一说法的？

阎学通："中国世纪"一词，沿袭了历史上的"英国世纪""美国世纪"的说法。所谓19世纪是"英国世纪"和20世纪是"美国世纪"的说法，是以这两个国家曾经在一极格局中处于主导地位而言的。21世纪刚过去15年，虽然不能排除中国在未来85年里有成为一极格局主导国的可能性，但这个预测显然没有现实根据。我在2013年出版的《历史的惯性》中预测中国将于2023年成为超级大国，但美国仍是实力强于中国的超级大国。美国很可能将其超级大国地位维持到2040年。只要美国保持着超级大国的地位，就不会形成中国主导的一极

---

[*] 本文为《参考消息》记者邓媛对阎学通教授的访谈。

格局。

《参考消息》：斯蒂格利茨以购买力平价法推断 2015 年进入"中国世纪"是不准确的吗？

阎学通：我以为，以经济实力为标准将 2015 年说成是"中国世纪元年"是不科学的。美国 GDP 在第一次世界大战前就超过了英国，但并没有成为"美国世纪"的元年，真正的"美国世纪"开始于苏联解体之后。经济实力只是综合国力的一个要素。日本的 GDP 在 20 世纪 80 年代末就超过了苏联，但仍成为不了超级大国。

《参考消息》：所以您认为，在 21 世纪，中美两极化是大势所趋。

阎学通：21 世纪结束还有 85 年，我无法预测未来 85 年的国际政治趋势。我认为，今后 20 年内都是中美两极化的趋势，即在中美两国综合国力差距缩小的同时，双方都在拉大与其他大国的实力差距。

国力取决于开放程度

《参考消息》：您认为中国经济能否继续高速增长？

阎学通：中国经济增长速度近年来有所放缓，但由于中国经济规模已是世界第二，因此增长速度和美国之外的国家一样快，就能拉大与它们的差距。2014年中国GDP相当于美国的60%多，中国经济增长速度只要比美国大一倍，就能缩小与美国的差距。

中国保持经济增长速度比美国大一倍并不难，因为中国是混合经济，政府可不断向民企开放国企垄断领域，经济就能快速增长。只要政府坚持对外企和民企开放的政治原则，中国经济在未来10年很可能保持年均7%以上的增长。同理，我国国际政治影响力的增长速度在很大程度上也取决于能否进一步对外开放。印度的发展速度之所以赶不上中国，其原因就是对外开放的程度和速度都远远小于中国。

《参考消息》：您在《历史的惯性》一书中写到一个公式：国家综合国力＝政治实力×（经济实力＋军事实力＋文化实力）。

阎学通：是的。2013年以来，我国综合实力中的政治实力增长最快。虽然反腐败、减少两极分化、加强国防建设等可能会使经济增长速度下降，但由于政治实力增强，根据综合实力公式，我国综合国力增速还是加快的。这表现为，政治实力的快速增长带动了军事实力和文化实力的快速增长。为什么国际舆论频繁提到"中国世纪"？这也是外界对中国综合实力快速增长的认知。

《参考消息》：与美国的综合国力相比，中国还需要在哪些方面努力？

阎学通：为了实现民族复兴，中国需要在方方面面进行努力。如果将各种努力抽象为一个原则，我以为就是加大改革开放力度。

改革就是各领域都要改进工作，革除弊端。之所以外界认为中国今后发展势头强劲，是因为国际社会对中国本届政府的改革能力普遍看好。开放就是学习先进的经验并用于民族复兴事业。开放的基础是自信。自信就是相信党和人民有识别能力、纠偏能力、学习能力和创新能力。苏联解体和"颜色革命"不是对外开放的结果，而恰恰是长期封闭的结果。这如同一个长期在室外生活的孩子不易得病，而长期在温室内的孩子一到室外就容易生病。可以有绝对把握地说，在全球化时代，不加大对外开放力度，就不可能形成"中国世纪"。

美对华政策基本稳定

《参考消息》：不论"中国世纪"是否到来，今后中美实力差距逐渐缩小是不争的事实。美国将会如何面对中国崛起？

阎学通：美国对华政策自克林顿第二任期以来，只有程度变化，没有性质调整，即经济上合作，安全上防范。在今年（2015年）2月发表的《国家安全战略》报告的前言中，奥巴马明确地讲："我们与中国的合作范围前所未有，我们同时对中国的军事现代化保持警觉，并拒绝通过恐吓解决领土争端。"奥巴马亚太再平衡战略不过是加强军事防范的一面。下一任美国领导人无论是共和党还是民主党都很可能继续这一政策。美国目前还下不了决心用战争方式阻止中国崛起，随着中美军事实力差距的缩小，美国下决心的难度会更大。这是有利方面。然而，美国强化亚太军事同盟的政策对中国崛起不利。因此，在大国战略关系方面，中国处于不利地位的状态将会长期持续。

中国现在推进"一带一路"建设，其中的铁路建设是重要内容。在铁路建设中，安全保障问题是一个突出的现实问题。怎么保障铁路沿线安全？在没有同盟条约的条件下，沿线国家不但不会同意中国去保障铁路沿线安全，而且自己是否愿意投入资源也是问题。所以，从现实发展需要来看，发展和周边国家的安全合作应当是我们周边外交工作的重中之重。

（原刊于2015年3月《参考消息》）

政治领导力高低决定中国崛起成败*

国际关系的本质是权力关系

《国际先驱导报》：为什么您认为，崛起国的成功不在于其经济实力的增强，而在于其政治领导力强于现行世界主导国？

阎学通：我想先谈一下研究的背景。苏联解体后，在中国出现了"综合实力"的概念，并认为综合实力是以经济实力为基础的。直到今天，这个观点仍是主流。人们对国家地位和国际事件，都从物质力量和物质利益角度去理解，特别是从经济力量和经济利益的角度去理解。然而，这样的认识解释不了今天国际社会的许多现象，所以需要创造新理论去解释原因。

比如，人们认为物质力量是决定性的。那么为什么反恐战

---

* 本文为《国际先驱导报》记者邓媛对阎学通教授的访谈。

争中，北约以强大的军事力量在阿富汗、伊拉克或叙利亚都无法全面赢得战争呢？物质力量为什么没有起到决定性作用？美国的物质力量比中国强大得多，为什么两国实力差距在缩小？此外，中国外交面临一个特别现实的问题。人们一直认为经济是决定性的，采取以经促政策略：通过发展两国经济关系来促进政治合作。结果是与中国经济合作最多的美日却是和中国政治关系极不好的国家；而一些发展中国家如南非、俄罗斯与中国经济合作不多却政治关系不错。

如果物质力量的大小不能解释眼前的国际关系现象，就应到物质力量之外寻找能解释的因素。

中国哲学思想中有二元论，认为物质和精神可以对立，而不必然统一。我认为，人与人的关系不仅有物质关系和精神关系，也不只有经济关系和政治关系，而是多种性质的。事务的不同性质决定哪种关系具有主导地位。比如雇主和雇员是经济关系；政府和百姓是统治和被统治的关系；教授和学生是教育和被教育的关系……不同领域里的核心关系的性质是不同的。用"物质决定论"或"经济决定论"来解释所有社会关系不符合客观世界。

《国际先驱导报》：道义现实主义是从什么角度分析国际关系的呢？

阎学通：道义现实主义认为国际关系的本质是权力关系，所以从权力关系的政治角度去理解。道义现实主义理论认为，权力是国家利益的最主要部分,例如主权,因此它是国家外交政策要实现的目标。国家利益的内容可分为政治、安全、经济和文化四类,这四类利益都会涉及权力。

如何实现国家利益?道义现实主义理论认为,实力既是界定国家利益的基础,也是实现国家利益的工具。实力是指一个国家所拥有的物质和非物质力量,其构成要素可分为政治、文化、军事和经济四类。其中政治是操作性实力,后三者是资源性实力。政治实力是其他实力要素能否发挥作用的基础。道义现实主义强调,国家政治领导力的差别决定一国综合实力能否持续增长及其增长的快慢。

政治领导能力的核心是改革能力

《国际先驱导报》:那么"道义"与"政治领导"之间的关系又是怎样的?

阎学通:政治领导类型与道义相关,而道义所发挥的作用又是以实力为基础的。

受荀子政治思想的影响,在国际体系层面,道义现实主义理论将"道义"作为划分政治领导类型的标准,把体系主导者的类型分为"王、霸、强"三类。

在决策者个人层面,结合对政治领导的现代认识,将政治领导划分为无为、守成、进取和争斗四种类型。

《国际先驱导报》：我们有时会把某个国家某位领导人称为"政治强人"，但这个国家可能发展的速度并不快。道义现实主义理论如何解释这种现象？

阎学通：道义现实主义认为，政治领导的道义在国内社会体现为二：一是要给国家制定一个正确的方向；二是制定方向后，推动政府制定策略去实施。有正确方向没能力实行和有错误方向没有能力实行的结果是一样的，都一事无成。如果有能力又有正确方向，将是一个好结果；如果有能力方向却错误，就会得到一个坏结果。

政治领导提供正确的方向并有能力推进，可归纳为改革能力。改革是褒义词，是指向正确方向前进，倒退的变化不是改革。"文革"结束后，中国的改革速度比其他大国都要快，包括本届政府。比如执行了几十年的独生子女政策终结了，户口制度要弱化了，文艺兵要取消了，军队搞军种主建、战区主战了。改革能力是政治领导能力的核心。

因此，评判政治领导的道义水平的操作化标准可看两点，一看有无出台利民政策？二看新政策出台后需要多长时间落实？

《国际先驱导报》：按照道义现实主义的分类，中国的政治领导应该属于进取型，目标是建立一个王权国家？

阎学通：中国政府是属于进取型的。进取型领导在国际上重视国际战略信誉并努力建立公平正义的国际规范，在国内则主动进行社会改革，以建立民富国强的公平正义社会。中国只有在公平、正义、文明、富强四个方面都超越了美国，才能成为一个王权国家。现代的王权国家应是一个在平等、民主、自由方面比美国做得更好的国家。道义现实主义认为，公平、正义、文明是高于平等、民主、自由的普世价值观的，前者并不排斥后者，而是包括了后者。中国传统政治思想中的"仁、义、礼"是建立这种价值观的文化基础。

进取型的政府有一个特点就是经常防范好大喜功。唐太宗政府创造了贞观之治，被认为是中国古代典型的进取型政府。根据《贞观政要》记载，贞观元年至贞观十八年，唐太宗44次承认决策中的不当，其中25次做了政策调整。

要培育中国的国际权威

《国际先驱导报》：根据道义现实主义理论，在成为王权国家之前，中国如何在国际格局中争取和自身实力地位相匹配的权利？

阎学通：我认为有两件事要做。第一，中国得承担和世界第二实力地位相应的国际责任。中国已经提出要为世界提供更多公共产品；第二，中国提供的国际责任中应包括国际安全责任。在国际社会这个无政府体系中，中小国家的最大需求或核心利益就是国家安全。如果我们对他们的这一核心利益关照不够，就不可能得到多数国家支持。

但是，做这两件事时需要防止中国承担的国际责任超越中国的国力。

此外，在寻求增加国际权力的时候，要关注我国的权威。我们不仅要争取不断上升的国际权力，更要培育中国的国际权威。

权力建立在实力基础上，主要在军事实力基础上，是靠强制力进行领导的力量。权威则建立在成功和道德行为基础上。中国在提高实力的同时要更关注权威的提升，即怎么让国际社会自愿地接受中国的领导。做到这一点才能与美国不同。道义现实主义中的"道义"指的是权威，不是权力，提倡权威型领导，而不是权力型领导。"权威"是指靠他人的信任进行领导的力量。如医生对患者的治疗指导就是一个典型例子。人们自愿接受医生的建议，是建立在信任医生医学知识的基础上。一个医生治好的病人多，即成功得多，那么来找他看病的就多。

鉴于权威建立在不断成功的基础上。中国要提升国际权威，第一是做好自己的事，国内的各项改革要成功，社会的发展要成功。国内成功了，别人就会认为中国做的是对的，就会效仿，中国就有权威性。第二是在国际上做大家认为是成功和正义的事。这样才能建立起国际权威。也就是说，在国际上不仅要成功，还得是正义性的成功。

应当减少经援,加大军援

《国际先驱导报》:中国如何承担与自己实力地位相应的国际责任?

阎学通:一国能力可以承担什么样的国际责任,是相对客观的。例如,联合国规定,发达国家对发展中国家援助应为其国民生产总值的0.7%。绝大多数发达国家都没达到这个标准。即使按这个标准,在中国GDP为10万亿美元的情况下,年度承诺的援助额度应不超如过700亿美元。政府明确定位我国是发展中国家,因此援助应远低于700亿美元。

2015年我国外汇储备为3.5万亿美元,我认为对外援助为外汇储备的1%比较合理,也就是350亿美元。中国对外援助占GDP的比重超过发达国家,经济上超越了实力基础,政治上会加剧国际社会对我国发展中国家定位的质疑。

《国际先驱导报》:您是主张现在责任别揽太多、往回收一点?

阎学通:我主张,国家对外承担的国际责任要和自己的国际实力地位一致。如果每个领域我们的实力都不如美国,那我们在任何一个领域承担的责任都不应当超过美国。

《国际先驱导报》:在这个基础上怎么发挥正义?

阎学通:不援助是一种没有国际道义的行为,无节制的援助是缺乏国家责任的行为。中国对外应该提供合理的、适当的援助。

比如应当减少经济援助，增加军事援助。对中小国家来说，无力自行解决外部安全威胁问题。安全是它们的核心利益。中国应该在它们的核心利益上给予帮助。经济发展是财富多少的问题，能否发展不是别人帮助能解决的。世界上有个现象，接受援助越多和时间越长，国家就越不发展。所以中国应减少经援，加大军援。

《国际先驱导报》：加大军事援助，那么中美之间的结构性矛盾会不会更明显了？"修昔底德陷阱"中的预言更易到来？

阎学通：中美之间有没有"修昔底德陷阱"不取决于中国是否提供军援，而取决于中美之间是否发生战争。在当前核武器条约下，中美之间发生直接战争可能性很小。我不认为中美之间存在"修昔底德陷阱"，发生擦枪走火也难引发双边直接战争。擦枪走火会引发战争是人们的假设，现实是土耳其打下俄罗斯的战机双方都没发生战争。世界上以擦枪走火为名发动战争的事件很多。比如日本说"七七事变"是擦枪走火，但谁都知道，侵华战争是日本蓄意发动的战争。我不认为需要防止中美陷入"修昔底德陷阱"。

中美结构性矛盾是指两国之间不可避免的战略竞争，这与"修昔底德陷阱"不同，我不认为中美之间存在"修昔底德陷阱"，因为"修昔底德陷阱"是指两国之间发生直接战争。中美间的结构性矛盾是不可能消除的，但中美间发生直接战争的可能性却不大。

《国际先驱导报》：您对过去一年的南海局势紧张怎么看？

阎学通：到目前为止，中美没有在南海发生战争的危险。我认为，今后发生大规模海战的可能性也很低。

南海局势紧张是符合规律的，反映了中美结构性矛盾的深化。在南海，美国的做法是提前一个月告之，然后派军舰靠近中国南沙岛屿12海里，政治意义大于军事意义。

中国外交应从回避冲突转向直面冲突

《国际先驱导报》：道义现实主义理论给当前的中国对外战略哪些建议？

阎学通：中国对外战略已经实现向奋发有为的转变。奋发有为是根据自身实力发挥主观能动性。在量力而为的基础上，中国需要明确以下基本原则。

第一，外交应从回避冲突转向直面冲突，即冲突来了要利用冲突。中国越接近实现民族复兴的成功，所面临的外部困难就越大，因此中国只有克服困难才能实现最终崛起，回避矛盾是无法实现民族复兴的。利用好冲突才能有效扩大国家利益。

第二，从维护"战略机遇期"转向创造战略机遇。能把困难环境转化为有利条件的国家才会有机遇。民族复兴的机遇只能靠中国政府自己创造。

第三，应从融入国际体系转向塑造国际环境。随着中国实力地位的提高，中国与其他大国的结构性矛盾也将深化，因此需要不断地塑造有利于民族复兴的外部环境。

第四，应从坚持不结盟转向建设周边命运共同体。民族复兴需要扩大国际友好关系，特别是周边国家的支持。

第五，应从坚持平等互利转向推行公平正义。孟子说"以大事小以仁"。

未来十年中国将成为一个超级大国，要广泛建立友好关系，就不能与中小国家计较物质利益，这是王道战略的基本原则。不计较物质利益不等于大规模援助，而是说在经济合作中双方都受益的条件下，可让对方的成本收益比例高一点。

《国际先驱导报》：您一直强调减少经援、加大军援，其实您还是主张结盟的。

阎学通：是的。进取型领导倾向于实施睦邻结盟战略。进取型领导依据国力增长的程度寻求增加本国的国际权力，这将导致崛起国与主导国的结构性矛盾加剧。主导国对崛起国的防范也将增强。由于崛起国在其影响力扩展的过程中必然是从周边国家向外部延伸，因此为了突破主导国的防范，进取型领导倾向于采取与周边国家结盟从而获得国际支持的策略。

《国际先驱导报》：会不会我们认为自己是进取型的，而别的国家认为我们是争斗型？

阎学通：国际社会就是双重标准，维护本国利益叫爱国，他国维护其利益叫民族主义。我以为最重要是我们自己如何判断自己。结盟不是军事扩张，结盟是进取行为，因为结盟的基础是共同安全利益，结盟的可靠性也取决于共同利益的大小。我国结盟当然有与美国竞争的原因，但和美国竞争也包括和美国的盟友结盟，巴基斯坦也是美国盟友，我们还是与其建立了全天候战略合作伙伴关系，这是我国唯一的全天候伙伴。

不过因为"结盟"二字已经被贴上了"冷战思维"的标签，因此很多结盟的国家都采取口头否定结盟、实际加强同盟的策略。比如普京一方面对媒体讲"同盟体系"已经过时，一方面却努力巩固以俄罗斯为首的集体安全组织，甚至提出与法国建立打击IS的军事同盟。中国应加快与周边国家的"命运共同体"建设，即以军事合作为核心的全面战略合作。为防止"命运共同体"因泛化而失去战略意义，命运共同体的建设应限定于有军事合作的国家之间。

（原刊于2016年1月《国际先驱导报》）

安全关系是最牢固的双边关系基础[*]

2014年5月亚信峰会上,习近平首次正式提出"亚洲新安全观";8月19日,习近平与乌兹别克斯坦总统卡里莫夫会谈时,首次用"安危与共"描述中国与别国关系。过去几年中,中国的地缘政治环境发生了变化,尤其在南海和东海面临紧张关系。与此同时,中国也在积极调整周边外交,继续以加强经济合作的策略应对局势变化。经济区域化这一在中国外交中占重要位置的方略能否撬动安全关系的改变,中国应该如何寻找与周边合作的支点,本刊专访清华大学当代国际关系研究院院长、世界和平论坛秘书长阎学通。

---

[*] 本文为《南风窗》记者张墨宁对阎学通教授的访谈。

大国外交调整滞后

《南风窗》：从 2009 年开始，中国的周边安全环境发生了变化。与东南亚多个国家发生了岛屿争端。梳理近五年的周边安全形势，您认为有哪些因素在主导变化？

阎学通：多数人都认为中国周边环境的变化是从 2009 年开始的，这一年南海突然出现问题了。其实，周边环境的变化表现在 2009 年，源头则是在 2008 年。北京奥运会之后，中国面临一个新的现象，就是所谓"中国责任论"。中国举办的奥运会不仅发展中国家办不起，发达国家也办不起，"中国责任论"产生的背景就是全世界都认为中国很有实力。

与东南亚国家关系的变化为什么表现于 2009 年呢？因为按照《中国—东盟全面经济合作框架协议》，2010 年 1 月 1 日，中国—东盟自由贸易区应正式建立。也就是说，从这一天开始，东盟国家也要实行零关税，这让他们非常担心，如果实行零关税，大量的中国商品涌入将挤垮他们本国的企业。而在这种情况下，中国仍然认为自己是发展中国家，跟其他国家没有那么大的实力差距，并不认为自己是一个大国、强国。与此同时，认为中国是超级大国的国际舆论渐起，尤其是 2010 年按汇率计算的 GDP 总额超过日本之后。但是中国并没有及时把外交政策调整为大国外交，直到 2013 年才做出了调整，王毅当年 6 月在第二届世界和平论坛上提出了"中国特色的大国外交"。

在原来的外交政策主导下，面临与东盟条约到期的情况，中国并没有以大国姿态表示延期，继续实行中国单方面的零关税的政策。这个时候，岛屿问题发生了。我认为有的东南亚国家利用岛屿问题和中国发生摩擦，其目的就是希望中国以大国对小国的姿态做出一些让步。次年发生了"詹其雄事件"，2010年10月，日本非法扣押中国船长詹其雄。这说明日本的心态也发生了重大变化。中国的GDP总额超过了日本，日本开始以弱国心态对待中国，而中国没有以大国心态对待日本。所以我认为，东亚地区发生摩擦的背景和原因就是，这一地区的国家对中国的定位发生了变化，而中国的外交战略没有及时调整。

《南风窗》：相对而言，中亚、南亚两个区域并没有出现特别不稳定的因素。中国在这三个方向上的地缘政治受哪些力量左右？

阎学通：现在东亚问题很多，南亚相对平静，中亚非常安定。三个方向有差别反映出中国与这三个地区国家的关系不同。中亚方向最为安定，是因为中国与这一地区是以安全合作为主轴的外交关系，上合组织主要是一个安全组织，建立之初是为了解决边界问题，后来又对付恐怖主义、分离主义和宗教极端主义，应对西方国家的战略压力。从一开始，中国和这些国家之间的基础就是国际关系中最扎实的安全关系。而中国和东亚的基础是国际关系中最弱、最不牢固的经济关系，跟日本的关系就是建立在经济关系之上。对国家来说，经济关系是最弱、最没有支撑力的一个支柱。

南亚地区，恰巧处在两者之间。中国跟南亚的贸易量很小，跟南亚的安全关系也不像和中亚国家那样积极安全合作，中国与印度之间本身就有安全矛盾，所以是预防性的或消极的安全合作。南亚的状况是处于不稳定的东亚和稳定的中亚之间。中国与这三个地区的合作基础没有发生变化的情况下，基本状态是不会改变的。

《南风窗》：西向稳定对中国的战略价值体现在什么地方，未来的外交策略中，应该注意哪些问题？

阎学通：中国现在应对东亚的各种压力是以西面稳定为基础的，如果没有这个后盾，没有俄罗斯和中亚国家的支持，中国将面临腹背受敌的麻烦。但也有一个问题，就是如何处理丝绸之路经济带和上合组织两者的关系。处理不好，丝绸之路经济带有可能伤害上合组织，或者上合组织阻碍丝绸之路经济带。目前，丝绸之路经济带的建设不是以上合组织为基础的，参加丝绸之路经济带合作的成员超越了上合组织成员。如果不是所有上合组织的成员都参加，矛盾就会更加凸显出来。比如，一开始，丝绸之路经济带不包括俄罗斯，俄罗斯马上就采取反对立场，习近平主席出席索契冬奥会时表示欢迎俄罗斯参加，俄罗斯才改变了立场。所以，加强合作并不必然是利大于弊，如果一个合作伤害了另一个合作，就有可能是弊大于利。到目前为止，上合组织的重要性仍然远远超过丝绸之路经济带。丝绸之路经济带的建设如果不能巩固上合组织，这个策略就会发生问题。

东海和南海问题区别对待

《南风窗》：东北亚和东南亚的安全形势有什么根本不同？中国是不是应该分层次开展外交政策和解决手段？

阎学通：南海问题我认为相对来讲不是那么难解决，比较难解决的是日本问题。东海和南海问题有性质上的区别。中国和南海国家之间的利益冲突在于经济利益的分配，但跟日本是结构性的战略矛盾，分歧的本质是东亚地区大国主导地位的问题。2013 年，李克强总理提出了打造中国—东盟自贸区升级版后，南海问题就不那么紧张了。自贸区升级版的实质就是经济上继续给东盟国家优惠，让东盟国家在经济上得到好处。所以说，中国跟南海国家没有战略上的矛盾，顶多是领土主权分歧以及相关的经济利益的分配。日本则不同，它不接受中国成为东亚第一大经济体，中国成为东亚经济的领头羊。日本想维护其在东亚经济中头雁的地位。当它无力维持时，就是从政治上牵制中国，减缓中国拉开与日本综合国力差距的速度，所以中日之间就形成了地区结构性矛盾。中国对日本和南海国家的政策应该不同。

《南风窗》：菲律宾和越南在南海问题上不仅引入了区域外势力，还借助国际司法机构，这时候，中国的经济手段能奏效吗？

阎学通：菲律宾和越南问题还是有区别的。菲律宾很大程度上是其领导人个人的问题。在阿基诺三世之前，中菲关系没有问题，没有很大的利益分歧。阿基诺三世出于个人利益的需求，采取对抗中国的政策。他本来想靠进一步挑衅的方法，让中国给他更大的经济好处。2011年，中国给了他70亿美元的贸易订单，他还不满足，仍然闹事。中国就觉得他有点贪得无厌，没同意他新的要求。我认为，阿基诺三世的继任者即使有私利，也不会是这样的私利，不需要通过跟中国对抗来维护自身的需求。阿基诺三世之后，中菲关系将是较为容易改善的。菲律宾马尼拉市长埃斯特拉达如果竞选上台，对于中菲关系改善将是一个契机。他非常想改善中菲关系，也带头向阿基诺三世施压，要求就人质事件向香港道歉。

中国跟越南的领土争端已经存在了很多年。越南的下一届政府，估计也不会有太大的政策调整。对越南，中国不能靠等待政权变更的方法改善双边关系，得通过加大与东盟的多边区域化合作，使越南看到，不参加区域合作，它将落后于其他国家的发展，在这一地区走向孤立。使越南意识到这一点，可促使它主动调整对华政策。还有一点要注意的是，与安倍积极推动地区多边联盟对抗中国的策略不同，越南不参加多边对抗，只搞双边对抗。这说明它还想给自己留出和中国改善关系的余地。

《南风窗》：日本解禁集体自卫权，将给东北亚的安全增加很多变数，中国应该如何看待？

阎学通：从解禁集体自卫权就可以看出，安倍政府的对华政策是不考虑经济利益的。他要的是维护日本的大国地位。安倍意识到，仅靠日本经济实力，无法维护大国地位，它跟中国的总体经济差距只会越来越大。所以，安倍才在政治上到处搞意识形态同盟。这个同盟对日本来讲，没有什么经济利益可图。他要的是联合一些国家，巩固日本的国际地位。安倍政府的定位就是要追求政治大国的地位，所谓的"正常国家"。当日本经济增长乏力的时候，安倍只能靠非经济的方法加强和巩固地位，于是就采取了跟中国对抗的政策。

实际上，跟中国对抗的策略在很大程度上提高了日本的国际地位。安倍其实非常担心中日关系改善。他认为，中日关系改善的话，日本的国际地位就下降了。所以，他需要对抗。包括之前的韩国慰安妇问题，日本拒绝道歉赔偿，这说明安倍需要和周边国家关系紧张，以有利于他恢复集体自卫权和修改宪法。

因此，在安倍执政的情况下，任何想在政治上和日本改善关系的政策都是没有意义的。我认为当前比较有意义的是官民分离，就是政治上继续孤立安倍政府，经济、社会上反而要加大两国之间的往来，为安倍之后改善中日关系创造条件。

《南风窗》：在日本解禁集体自卫权的问题上，美国的态度也在发生变化。去年（2013年），安倍访美的首脑会谈上，美国避谈这个问题，现在又表示支持。在美国的亚太同盟体系中，是不是想把日本推到最前面？

阎学通：我不觉得美国有一个具体计划，而是日本恰好这时候跟中国矛盾严重，美国就把日本推到了前面。这不是设计好的方案。包括中国和南海国家的摩擦，也不是美国挑唆才引发的，美国只是利用了矛盾，这一点得明确。美国消失了，我们与日本和越南的矛盾不会因此也消失。

美国国内对日本政策的分歧实际上从第二次世界大战结束之后就有。在亚洲地区，对美国最大的威胁是中国还是日本，在欧洲最大的威胁是德国还是俄罗斯，在南美是巴西还是阿根廷，在非洲是埃及还是尼日利亚。美国总是做这样一个区分。不仅仅从区域，还从全球性角度来判断谁会对美国构成最大的威胁。

当苏联成为美国的全球性威胁时，美国就认为中国对美国的战略意义上升了。冷战结束后，美国认为中国的实力还形不成对美国的真正挑战。但是，2008年之后，美国的认识发生了变化，开始争论中国是否对美国构成战略上的威胁。这几年，在美国有关美国相对衰落的讨论越来越多。今年，这种认识影响更大了。奥巴马最近跟弗里德曼对话时说，超级大国应考虑在世界上做些什么，而中国不这样做，中国搭便车。媒体主要关心的是奥巴马说中国已经搭便车 30 年，而我认为更重要的信息是奥巴马从内心认为中国已经是超级大国了。当美国的战略家和多数人都认为中国已经是超级大国，他们在东亚把谁当作主要的防范对象的问题上，还会有分歧吗？怎么借重日本来对抗中国还有分歧吗？只能是程度上的分歧，让日本在什么程度上牵制中国。因此，我认为正是美国对中国成为超级大国不可避免的共识，使得美国决定放手让日本全方位协助其防范中国。

东亚多边安全的困境

《南风窗》：从日本扣船事件开始，中国的外交方式似乎出现了变化，表态上更为强硬，外交方式发生了哪些变化？

阎学通：中国现在的外交跟过去相比，我认为最大的不同是从适应到主动，以前是适应环境，现在是塑造环境。中国对钓鱼岛巡航、设立东海防空识别区、建立三沙市，都是主动塑造环境。很难说每一步都非常成功，但对大局和主动权的把握是比较好的。

《南风窗》：最近几年中国外交还有一个变化就是发现多边外交面临困境，是不是需要做出调整？比如中国与东盟的关系中，可以按战略支点重点对待。

阎学通：1996 年之前，中国外交是双边为主，多边为辅。这之后，开始以多边为主，提出多边搭台，双边唱戏。认为多边是外交的主要基础。现在发现，多边手段不太有效，还得依靠双边外交。道理就在于，多边安全合作是极其困难的，相对来讲，双边安全合作关系容易建立。当安全利益成了主要利益时，双边外交就来得很有效。尤其是在东亚地区，美国在这一地区都搞不起多边安全合作，一直以来想建一个亚洲的北约未果。这一地区的政治特殊性决定了，要想发展安全合作关系，就得从双边入手。多边入手发展经济是可以的，但安全的多边合作很难。到目前为止，东亚没有很成功的多边安全合作机制，无论六方会谈还是东盟地区论坛，都不行。东亚地区开展外交关系的改善要从安全入手，而安全合作就要从双边入手。

《南风窗》："西进"和"东出"这两个方向在战略上的意义有何不同？

阎学通："西进"问题有过争论，总的来讲存在比较大的问题。这一战略是向西拓展中国的势力范围，还是加强与中国西面国家的经济合作？如果从经济角度讲，中亚地区经济规模小且人口少，中国与这地区的经济合作的收益将是有限的。如果从政治角度讲，那就有危险。这一地区是俄罗斯的传统势力范围，中国很可能面临与俄罗斯发生战略冲突。和我们唯一一个可依靠的大国进行战略争夺，是不明智的。因此，无论从经济利益角度考虑还是政治上可能导致的后果考虑，这个战略都不可取。

如果再往远一点发展，不满足于停留在中亚，要进入中东，那就更危险了。阿富汗是超级大国的墓场，中东是超级大国的沼泽地。美国、英国、苏联，没有一个超级大国能在这一区域立住脚的。所以，"西进"是需要非常慎重考虑的策略。所谓"东出"，不是要不要出，而是出得去和出不去的问题，中国只有走向海洋，才能实现民族复兴。

《南风窗》：最近（2014年），习近平主席与乌兹别克斯坦总统会谈时，首次以"安危与共"为中外关系定调，传统安全在国家关系中的重要程度上升了吗？

阎学通：我认为是中国面临的安全问题紧迫性上升了。作为一个崛起的大国，中国海外利益拓展的速度越来越快，保护自己的能力跟不上了。这个时候发现，处处都是威胁，不得不把安全威胁放到首要的安全利益位置上来考虑，所以更加强调安全关系。去年中国已经是世界最大的贸易国了，今年可能成为第一大进口国。对外经济关系不用努力去拓展都在快速增长。我认为强调安全关系是回归正常的表现，国家之间的安全合作是双边关系最牢固的基础。

（原刊于《南风窗》2014年第19期）

大国外交得区分敌友

2013年我国开始了"大国外交"的转变。之前，我国外交中的"大国"是指美国、日本、俄罗斯、德国、法国、英国、印度、巴西这些外交对象国，如今"大国"是指中国自己。外交地位的转变使我国外交理念面临一个新挑战，即外交是否需要区分敌友。

从不结盟走向不区分敌友

在1982年中国共产党第十二次全国代表大会报告中提出"中国绝不依附于任何大国或国家集团"的"不结盟"原则之前，我国的外交理念是明确区分敌友的。在20世纪50年代，根据与我国社会制度的异同程度将国家分为"帝国主义国家""资本主义国家""民族主义国家"和"社会主义国家"。在60年代和70年代，调整为根据与我国国际地位的异同程度划分为第一世界（超级大国）、第二世界（超级大国之外的发达国家）和第三世界（发展中国家）。这两种划分国家类别的标准虽然不同，但都体现了当时区分敌友的政治外交理念。

在不结盟原则的指导下，党的十二大报告提出"和平共处五项原则，适用于我们同包括社会主义国家在内的一切国家的关系"。从此，我国外交开始淡化敌友的理念，外交服务于经济建设的任务使发展中国家的排序后移。党的十二大报告中的外交对象国排序为日本、美国、苏联、第三世界。1987年的党的十三大报告中取消了外交对象国的排序，提出了"同世界各国发展友好合作关系"。不区分敌友的做法体现了开展经济合作的外交理念。

1989年的政治风波发生后，以美国为首的西方国家对中国实施全面制裁，但广大发展中国家与西方国家立场不同。面对这种现实，1992年党的十四大报告的外交工作任务中恢复了国家分类，但这次只分了两类，即第三世界（发展中国家）和"所有国家"（意为"非发展中国家"）。这种国家分类是想在明确外交重点和不区分敌友之间建立一种平衡。1997年的党的十五大报告中找到了不区分敌友和明确外交重点的一个国家分类排序方法，即周边国家，第三世界（发展中国家）和发达国家。这三类国家的划分方法延续至今，但2002年的党的十六大报告将三类国家排序调整为发达国家、周边国家和发展中国家。这种国家分类排序于2006年被归纳为，"大国是首要，周边是关键,发展中国家是基础"。它的优点是使各类国家看上去同等重要,增强了外交原则的灵活性,即以哪类国家为外交主要对象都合理。有人认为这种国家分类排序是符合全球化时代的,说全球化时代外交无敌友,区分敌友的外交是"冷战思维"。

然而,这种国家分类排序也有弊端。当原则的灵活性很强时,原则的指导作用就弱化了。比如,在东南亚,柬埔寨和菲律宾同为我周边的发展中国家,但前者可作为我外交基础而后者则是我外交麻烦。俄罗斯和日本是同类国家,我对俄需要加强全面战略合作,对日则只能进行政治孤立。"首要""关键"和"基础"三个词并列,无法明确外交工作重点对象国是哪类。美国仅属于大国但不属于周边国家,日本则两者都是。日本既"首要"又"关键",理论上应比美国还重要,但这显然不符合实际情况。

大国利益得靠区分敌友的外交来实现

未来十年,中国的综合国力比除美国之外的所有国家都大,且差距越来越大。中国将不得不通过承担更多国际责任,通过提供公共物品来维护国际秩序,从而最大限度地维护自身利益。承担国际责任,提出中国方案,贡献中国智慧和提供更多公共产品都面临着不区分敌友则方向不明的困难。只有明确了承担谁的责任、有利于谁的方案、有助于谁的智慧、谁能多享受的公共产品这些问题，才能决策做什么。任何大国在塑造国际秩序时都是承担保护友邦而非敌国的责任，提出有利于合作者而非竞争对手的方案，为遵守规则而非破坏规则的国家提供公共产品。

具体而言，不区分敌友我们将难以执行"亲、诚、惠、容"的外交原则。例如，在当前情况下，政治上，我们可以亲近俄罗斯和柬埔寨，但不能亲近日本的安倍政府和菲律宾的阿基诺三世政府，否则将会怂恿他们采取更加反华的政策。外交上，我们只能对有正式外交关系的国家讲诚信，对那些不承认我国主权，支持台湾分离主义的国家，不存在是否讲诚信的问题。经济上，我国可以主动惠及落后的发展中国家而不能惠及发达的美国。在国际政治中弱者主动惠及强者的做法不符合道义，是弱者对强者的谄媚。

为了塑造有利于民族复兴的国际环境，我国对外政策似可考虑依据利益关系划分国家类别，为制定具体外交政策提供明确的政治方向。如果我国将世界各国分为"友好""合作""普通"和"冲突"四类国家，对于综合实力弱于我国的国家，无论国家大小，我国对友好国家一律采取仁义相助的政策，对合作国家采取适当照顾的政策，对普通国家采取平等互利的政策，对冲突国家采取针锋相对的政策。

美国是唯一比我国实力强大的国家，因此可考虑将美国单列为一类，定为"新型大国关系国家"。新型大国关系的性质是崛起国与主导国和平竞争的关系，且实力对比是美强我弱，因此我对美政策应是对等互利。从严格意义上讲，在实力不等的条件下，对等互利本身已经是有利于强者，因此对美采取对等互利政策已经体现了我国外交政策的包容性。

自鸦片战争以来，我国积累了丰富的以弱制强的外交经验，但以强对弱的现代外交经验则较少。例如，不结盟就是两极格局下的一种弱对强外交战略。历史上小国不结盟常见，但帝国和超级大国不结盟的现象鲜见。外交采取区分敌友还是不分敌友的理念，是我国大国外交面临的新课题。

（本文发表于《环球时报》2014年8月25日第14版）

用"周边命运共同体"突破安全困境

道义现实主义认为,"修昔底德陷阱论"已经是一个过时经验。为什么这么说?"修昔底德陷阱"的说法源自古希腊著名历史学家修昔底德。他在当年所著《伯罗奔尼撒战争史》这本书中讲道,当一方实力强大,另一方感受到威胁时,就会增加军事实力,继而形成军备竞赛,之后因为对实力差距缩小的恐惧而引发战争。在国际关系理论中,"修昔底德陷阱"其实相当于"安全困境"。

"安全困境"存在于今天中美关系的"结构性矛盾"中。在中美之间,美国坚持一极格局,中国要推动多极格局,中美所要追求的国际格局的结构相互对立。但是,中美之间有结构性矛盾、有零和博弈、有"安全困境",难道就意味着中美之间一定要用战争的方式来一决雌雄吗?

中美可以避免直接战争

"修昔底德陷阱"建立在2000多年前,是在古雅典与斯巴达爆发战争的基础上总结而来。

不过,从学术角度看,结构性矛盾、零和博弈、"安全困境"与带来战争灾难之间,其实并没有必然的逻辑关系。换句话说,最后解决结构性矛盾的方法不是只有战争一种,这也是我与美国国际关系学者米尔斯海默之间的分歧。他认为"修昔底德陷阱"是不可避免的,中美之间必然发生直接战争。我却认为不必然,中美可以找到别的方法来避免直接战争,解决零和博弈。

我认为矛盾能够被克服,主要有两个依据。

一是核武器的存在。核武器是终极武器,一旦爆发核战争,将摧毁人类,这使得战争的任何一方都不能有收益,而只能走向灭亡。所以,任何一方都不会发动灭亡自己的战争,这也是为什么核大国都在力避相互之间冲突升级的原因。简言之,核武器使大国变得非常谨慎,担心冲突演变为核战争。

二是全球化的发展。自由主义学者说,全球化加剧了国家之间的相互依附,导致他们为了相互依附的经济利益而不愿发动战争。但道义现实主义不认为相互依附是减少国家间战争的动因,而认为是因为有了替代市场的便利性,使得国家没有必要发动战争。

过去，国家间的相互依赖存在脆弱性和敏感性，全球化降低了国家依附关系的脆弱性。比如当中国和日本发生矛盾时，日本没有必要用武力保护它在中国的市场，而是可以把投资转向东南亚——全球化使得它可以在东南亚找到替代市场。所以在全球化时代，大国发动战争的必要性在下降，中美之间发生直接战争的可能性是没有的。但中美之间有可能发生"代理人战争"，然而"代理人战争"已经不属于"修昔底德陷阱"所指的内容了。

建立最广泛的"统一战线"

虽然中美没有发生直接战争的可能性，但最近几年，随着中国国家实力的提升，中美之间的"安全困境"越发凸显。美国及其盟国在中国周边频频制造麻烦，中国沿海方向从北到南都面临着越来越紧张的安全形势。

朝鲜第四次核试验后，中朝关系恶化；韩国决定"萨德"入韩后，中韩战略关系从合作为主转向对立为主；日本对钓鱼岛"国有化"后，中日形成全面战略对抗；台湾民进党领导人蔡英文上台后，两岸关系全面倒退；南海仲裁案结果出台后，菲律宾等国都表态要求中国遵守仲裁结果。越南据传在有争议的南沙岛屿上部署火箭炮。此外，印度决定在离瓜达尔港140

千米的伊朗恰巴哈尔港进行投资，对冲我国的中巴经济走廊战略。

由此可见，中国当前的对外安全环境不仅没呈改善趋势，反而出现恶化趋势。道义现实主义认为，由于崛起大国在不同崛起阶段所面临的主要外部困难是不同的，因此需要以不同的战略应对。目前，中国的综合国力约为美国的60%。中国GDP已比日德的总和还大，国防开支比俄英的总和还多。这种实力意味着：中国正向世界两极化中的一极发展，中国崛起向冲刺阶段接近。大国崛起有准备、发展、起飞和冲刺四个阶段。目前中国处于起飞到冲刺的过渡期。

上述情况决定，中国成为美国的主要防范对象。当崛起国还没有足够实力应对霸主国的战略压力时，扩大国际战略支持就成为最大的和最紧迫的国际战略利益。要获取比美国多的国际战略支持，就得结交比美国还多的盟国。用中国熟悉的语言讲，就是建立最广泛的统一战线。扩大国际战略支持是我国当前面临的最大安全挑战，也是我国当前最大的对外战略利益。同时，降低国际安全威胁，扩大中国在世界经济领域中的比重，增加国际规则制定权，争取科技领先地位也是我国的战略利益，但这些利益的重要性和紧迫性都无法与扩大国际战略支持相比。

建设"周边命运共同体"

要争取国际战略支持，首先必须依据国家实力制定战略目标。道义现实主义认为，不以实力界定国家利益和安全战略，其结果将损害国家利益。世界上每年交通事故导致的死亡人数在120万人以上，远远多于战争。然而，没有国家为了防止交通事故死亡而在每辆车上都安排一个交警的，因为这个策略得不偿失。这就是为什么安全战略不能以绝对安全为目标。

在这种情况下，我国安全战略需要考虑将"周边为首要"置于"大国是关键"之前，即与周边国家的安全关系要重于与美国的安全关系。我国对美战略目标要降低，"中美新型大国关系"的目标以双方不发生战争为准。

我与周边国家的安全矛盾是历史造成的，美国是在利用我国与周边国家的安全矛盾。如果我国与周边国家建立同盟，美国就无法利用这些矛盾遏制我国。美苏两极时期不结盟战略是有利于维护我国安全利益的，但目前的两极化是中美两极，不结盟则使邻国恐惧我国军事力量，扩大不了国际战略支持。

我国应坚持2014年中央外事工作会议提出来的"周边命运共同体"策略。命运是安全问题，与周边国家建立同盟性质的"命运共同体"符合我国军事实力。当我国与周边国家的战略关系都好于我国与美国的关系时，我国的战略环境就可以与美国媲美了。

在今后一段时间里，我认为，"台湾法理独立"将是我国卷入战争的最大危险，因为在统一台湾的问题上我国战略信誉较低。台湾分离主义并不认为我国有武力阻止"台独"的决心，认为"和平独立"是可能的。因此，我认为中国的安全战略和国防建设的重点还应以统一台湾为抓手。从外交上讲，与周边国家结盟可给统一台湾创造最有利的外部环境。

策略效率决定战略环境

中国日益走向世界舞台的中央，我们在国际事务中的作用日益凸显，而我们面临的战略安全环境的好与坏，很大程度上取决于我们自己的战略。道义现实主义认为，对崛起大国来说，能力与战略机遇的关系可分为四种：塑造战略机遇、利用战略机遇、丧失战略机遇和破坏战略机遇。我们的战略环境很大程度上取决于我国策略的效率。策略合理，就能塑造，至少能利用战略机遇。

由此在对外政策和策略上，需要谨防极"左"路线的干扰。极"左"的对外政策对我国外部环境的破坏是多方面的，最主要的是由此产生的"假大空"政策和做法会削弱我国的国际战略信誉。"假大空"的外交口号和承诺必然超越国力，由于无力兑现这些口号和承诺，使得我国国际战略信誉受损。而国际战略信誉受损就会降低战略威慑力和他国对我国的战略信任。

如今,中国的核力量和常规军事力量虽然与美国有很大差距,但外部入侵中国的战争危险越来越小而不是越来越大。在此条件下,我认为中国外交战略要给予提高国际战略信誉优先考虑,因为这是现阶段对于实现民族复兴大业来讲最为重要的国家利益。一个篱笆三个桩,民族复兴靠中国孤立性的强大实现不了。战略信誉提高,盟国就会增加,国际战略支持就会上升;战略信誉提高,威慑力就会上升,从而他国以武力与我国竞争的意志就会削弱。我国的国际战略支持上升了,他国的武力竞争意识下降了,我国的战略安全环境也就改善了。

(本文发表于2016年8月18日《参考消息》)

整体的"周边"比美国更重要

自2006年以来,官方、媒体和学界讲到中国外交时,普遍使用"大国是关键、周边是首要"的说法,以此描述中国对外政策重点的排序。然而,从语义上讲,人们实际上无法判断"关键"和"首要"哪个更重要。从语序上讲,由于将"周边是首要"置于"大国是关键"之后,因此其"首要"地位大打折扣。当前在中国崛起加速的情况下,中国外交应以邻国为重,还是以美国为重,正在成为一个难以继续模糊的问题。

大国崛起需要周边国家支持

是以"大国"为重还是"周边"为重的认识分歧,源于美国不是中国邻国的地缘因素。如果美国也是中国的邻国,就可顺理成章地写成"周边是首要,大国是关键"。这样"周边"就包括了美国,在周边国家中以大国为关键,于是"周边"和

"大国"的排序就合理了。然而，美国虽然不是中国的邻国，却是世界上唯一的超级大国，同时是中国崛起的最大障碍。因此，一派认为，只要搞好中美关系，减少美国的阻力，世界上就没有任何力量能够阻止中国崛起了，因此应以美国作为外交工作的"重中之重"。另一派则认为，没有周边国家的支持，中国实现不了崛起，因此应将周边作为外交工作的第一重点。笔者认为，如果从中国崛起的性质的角度分析，将有助于我们看清"大国"与"周边"何者更为重要。

大国崛起是一个国家从先成为地区强国，尔后再成为全球性强国的过程。这个必然过程促使美国在 17 世纪采取了"门罗主义"，将其外交重点仅限于美洲；也促使苏联在第二次世界大战后将其外交重点置于欧洲，先后建立"经互会"和"华约"组织。这个必然过程也决定了中国要实现崛起，就必须将周边作为外交的首要重点。

睦邻友好是第二次世界大战后国家唯一合法崛起战略。"睦邻友好"和"远交近攻"是两个使用了几千年的崛起战略。联合国成立后，领土主权不得侵犯成为国际规范，这使得远交近攻的兼并战略不再合法。这就是为什么美苏争霸时期不再效仿殖民主义的领土扩张战略，而是采取与周边国家结盟的战略。同理，21 世纪中国的崛起战略也只能选择睦邻友好，因此中国 2013 年提出了"亲、诚、惠、容"的周边外交原则。

一国崛起的性质是赶超世界最强国，最强国只能是崛起国的障碍而不可能成为其支持者,中美之间由此产生了结构性矛盾。奥巴马说美国绝不做世界第二并制定了"亚太再平衡"战略以防范中国崛起,体现的就是这个原理。因此中国崛起战略的对美政策目标只有减少美国阻力的单一选项,而不可能争取美国的支持。中国对周边国家的外交目标,则有减少阻力和争取支持的两重性。面对中国强于自己的现实,周边国家需要在借助和阻碍中国崛起的两个策略中进行选择。这使中国有可能获得那些希望借助中国崛起的邻国支持。例如,面对中美之间实力差距加速缩小的现实,美国的盟友韩国和泰国都采取了提升对华友好关系的政策。对中国崛起而言,争取众多周边国家的支持比降低美国一国的防范力度更为重要。

以邻国为重可避免过度拓展

中国的综合实力还未达到全球性水平,故此我国的外交重点不宜超越周边。综合国力由政治、军事、经济、文化四种实力要素构成。虽然我国的经济实力已是全球性的,但其他三项实力尚未达到全球性水平。大国拓展速度超越其实力基础,是大国衰败的重要原因之一。如今,很多学者将美国的相对衰落归咎于其在中东的过度扩张。世界主导国因过度扩张会衰败,崛起大国控制不好自身利益的拓展速度则会夭折。而以邻国为外交的重中之重,则有助于防范出现欲速而不达的危险。

"大周边"的概念易使外交失去重点。"大周边"是一种平衡"大国"和"周边"两者重要性的说法。中国的"大周边"可以东到美国大西洋海岸和南美的太平洋国家，西到中东的地中海，南到澳大利亚，北到俄罗斯的北极。如此广阔地域的"大周边"不仅模糊了"周边"的界限，而且有导致过度拓展的危险。

依据我国目前的实力地位，"周边"应限于东亚、俄罗斯、中亚、南亚和东南亚五个地区。我国的陆地和海上邻国已有20多个，且包括了俄罗斯、日本、印度三个大国。如能将所有邻国转化成为我国崛起的支持者，这将使我国崛起的国际环境从根本上得到改善。改善与邻国的关系不仅具有正面提升我国实力地位的作用，而且可从反向削弱美国的阻力，因为美国的"亚太再平衡"战略需要借助其东亚盟友来实施。

"一带一路"工程需从邻国开始

"一带一路"的互联互通工程，是中国建立"命运共同体"的基础设施。这些工程从中国向外延伸，因此无论其能延伸多远，都需要邻国的参与。我国与邻国的联通建不起来，邻国与其他国家的互联互通就失去了助力中国崛起的意义。鉴于互联互通工程只有从中国向外延伸才对我国崛起有意义，因此，地理上与我越接近的国家，对这一工程的战略意义就越大。

互联互通工程必须经过邻国，因此中国需要加大对这些邻国的外交工作，以保障工程的战略效益。政治上要保证双边关系的稳定，以防影响工程的实施及效益；安全上要加强合作，以防止反对势力的破坏；经济上要协调利益分配，以防止产生新的利益冲突。为此，"一带一路"工程需要与邻国的经济规划对接。

要加强与邻国的战略合作关系，不可避免地会遇到在邻国与美国的冲突中进行选择的问题。当美国与我国邻国发生战略冲突时，我国的立场也会直接影响我国与邻国的关系。选择中立或支持美国的立场，都会对我国与邻国的战略关系产生负面影响，而支持邻国则会影响中美关系。故此，如不明确以邻国为重的原则，我国睦邻友好政策就缺乏政治保障，周边国家也会怀疑我国的战略取向。

通过中亚向西延伸的"一带"工程和连接东南亚的"一路"工程，两者的战略意义不同。前者是巩固我国崛起的战略后方。中亚国家经济发展潜力较小，对中国的安全威胁小，美国在这一地区的战略利益相对较小。后者则是关系到中国崛起的核心内容。东亚将成为新的世界中心，该地区的经济、政治和军事都将取代欧洲的世界地位。为了维护其主导地位，美国将防范中国崛起的重点置于东亚地区，包括了东南亚。因此，东南亚的"一路"工程对中国外交投入的需求远大于中亚地区。

面对邻国或周边国家对中国崛起的意义越来越大于美国的现实，在这种情况下如何确立我国的外交重点，正在成为一个新课题。

（原刊于 2015 年 1 月 13 日《环球时报》）

中国应增加对外军事援助，减少对外经济援助*

国际格局两极化趋势明显

《第一财经日报》（以下简称"日报"）：2015年国际格局呈现出哪些变化？预计2016年会有哪些趋势？从道义现实主义的角度，可以如何理解这些变化与趋势？

阎学通：2015年政治上最大的变化是中国的全球地位上升速度加快。中国的政治地位在上升，政治影响力在上升，这一变化使得国际格局两极化趋势明显。如果说2014年外界普遍对两极化趋势不太认可，2015年则在美欧得到越来越多的认可。

2015年中国筹建亚洲基础设施投资银行，人民币加入国际

---

* 本文为《第一财经日报》记者王琳对阎学通教授的访谈。

货币基金组织特别提款权篮子，以及美国国会通过 IMF 改革方案，中国在 IMF 的投票权增加等一系列事件，都是两极化趋势的内容，是中国国际权力上升的表现，国际制度的权力分配结构向两极化发展。

经济上，世界经济将进入长期低速增长已成为目前大多数人的普遍认识。也就是说，大家对 2016 年经济转好不抱期待，对今后很长时间也不抱乐观态度。

安全上，2015 年对恐怖主义的认识发生了变化。2015 年恐怖主义对全球安全的威胁明显加剧。由此引发反思：为什么邪恶的、不道德的力量得以如此迅速的发展？武力反恐能否奏效？过去认为拥有足够的军事力量就能打败恐怖主义，目前持此观点的人有所减少，单靠军事力量打败恐怖主义是不可行的。普遍观点是，中东地区反恐需要依靠本国的力量，而非外部军事力量。

思想观念上，全球重新反思民主是否是解决所有问题的良药。正如英国前首相托尼·布莱尔发表文章《民主已死？》，他开始认识到民主的效率很低。政治学者福山在《政治秩序和政治衰败》一书中也否定了美国的政治制度，并重新反思市场经济能否保证经济从衰退中回升，重新反思以武力输出民主的做法是否能够带来安全。

中美实力缩小源于领导力不同

日报：从道义现实主义的角度如何理解这些变化趋势？

阎学通：当国际媒体，特别是西方学界和战略界都认为中国的政治制度、意识形态、经济质量、科技创新能力、教育水平和军事力量都不如美国的情况下，为何能出现中美两国实力差距缩小的现状？道义现实主义针对这个理论困惑给出这样的解释：中美综合国力差距缩小源于两国政治领导力的不同。

尽管美国资源性实力（经济实力、军事实力、文化实力等）比中国强大，但美国政府不能很好地运用资源性实力，产生的效率不高，因为美国的领导力弱。而中国领导力较美国强，带来的结果就是两国实力差距缩小。

日报：道义现实主义为理解中美关系的冲突、竞争与合作提供了怎样的理论基础？

阎学通：从道义现实主义的角度讲，崛起大国与当前主导国之间的矛盾是结构性矛盾，是不可避免的。不同的历史时代大国可以用不同的战略方法展开竞争。过去常常以战争的方式竞争，在今天的核时代，由于双方都担心核战争，从而通过和平竞争的方式进行。所以，中美两国结构性矛盾日益深化，但双方发生直接战争的概率却下降了。

道义现实主义认为，这种状态下双方竞争的是战略友好关系，战略伙伴变得尤为重要。争取到更多的战略伙伴和国际支持需要讲道义，所谓得道多助，其具体体现就是发展更多盟友。

日报：2016年中国外交应处理好哪些问题？

阎学通：过去三年里中国的奋发有为外交取得很大进展，国家海外利益拓展速度快，对外关系发生了很大变化。2016年需要巩固过去的外交成果，发展战略合作关系是长期的工作，不是一鼓作气能完成的。2016年以巩固为主可为2017年进一步拓展我国海外国家利益奠定坚实基础。

互联网治理要平衡自由与秩序

日报：互联网安全成为大国博弈制衡的新场域。根据道义现实主义理论，中国应该采取怎样的互联网安全观？

阎学通：在互联网领域建立国际规范，关键是要在秩序和自由之间维持平衡。从某种程度上，两者关系具有内生的矛盾，具有零和性。自由度越高，秩序越不稳定。秩序越稳定，自由度就越低。所以，需要在两者之间维持平衡。

道义现实主义认为，自由多，秩序必然受伤害。秩序强，自由必然受伤害。因此，中国应该建立自由与秩序平衡的规范，保证最基本的自由，同时保证最基本的秩序。不可片面强调一方。

日报：您如何评价当前中国的互联网安全观？

阎学通：我认为，中国提出的推进全球互联网治理体系变革的四项原则（即尊重网络主权、维护和平安全、促进开放合作、构建良好秩序），是有意义的。至少这四项原则为国际社会在缺少规范的条件下进行讨论如何制定国际规范提供了基础，这是最大的贡献。在此之前，没有任何一个国家提出互联网国际规范的原则。原则是指导性的，如果连制定互联网规范的原则都没有，就不可制定出具体的规范。

建立国际秩序要量力而行

日报：根据道义现实主义理论，中国应该如何参与重塑国际规则、世界秩序与全球治理？

阎学通：道义现实主义的基本原则是：以实力界定国家利益，以道义界定国家战略。

对于中国如何参与重塑国际秩序，道义现实主义认为：第一，中国在参与国际秩序建立过程中推行的战略要符合自身能力，不能采取超越能力的做法。比如，在国际援助方面，联合国规定发达国家的援助标准是本国 GDP 的 0.7%，如果中国自己仍定位于发展中国家，那么中国的对外援助标准不应超过 0.7%。如果中国的年度援助超过了 GDP 的 1% 甚至更多，这就缺乏合理性。我们建立国际秩序需量力而行。量力的标准应是国内需要和国际标准的结合，国内经济增长速度高低，国际上通行的标准是什么。例如，在非战争的情况下，大国的年度国防开支占 GDP 的 1%—2%。年度对外援助应低于国防开支的 50%。

第二，大国推行建立国际规则，一定是主观为自己，客观为大家。政府是人民的代表，首先要服务于本国人民的利益，因此必须把本国人民的利益放在对外政策的首位，然后兼顾他国利益。

不把本国利益放在首要考虑的对外政策是对本国人民的不负责任，因此是不道义的政策。道义现实主义认为，做到主观为自己，客观为大家，就是有道义的，不要做损己不利人的事。

日报：中国在对外宣传自身外交战略和外交方式时，应该注意哪些问题？

阎学通：我们常忽略先贤对我们的告诫。老子讲，"美言不信，信言不美"。意思是说，好听的话不可信，可信的话多数不悦耳。外交政策的对外宣示重在讲"可信的"而不是讲"好听的"。如果对外宣传的目的在于让别人相信，就不能说得太好听。太好听的话必然引起别人的怀疑。

国际社会是一个无政府体系，没有中央政府。在无政府社会里，任何一国说他的外交政策是为了给世界做贡献都容易引起他人警惕，担心口号背后另有所图。而如果将对外政策说成是为了本国的利益，他国就会坚信不疑。

因此，中国的对外宣传工作应以宣传效果为引导，而非以宣传原则为引导。对外宣传的目的在于让别人相信中国是好国家。如果宣传的结果适得其反，这种宣传就是破坏国家利益的行为。道义现实主义认为，所有的宣传应该是结果引导型，而非原则引导型。原则引导型的外宣容易导致负面结果，使国家政治利益受损。

日报：从道义现实主义出发，中国对外经济合作中应秉持什么原则？采取什么方法？

阎学通：我们提出中国对外经济合作的原则是互助互利。我认为这一原则应当细分。道义现实主义认为，经济互助互利应该在实力相当的国家之间，是与发达国家合作的原则。对于实力弱于我们的国家，互助互利应不局限于经济领域。在与发展中国家的合作中，我们从政治上获利，他们从经济上互利，这样是可行的。但与发达国家的合作一定是经济层面的互助互利。道义现实主义强调，国家实力界定国家利益的区别。因此，大国的战略利益比经济利益更重要，大国要为战略利益做出一些经济利益的牺牲，小国需要更多的是经济利益。这样双方就能达成合作互惠。

日报：您提道，"一带一路"只是中国对外经济合作战略，不应成为外交战略，能否具体阐释？

阎学通：这是《中共中央国务院关于构建开放型经济新体制的若干意见》中的内容，"主动适应经济发展新常态，并与实施'一带一路'和国家外交战略紧密衔接"。我认为这一定位非常好。外交战略是解决政治关系的,"一带一路"是解决经济合作的。"一带一路"的项目必须从经济合作中获得经济利益。

应该区分"一带一路"与中国外交战略。中央的文件已经对"一带一路"和国家外交政策做了区分。前者是对外经济合作战略,因此相关项目是以经济效益为目标,也是以经济效益为成败检验标准。国家外交战略更多是实现国家的安全和政治需要,因此相关项目不能以经济效益为目标。当一个项目不能明确定位属于哪个战略的,就可能出现严重损害国家经济利益的现象。

日报:从"一带一路"的首个战略项目是"中巴经济走廊"来看,中巴经济走廊并不是一个纯粹的经济合作项目,您怎么看?

阎学通:如果"中巴经济走廊"在经济上不能获利,那么它就不应纳入"一带一路"。如果是外交战略,就需要重新评估其战略收益。严格区分"一带一路"和国家外交战略应成为一项重要的对外政策原则。"一带一路"是对外经济合作,不是外交战略,定位明确后才能明确其具体目标、具体方针、具体内容。

日报:有言论说外交应包括经济外交,对外经济合作也是一种外交策略,您怎么看?

阎学通：作为崛起大国，我国当然需要进行经济外交。然而，在对外援助方面，我国需要制定对外援助法。这也是依法治国的重要方面。对外援助法应该包括对外援助的原则和指导思想，也应包括援助的上限标准。现在有关对外援助缺少法律依据，援助多少也缺乏科学依据。

日报：当前中国领导人外访最受关注的就是双方会达成多少美元的合作，给予多少资金支持，"不签单，无外访"。最近几年，中国外交的影响力似乎大多来自经济实力。从道义现实主义的角度，根据"王道"的思想，中国应该如何充分利用自己的经济实力来实现国家利益和长远战略？

阎学通：对于外交成果的评估是离不开成本收益比较的。当外交成本小于外交收益时，这被认为是外交成果；而当外交成本大于外交收益时，则被认为外交损失。这几年我国外交成果是明显的，但外交投入也很大，因此客观的评价应是如何比较成本与收益。

日报：从道义现实主义看，中国作为目前外汇储备最多的国家，如何运用经济实力实现国家利益和国家战略？

阎学通：简单来说，中国应增加对外军事援助，相应减少对外经济援助。因为军事援助可以直接增进两国战略关系，而经济援助则不能。道义现实主义认为，国家间最重要的关系是战略关系而不是经济关系。例如，我国与美国和日本都有非常大的经济关系，但双边战略关系却很差。相反，我国与俄罗斯的经济关系无法与中日或中美经济关系相比，但中俄战略关系却远好于我国与美国或是日本的战略关系。这也是为什么道义现实主义以军事合作关系为衡量国家战略关系好坏的标准。

日报：军事援助具体怎样进行？

阎学通：军事援助形式多样，包括培训军队、出口武器、提供军事技术，联合研制武器、联合军事演习、建立军事基地等。军事的援助是一个非常广泛的领域，在这方面我国有很多的利益可以拓展。军事援助和经济援助都是以维护和拓展国家利益为目标的，任何一项援助如果缺乏了所要维护的具体利益，这项援助就很可能是一个无效援助，是对国家资源的浪费。

避免外交概念泛化

日报：您此前提到概念泛化的危害正影响着中国提出的外交战略，包括新型大国关系、命运共同体、"一带一路"概念的泛化。为什么会出现外交概念的泛化？应该如何避免？

阎学通：外交概念泛化可能是不自觉产生的现象。当一个概念产生较好效果后，就想将其推而广之，忽视了当其泛化后，这一概念将失去作用。比如当前"新型大国关系"的概念。新型关系是相对于旧型关系而言的，如果我们与某国建立了新型关系，就意味着有些关系是旧型的。当我们说与所有国家的关系都是新型的，于是任何旧型关系都没有了，于是新型关系就变得没有意义了。任何概念的适用范围必须适度。只有适度才能发挥概念的最大效率。

日报：道义现实主义的诚信原则与概念泛化是否不一致？

阎学通：道义现实主义特别强调战略信誉。战略信誉指别的国家认为你是可靠的，一国的战略信誉建立在"做什么"而非"说什么"之上。道义现实主义强调对外要"少说少承诺""多做能做到的事情"。道义现实主义认为，崛起大国要建立起国际战略信誉，最重要的方面是为周边国家提供安全保障，使其相信崛起国是可靠的国家。当崛起国的周边国家认为其在战略上是不可信赖的时，崛起国就很难在全球范围建立起国际战略信誉。

（原刊于2016年1月《第一财经日报》）

亚投行将提升中国金融影响力[*]

目前，关于"一带一路"的解读很多都是从经济角度、国内角度出发，但是这个战略本身是个对外开放战略，不是中国自身就可以完成的，它所带来的影响也远不止经济层面。从西方国家纷纷加入亚投行可以看出，它所产生的国际影响力出乎人们预料。

"一带一路"与亚投行能否改变国际秩序以及世界金融秩序，会产生哪些影响？为此《21世纪经济报道》（以下简称为《21世纪》）记者专访了清华大学当代国际关系研究院院长阎学通，他认为，"一带一路"与亚投行将改变东亚地区主导权和世界金融主导权，但在建设过程中要吸取美国的经验教训。

---

* 本文为《21世纪经济报道》记者李伯牙、张梦洁对阎学通教授的访谈。

世界金融主导权再分配

《21世纪》：就您观察，"一带一路"的提出对国际关系有什么影响？

阎学通：它对国际社会的观念影响很大，但还没有产生实质性的影响，因为还没建立起来。如果中国能建成，在东亚地区的主导地位就能建立，这是国际社会的认知。

《21世纪》：现在美国重返亚洲，也在维护亚洲主导权。

阎学通：美国重返亚太关心的是海权，"一带一路"到目前为止主要还是陆上合作，对陆权的影响大于对海权的影响。中美在这个问题上，可能看法上不一致，但没有产生现实的利益冲突。

《21世纪》：这对欧洲和俄罗斯有什么影响？

阎学通：对欧洲没太大影响，欧洲觉得亚太地区太远，不太愿意介入，只是想寻求商机从中国的经济发展中获益。俄罗斯不太关心海上丝绸之路，只关心中亚丝绸之路对其周边地区的战略影响。

《21世纪》：中国现在筹建的亚投行、丝路基金、金砖国家新开发银行等对世界金融秩序有什么影响？

阎学通：金砖国家新开发银行的建立对国际金融秩序没产生太大影响，丝路基金是中国设立的，对国际金融秩序的影响也很有限。

亚投行则不同，美日之外 G7 的其他 5 个成员国都申请加入，而且有在全球进一步扩展的趋势。这意味着亚投行将不是一个地区金融组织，而是全球性的。因此，建立亚投行关系到世界金融主导权的重新再分配问题。

一开始成立亚投行，我们认为会提升中国在东亚地区的金融影响力，还影响不到全世界。所以大家认为亚投行的影响力在东亚地区，认为会影响亚洲开发银行，影响日本的地区金融主导地位。但是当英国带动欧洲国家的加入，使得亚投行忽然之间有了全球影响力。我认为，这种结果是西方国家加入而产生的，并不是最初设计时的目标。

走出去主力还是国企

《21 世纪》：美国当时资本到了走出去的时候，提出了经济全球化战略；中国提出"一带一路"，是否也是资本到了走出去的阶段？您怎么看？

阎学通：中国资金需要走出去已经有多年的压力了，长期以来是我们自己限制了资金的运用范围。我们原来资金走出去只有一个用途，就是争取获得更大经济收益，而没有把资金走出去用于获取战略友好关系。

这次思路有一个变化，资金的用途扩大了，这是我们有效利用资金的最重要一条。中国的资金不应只用于获取经济收益,要用于多种目标。建立战略友好关系,扩大海外军事影响,增强在全世界的文化影响,增强国际规则制定权,都应该成为资金使用的目的。

《21世纪》:从企业主体来说,国有企业是中国海外直接投资的主要力量,民企和国企在走出去会有何不同,未来走出去的企业主体会是什么?

阎学通:私有资金走出去风险自担,一般讲损失会比国企小。国企海外投资由于带有政府性质,遇到的政治阻力可能比私企大。但是国企可以利用政府的力量去克服政治困难,因此应对风险能力比私企强。我们鼓励国企、民企走出去,但是从财力来讲,主力还是国企,民企资金规模大到一定程度的还是比较少。

(原刊于2015年4月《21世纪经济报道》)

第五部分　实事求是的崛起
战略原则

中国崛起面临的安全战略挑战

崛起国如何在与主导国的竞争中赢得竞争，进而取代现行世界主导国的地位，这是"道义现实主义"研究的核心问题。道义现实主义认为，任何崛起大国都不可避免地要同时面临国内和国际两个层面的挑战，中国亦不例外。虽然国际因素和国内因素构成的挑战是综合性的，但在不同的条件下，两者对中国崛起构成的挑战的重要性不同。

外部威胁尚不足以颠覆中国崛起

从中国现有的国际地位来看，目前外部威胁中国崛起的国际因素很多，但是没有任何一个因素强大到足以颠覆中国的崛起。

特朗普上台之后，"让美国再次伟大"的口号可能成为其整个对外政策的指导思想，他不会轻易放弃这个政治目标，但多数人不认为他有能力实现这个目标。他执政一个月，表现出来的是政出多门，受到国内巨大阻力。其政策特点很可能是志向高远，落实有限。

特朗普看到，冷战结束后，美国与所有国家的实力差距都拉大了，唯独与中国的实力差距缩小了。例如冷战结束时，日本GDP是美国的2/3，德国是美国的1/3。如今日本变得不足美国1/3，德国则不到美国的1/4。因此，特朗普认为，是中国的崛起使美国不像冷战结束初期那么伟大了。他将防范中国作为主要战略考虑是完全可能的。

特朗普与中国进行竞争的战略将与奥巴马的"重返亚太"不同，这不仅因为"重返亚太"是上任总统发明的概念，更主要的是他认为美国实力已经力不从心，会将战略重点的地理范围从亚太缩小到东亚，以集中实力。

这意味着，特朗普政府将更多强调将军事力量部署在东亚地区而不是亚太地区。在加强与东亚盟国战略合作这一点上，他将与奥巴马相同，但是特朗普政府对东北亚地区的重视程度将高于东南亚，因为菲律宾对美政策的调整使美国在东南亚缺少了有效的战略抓手。

美国是中国崛起面临的最大国际障碍，但美国最多只能增加中国崛起的困难，却无力颠覆中国的崛起。美国学界的主流观点是，中国崛起的动力源于国内，美国没有阻止中国崛起的足够能力，最多只能通过一些策略在安全和政治领域给中国制造一些外部困难。孤立中国的崛起有助于延续美国在亚太地区的主导地位。

美国在亚太地区的基本目标是，争取在亚太两极化的过程中，多数国家站在美国一边而不是中国一边，美国实现这一目标的策略手段就是结盟。希拉里·克林顿任国务卿时明确指出，"重返亚太"战略就是巩固与传统盟友之间的合作，扩大新盟友，加强与对手之间的对话。

除美国之外，日本安倍政府的对华政策也是中国崛起的阻力，但这个阻力是有限的。随着中日综合国力差距的进一步拉大，这个阻力将会下降而不会上升。特别是从长期角度讲，安倍之后的日本政府是有可能调整对华政策的，中日关系改善是有机会的。

"台独"将成为中国崛起面临的紧迫问题

除了西藏和新疆的分裂势力之外，"台独"和"港独"势力都在上升，因此分离主义对中国崛起构成的安全威胁不是在下降，而是在上升。

蔡英文上台之后，美国对"台独"势力的支持已呈现为上升趋势。美国国会已通过对台六项保证，并提高了美对台军事交流的级别。"台独"势力的再度得势可能带来"三海联动"的系统效应，即台湾当局可能会与日本、美国在南海、东海和台海三个战略领域相互配合，联手对抗中国大陆。

例如，一个很迫切的现实问题就是，如果台湾当局同美国、日本在太平岛的12海里之内搞人道主义联合搜救，我们需要未雨绸缪、提前应对。

20世纪90年代，中美之间最主要的问题是"3T"，即台湾（Taiwan）问题、贸易（Trade）赤字问题和西藏（Tibet）问题，其中台湾问题是最主要的障碍。马英九上台后，台湾问题有所缓解，但随着民进党上台，台湾问题很有可能重新成为中美关系中的首要问题，也将是中国崛起面临的最紧迫的安全威胁。

南海争端恐将持久化

美国的"重返亚太"战略很大程度上涉及了中国与东南亚国家的战略关系问题。在南海问题上，中美两国都在争取得到南海周边多数国家的支持。

在这个形势下，中国在南海地区的战略利益主要包括三大类：

一是经济利益，即南海的渔业和油气资源；

二是岛屿主权；

三是与周边国家的战略关系。

中国媒体较多强调中国在南海地区的经济利益和岛屿主

权。然而，即便南海地区没有渔业资源和油气资源，或这些资源都不能为中国所利用，这对中国能否成功崛起也不构成决定性影响。

鉴于目前南海地区所有岛屿都已被相关国家实际控制的现状，可以推断，在不发动战争、不以武力夺占岛礁的情况下，任何国家都很难改变这些岛屿的实际控制现状。

既然岛屿的实际控制已经固化，那么岛屿控制权的归属问题对中国崛起的作用也就基本固定了，即它成了一个常量，而非变量。

与之相较，东盟十国在中美竞争中的敌友倾向则是一个重大的战略变量，是值得中国采取战略措施加以争取的。

道义现实主义认为，中国通过自己的力量和战略调整是有可能改善与东盟国家战略关系的，并由此改变目前南海冲突上的政治力量对比。目前，在南海问题上支持中国的国家越来越多，如果在南海问题上支持中国的国家多于支持美国的国家，那么中国崛起的战略安全环境就会有重大改观。从崛起的战略利益角度来讲，这种战略支持似乎比经济利益和岛屿实控权更为重要。

朝核问题短期内难解决

在朝核问题上，中国有两个不同的利益：一是维护朝鲜半岛和平、防止战争；二是实现半岛无核化。当这两者发生冲突时，中国需要解决这两个利益优先排序的问题。目前，中国面临的客观情况是，在短期内，中国有能力防止半岛发生战争，但没有能力消除朝鲜的核武器。

在维护半岛和平的条件下，中国对朝关系有四个选项：

（1）对华友好的有核武器的朝鲜；

（2）对华不友好的有核武器的朝鲜；

（3）对华友好的无核武器的朝鲜；

（4）对华不友好的无核武器的朝鲜。

由于朝鲜政府已经制定了经济与核力量同步发展的战略方针，因此这四个选项中的选项（3）和选项（4）都无法实现。于是，中国只能根据自己现有实力，在选项（1）和选项（2）两个选项中做出选择。

中朝关系与所有国家关系的性质相同，即安全关系是双边关系的根本，经济合作无法成为任何双边战略关系的基础。以分类法解决国家利益排序问题的思路，同样可以用于其他领域的国家利益排序问题。

减小国际反对力量是首要问题

道义现实主义认为，争取国际支持对于崛起国实现崛起具有重大的战略意义。由于任何大国崛起都会天然地遭到反对，因此崛起国的安全战略首先要注重减小国际反对力量，然后以此为基础尽可能多地争取国际支持。

为了最大限度地减小崛起阻力，道义现实主义认为，崛起国需要以拓展在新兴领域的利益为战略方向，而且应根据每个领域中自身实力的变化及时调整对外战略。

由于提高国际战略信誉有利于崛起，因此，道义现实主义认为崛起国要防范"假大空"对外交政策的干扰，削弱中国的国际战略信誉。

崛起国能否制定出有利于实现崛起的对外战略，主要取决于该国的政治领导，当该国政府能提供一个不断改革开放的政治领导时，该国缩小与主导国实力差距的速度就会加快，崛起的速度也会加快。如果主导国不断犯战略错误，崛起国改革开放策略的效果会更加明显。

道义现实主义研究了历史上道义在崛起国成败中的经验和教训，认为历史上崛起夭折的教训比成功的经验对中国今天的崛起更有警示意义。

（原刊于2017年2月23日《环球时报》，系作者在论文《政治领导与大国崛起安全》基础上修改而成，原论文刊于《国际安全研究》2016年第4期）

中国周边外交正面临重大战略机遇[*]

前不久,美国总统特朗普结束了他总统任期内的首次亚洲之行,长达12天的行程也使他成为过去25年里访问亚洲最久的美国总统。

此次亚洲之行中,特朗普多次提及"印太战略",外界有分析称,特朗普很可能用"印太战略"替代奥巴马的"亚太再平衡"战略,拉拢印度共同遏制中国。

与此同时,中国周边政治环境和周边国家政治局势也在不断变化发展:安倍晋三强势连任日本首相,中韩关系有全面回暖的迹象,东南亚正遭遇宗教极端主义的考验。一时间,周边局势风起云涌。

"印太战略"影响几何,中国又该怎样在周边外交领域抓

---

[*] 本文为《南风窗》记者郑嘉璐对阎学通教授的访谈。

住机遇、规避风险，《南风窗》周刊就此专访了清华大学国际关系研究院院长、世界和平论坛秘书长阎学通教授。

东北亚：局势趋于缓和

《南风窗》：您之前说过，朝核问题短期内不会解决，这一判断是出于什么依据？

阎学通：一国执行某种安全政策的决心是由该政策涉及的利益的重要性决定的。从朝鲜退出六方会谈开始，就意味这个问题就没有短期解决的可能性了。因为朝鲜退出六方会谈的原因是核武器与朝鲜政权的生存直接相关的。

对朝鲜来讲，没有核武器，政权就生存不下去；开发核武器不是发展的问题，而是政权生存问题。国际社会要求朝鲜放弃核武器，朝鲜关心的是弃核后其政权能否继续存在。在国际社会不保证朝鲜政权的生存、美国和韩国随时想消灭朝鲜政权的条件下，朝核问题就无法找到和平解决的方案。

我以为，除了战争之外，目前没有消除朝核武器的方法，不过没有任何国家敢于对朝鲜发动战争，连美国国会都说要阻止特朗普对朝鲜发动战争。由于没有任何国家敢于承担核战争的后果，美国也承受不起，因此目前无论是和平还是战争的解决可能性都不存在。

从朝核问题发生到现在，中国一直面临着无战和无核两者何者优先的问题，即无战第一还是无核第一。我们对于这两个战略利益的排序认识并未能长期保持不变，曾经有过摇摆。事情发展到今天的状态，人们对两者排序的认识变得很清楚了：即只能无战第一，不能无核第一。无核要服从于无战，只有确保不发生战争的前提下，才能讨论无核化的问题。

《南风窗》：朝核危机短期内难以解除，未来半岛局势会朝着什么方向发展？

阎学通：今后5年到10年，朝核问题会继续存在，但是战争的危险性则是下降趋势。对中国来说，中国与韩国的关系将好于中国与朝鲜的关系，这一点不容易改变。原因在于，朝鲜不会放弃核武器，这使中朝关系难以达到中韩关系水平。

对于朝鲜半岛安全形势影响力最大的国家是朝鲜和韩国，任何其他国家，包括中国和美国对这半岛安全形势的影响都小于朝韩。一些人以为大国比朝韩更能影响半岛安全局势。我认为，中国、美国以及其他关注朝核问题的国家都应该意识到，朝鲜、韩国之外的任何国家对朝鲜半岛的影响力都是有限的，这将有利于各国制定符合自身能力的半岛无核化政策。任何国家认为自己的影响力超过了韩朝，其外交政策都必然实现不了目标。这也解释了为什么六方会谈未能取得预想的成果，为什么朝核问题止今不能解决。

《南风窗》：最近，中韩关系有所缓和，你是如何看待中韩关系的变化的？

阎学通：中韩关系的缓和，主要是因为我国调整了政策，使双方在萨德问题上达成一定的妥协。如果要求韩国撤销已经部署的"萨德"系统，双边关系就难以改善。

朝鲜和韩国是敌对国家，在朝鲜半岛上我国与其关系最理想的状态是跟两个国家都友好，差一点的是与其中一方友好与另一方不友好，最不理想的就是跟两个国家都敌对。我们与朝鲜、韩国两个国家都对立，这对中国很不利。从与两国对立，向与一国对立转变是有利于我国的。由于在朝鲜不放弃核武器的条件下中朝关系难改善，因此改善与韩国关系也是两害相权择其轻的不得已的选择。

《南风窗》：安倍晋三再次当选日本首相，这对中日关系及东北亚局势有哪些影响？

阎学通：安倍继续执政，显然超过了绝大多数人对他执政时间的预期。由于他有可能再执政四年，跟日本长期对抗下去，对中国的战略损失大于收益。东亚正在成为世界中心，而日本是东亚第二大国，因此与日本的关系直接影响我国的崛起，主动改善与日本的关系也是不得已的选择。

中日关系缓和会缓解东亚地区的紧张。安倍对华不友好，但没有与中国发生战争的可能性，甚至发生军事冲突的危险也没有。由于两国领导人已经会谈，因此安倍今后任期内的中日关系可以稳定在一个不友好也不发生军事冲突的水平上。

东南亚：周边为外交突破重点

《南风窗》：今年（2017年）是东盟成立50周年，但也是东盟国家内政外交发生深刻变化的一年。印度尼西亚、菲律宾、缅甸、柬埔寨等国都面临着国内外的难题，对华政策存在变数。有人说，东南亚国家群龙无首，这个重要的地缘天平将偏向中国。在您看来，中国在东南亚面临着怎样的机遇？

阎学通：机遇本质上是行动者对有利或不利条件的利用，会利用环境变化的永远有机遇，不会利用的永远没机遇。亲华势力上台了，可改进双边关系，以扩大国际影响；反华势力上台了，可进行惩罚，以树立国际威信。东南亚地区动乱，可扩大军事影响；东南亚稳定，可扩大我国经济市场。关键看我国怎么把握了。

具体到当前的东南亚局势，我国面临的最大机遇是一些东南亚国家开始重新思考他们"经济靠中国、安全靠美国"的战略了。他们采取这个战略已经有一段时间了，面对特朗普的东亚战略重点在东北亚而非东南亚，他们知道安全靠美国有点靠不住了。新加坡已做出明显的战略调整，经济继续靠中国，但安全上它开始向中美等距离调整。其他的东南亚国家效仿新加坡是可能的。

《南风窗》：中国应该采取哪些措施来争取东南亚国家的

支持?

阎学通:我国要想争取东南亚国家的支持,需要分别采取不同的策略。对与我友好的国家,重在加强军事合作,对与我不友好的国家,要促使他们在军事上与中美保持等距离。如果能促使所有国家在经济和安全上都靠中国,像柬埔寨一样,我们在东南亚的环境就会彻底改变。总体上讲,我国需要给东南亚国家提供更多的安全保障,开展更多的安全合作,如联合军事演习。

对东南亚的政策国别重点应在印尼,地区重点应在中南半岛。印尼是东盟最大成员,它的对华政策会影响整个东盟的对华政策。只要印尼不加入日印搞的亚非走廊,东盟就加入不了,美日的印太战略构想就难以突破政治与地理上不相连的困境。我国应加快中印尼双边关系的改善。中南半岛与我陆地相连,地理上从中间切断印度和日本的地理联系。我国应把中南半岛发展成为和中亚地区一样的战略后方。

《南风窗》:为什么说东南亚是中国周边外交的重点?

阎学通:我国需要把周边地区都发展成自己的后院,而不是只有中亚一个后院。东南亚、东北亚、南亚都是稳定的战略后方,这才能为中国的崛起提供有利的外部环境。

我国与中亚国家的关系已经非常紧密,不需要投入太多外交资源。在东北亚,日本与我国有结构性矛盾,不可能支持中国;韩国跟中国的关系刚刚回暖,发展战略关系还需要一个过程。在南亚，印度在与中国对抗，我国同样很难介入。在东南亚则既有需求也有一定条件，因此我们加大对这一地区的外交投入是可能取得成果的，所以说东南亚可作为我国当前外交的重点突破。

特朗普提供的战略机遇

《南风窗》：在首次亚洲之行中，特朗普多次提到"印太地区"这个说法，有媒体将之解读为美国的"亚太新政"。美国将印度划入其亚太政策的范围，是出于什么考虑？这对中印关系有什么影响？

阎学通：中印关系最大的问题，是印度不愿意跟中国进行战略合作。印度认为，跟我国战略合作的结果是我国在南亚的影响力扩大，削弱印度的地区霸权。在南亚地区，我国和印度的结构性矛盾，类似于我国和日本在东亚的结构性矛盾，双边关系难有实质性改善。

从理论上讲，如果美日搞成"印太战略"，这会从战略上对我国形成压制，但是目前看特朗普对这个战略设想不很积极。召开的美日澳印四国战略合作会议仅是工作层面的，四国的部长都没参加。特朗普没有用"战略"一词描述他所说的开放的印度洋与太平洋地区。他只想利用印度、日本跟中国的矛盾，向中国施加压力，以有利于美国和中国做生意，并不想在战略上真的有所投入。

从这次亚洲之行看，特朗普不是一个政治家，而是一个企业家，更像是个推销员（salesman），他要的就是增加美国的出口。如果能以降低美国国际领导力换得美国财富的增加，特朗普会觉得很值。让一个企业家以放弃学术影响力来换取财富，他会认为那太合算了，他不认为学术影响力有价值。

《南风窗》：也就是说，特朗普只想利用美国与其他地区的战略关系增加美国的财富，而不是维护美国的主导地位？

阎学通：对，特朗普的这次访问显然是经济之旅。他对日本、韩国，都没有表现出坚定的实质性军事支持，只是要求这两国买美国武器，这实际是在推销武器。

这一点上他与奥巴马正好相反。奥巴马将维持在东亚的主导地位视为首要利益，所以搞了"亚太再平衡"战略来压制中国；但特朗普则不考虑美国在东亚的战略地位，而是要从东亚挣更多的钱，战略利益要服从经济利益。他甚至拒绝出席东亚峰会，无意利用这个会议争取东亚国家的战略支持。特朗普执政以来，美国在亚太地区对我国的战略压力呈下降趋势。他没有在东亚建立多边同盟的想法。

《南风窗》：特朗普之后的美国总统，是不是有可能重新将战略利益作为美国的首要国家利益？

阎学通：这个可能无法排除。特朗普之后的美国领导人，很有可能改变特朗普的政策，重新把战略利益放在首位。所以说，我们最大的战略机遇期，是特朗普提供的，只要特朗普坚持经济利益优先于战略利益，我们和周边国家的关系就趋于改善。

美国政府不像以前那样重视它的世界领导地位了，对在我国周边的美国盟国提供军事支持的力度下降了，这些国家不得不重新考虑他们的对外战略，想继续靠着美国对抗中国已经困难了。以前面提到的东南亚国家为例，他们之所以调整战略，主要原因不是我国做了什么，而是美国变了。美国把亚太地区的战略重点调整到了东北亚，这使得东南亚国家意识到，美国提供的安全保障越来越不可靠了。随着时间的推移，不排除美国的其他东亚盟国也效仿新加坡，他们知道特朗普不愿提供安全保障。

"有重点地区"和"不要重点地区"

《南风窗》：在这样一个战略机遇面前，中国应该怎样做？

阎学通：特朗普在东亚地区以经济利益为首要考虑，战略利益服务于经济利益，这则为我国拓展战略利益提高了机会的时候。具体来说，有一个"有重点地区"和"不要重点地区"的问题。从外交角度来讲，我认为今后5年的外交政策应以周边为重点，周边之外的地区服从周边。一个国家的影响是由内向外辐射的，越近的地方，受到的影响就越大，这就是为什么在国际关系里有"后院"的说法。一个大国想要崛起，首先要把周边地区都变成自己的后院。我国应以周边外交为重点，周边外交则应该以东南亚为重点，而在东南亚，应该以中南半岛为重点。在今后的两年到三年里，我国需要加大对中南半岛的政策力度。

与周边外交政策应该抓重点地区不同，"一带一路"则不应该按地域划分重点。"一带一路"要摆脱交通线的观念束缚，因为"一带一路"不光是交通建设，而是我国对全世界开展"引进来、走出去"的经济合作。这种合作一定要由市场来主导，哪里有市场，我们就和哪里合作，不分地区重点。以"全世界都在一带一路上"取代"一带一路沿线国家"的说法，从而成为一个新的全球化合作倡议。

最近，媒体关于"一带一路"的报道少了，我认为这是个积极的迹象。它表明"一带一路"从宣传转向务实。起步时需要做广告，但实现目标靠广告是实现不了的。"一带一路"要靠企业去做才能实现，靠成立"一带一路"研究中心写文章是实现不了的。清华的校风是"行胜于言"，所以我认为"一带一路"成果是做出来的，不是报道出来的。

《南风窗》：在中国崛起的过程中，要注意些什么？当前的外交政策又应该做些什么调整呢？

阎学通：崛起的过程就是国家利益拓展的过程，因此遇到的国际阻力会很大。我国应该重点发展新兴领域，而不是传统领域。传统领域中大国的利益分配已经形成，崛起国家进入传统领域时行竞争，利益冲突就会比较激烈。而在新兴领域，绝大多数国家没有既得利益，崛起进入时遇到的阻力就会小一些。例如，世界上能生产大飞机的只有美国的波音和欧洲的空客，我国如果生产大飞机，就与美欧国家有冲突。而在互联网领域里，只有美国一家占主导地位，我国进入这一领域只与美国一家有冲突。我国在互联网领域的拓展，与日本、德国这些国家的影响都不大，产生的矛盾就小。

特朗普的战略很奇怪，他将战略重点从新兴领域向传统领域转变。许多国家在石油行业有自己的战略利益，而美国偏偏要加大发展石油出口，这样就跟中东国家、俄罗斯、加拿大都有竞争，所以经济矛盾将是上升趋势。

尽管我国外交政策明确表示，我国将继续采取不结盟政策，然而我仍认为，在当前全球化的背景下，我国搞结盟能更有效地维护世界和平，防止大国间战争的发生。结盟可以扩大我国的国际支持，加快改变国际力量对比美强于我的局面，尽快实现战略力量均衡。美国现在有50多个盟友，而我国只有巴基斯坦一个。巴基斯坦同时是我国与美国的盟友。双方力量不均衡，美国才有信心使强力打压我国。而若以结盟方式实现中美战略均衡，美国就不再有这种信心了，中美关系也会更加稳定。

（原刊于2017年12月《南风窗》）

外交概念泛化有损世界理解中国

近年来,中国提出了一些服务于整体外交布局的、能够有效反映外交关切的战略概念,其中包括:2012年提出的"中美新型大国关系",2013年提出的周边外交"一带一路""周边命运共同体"等。但遗憾的是,这些外交概念现今发生了被泛化的问题。比如,"周边命运共同体"变成了"人类命运共同体"。

泛化的结果,使这些概念失去了意义,失去了对外交政策的指导作用,同时还容易造成世界各国不理解中国对外政策是什么。故此,外交概念泛化的现象值得引起注意和研究。

什么是概念泛化?

"概念泛化",其实不是一个新问题。

举两个例子:安全和保密。

"安全"本意与"发展"有区别。"安全"是指对已有利益的不再丧失，但泛化后，人们认为"安全"也包括拓展利益。于是，"安全"与"发展"就无法区别了。安全概念被泛化，把"安全"理解为"发展"的一部分，实质上降低了"安全"的重要性。

再来谈谈"保密"，它本意是说一个信息不能让人知道。但后来，为了说明事情重要，就把所有事情说成是秘密。比如，有的杂志为了说明其内容的重要性，定其为"内部参考"，注意保密。但其实保密的内容并不重要。当"保密"被泛化成了"重要"，因为重要而定义为保密，于是出现把所有信息都定义为秘密的现象，于是就不知什么需要保密了。到处都在保密，但结果往往是无密可保。

从上述两个例子可知概念泛化的危害。

首先，当你把概念泛化后，这一概念便失去了边界，人们无法知道什么内容属于它、什么内容不属于它，无法理解它到底是什么。不清楚、不明确的概念，是没有意义的。

其次，概念泛化导致原有政策的适用性出现问题。原有政策本是在原有概念的边界内制定的。比如过去规定情报要保密，但泛化后，情报之外的重要信息也变成了秘密，这使得非情报性质的信息无法畅通流动。

如今，概念泛化的危害正影响着中国提出的外交战略。

"新型大国关系"从有效到无效

先看看"新型大国关系"。

"新型大国关系"概念的边界原本非常明确，它是指世界级的大国之间的关系不导致两者发生军事冲突或战争。也就是说，不论柬埔寨和泰国是否发生军事冲突，它们之间都不存在"新型大国关系"。这一概念专门用来解释中美关系：美国是现行的超级大国，中国是即将形成的超级大国。两个"超级大国"之间的关系不再像过去那样——世界上最强大的两个国家发生战争；也不像冷战期间那样——美苏进行"代理人战争"。

但很快，"新型大国关系"被泛化，不止中美是新型大国关系，中国与印度、巴西、南非等国都称为是新型大国关系，中国跟所有地区大国都成为新型大国关系。这时，"新型"不再指不发生战争了，因为中国与巴西、德国没有发生战争的可能性。那么原来中美"新型大国关系"的概念边界扩大了，"新型"泛化成了"友好"，而且"友好"的程度还不能达到"同盟"的水平。

而后，"新型大国关系"进一步扩散，渐渐扩散成为：中国与所有国家都成为"新型国家关系"，于是"新型"的意义更没有了。大家更不知道："新型国家关系"和中国与他国的

"旧型"关系有何区别？美国对此也产生了疑问，中国与所有国家都是"新型国家关系"，那么中美之间的新型关系还有没有特殊性？还有没有必要谈中美"新型大国关系"？近一段时间，美国官方不再使用中美"新型大国关系"的概念。"新型大国关系"本来是对美外交的一个有效政策，但概念泛化之后就无效了。

"新型大国关系"的泛化不仅影响中美关系，也影响中俄关系。原本，中美关系发展不够好时，才需要建设"新型"关系。建设"新型"关系的目的是防止发生强烈军事对抗、发生战争。但现在，中俄关系也被认为是"新型"关系，这是在降低中俄关系的水平。我们能把中俄关系仅定义为不进行战争吗？当"新型"被用到中俄关系，反而说不清楚中俄关系与中美关系有何区别了。

什么样的关系不是"命运共同体"？

同样的问题也拷问"命运共同体"。2013年提出的"周边命运共同体"是一个非常好的概念。它也有明确的地理范围限制，意指中国与地理上挨着的国家建设"命运共同体"，因为我们之间不仅存在经济利益，更有共同的安全利益。"周边命运共同体"，强调了和周边国家的安全合作是中国外交的重点之一。

然而,"命运共同体"也被用到了中国和各个国家的关系上。比如中非"命运共同体"、中拉"命运共同体"。"命运共同体"被泛化到非洲、拉美后,原有的安全合作的意义便不复存在,因为中非、中拉之间是没有战略军事合作的。概念泛化之后人们会问:什么样的关系不是"命运共同体"?中国表示中非长期以来就是"命运共同体",那么以前都是,现在还有什么要建立的吗?还有人问,中国与哪个国家不是"命运共同体"呢?

甚至最后,中国又出现了"世界命运共同体"的说法,概念进一步扩散:中国和日本是"命运共同体"吗?如果是,中日之间还出现领土争端、主权争端?如果有领土争端的国家仍是"命运共同体",那么进行战争的国家是不是"命运共同体"?

更令人讶异的是,两岸之间也有提出建设"命运共同体"。"命运共同体"到底是属于国际关系还是国内关系?到底是中国和国外政治实体的关系还是中国内部实体的关系?"命运共同体"的概念更说不清了。

继而,中国如何用"命运共同体"来指导中国的外交?如何用"命运共同体"来指导港澳台地区政策?

任何一个外交概念被泛化后,都会使得中国与其他国家的关系性质变得不清楚,性质不清楚只能使得对方对中国失去信任,不会增加好感。如果对所有国家做出相同的战略承诺,外界必然对此无法相信。

统一外交概念需要顶层设计

最后简单谈谈"一带一路"。它是2013年中央周边外交工作会议提出的一个外交概念，旨在把周边外交作为重点进行具体落实。但后来，"一带一路"的地理范围被泛化到了非洲、欧洲。原先"一带一路"是为了发展与周边国家战略友好关系，后来内容泛化为经济合作与基础设施建设。

泛化的结果使得中国自己也不清楚"一带一路"是经济合作战略、外交战略还是国家发展战略？战略性质不明确，指导具体工作就出现了困难，比如，修建铁路的第一目的是什么？是取决于是否有经济收益，还是有利于两国战略关系发展？

我个人认为，目前出现外交概念被泛化的核心原因是，中国对外战略的出台缺乏协调。对国家提出的对外战略重大概念，各部门似乎各行其是，只要有单位认为概念好，就拿来用。抢资源、抢概念导致了概念的泛化。

我认为，现在应该总结对外战略概念泛化所带来的问题，中国需要明确由一个相关部门统一进行战略协调。不仅协调各单位的工作，也要协调各部门的口径，对核心概念的使用口径需要一致。这也应成为顶层设计的内容。如是，才能更好地服务于中国整体外交工作与外交形象。

（原刊发于 2015 年 7 月《国际先驱导报》，记者邓媛）

中国怎么可能用经济实力摆平一切？！*

前段时间，因为一段大约3分钟的短视频，清华大学国际关系研究院院长、世界和平论坛秘书长阎学通在朋友圈里被"刷屏"。

"我就纳闷儿了，一个嘉宾怎么能不分专业，什么都懂？什么都懂的和什么都不懂的有区别吗？"这段话，令他被外界称为"良心学者"。

但熟悉阎教授的人都知道，"直率敢言"向来是他的风格。视频中，他还抨击了一些人外界对国际关系和中国外交的两个误解："国家的外交行为不都是为了钱。为钱的，绝不超过50%。"他讲道，"也不要相信'阴谋论'。任何国家做一件事，背后一定有个阴谋？没有那么多阴谋！"

---

* 本文为参考消息网记者邓媛对阎学通教授的访谈。

有意思的是，阎学通教授的话，恰与美国国务卿蒂勒森日前"批评"中国的言论形成鲜明对比。

本月初（2017年6月），蒂勒森曾说，"美国不会允许中国用经济实力摆平一切"。对于蒂勒森的此番"妄言"，阎学通怎么看？近日，在第六届世界和平论坛即将开幕之际，锐参考记者带着问题来到了清华大学国际关系研究院。

不愿意承认智商低的人，才会轻易相信"阴谋论"

锐参考：前段时间，您的一段视频走红网络，其中您提道，研读国际关系要破除"经济决定论"和"阴谋论"。是什么让您对这两点深有感触？

阎学通：我原以为这段视频会遭到广泛批评，没想到支持的声音成为主流。"经济决定论"和"阴谋论"是两个非常不科学的分析方法。使用这两个方法的人，只用其解释他国外交政策而不用来分析中国的外交政策。好像只有中国是高尚的，外交不为钱。中国对外决策原理有可能与其他国家不一样吗？如果其他国家的外交决策原理是相同的，只有中国例外，那么中国的外交决策就是有问题的。事实上，中国对外决策的原理与其他国家是相同的。用不同的分析方法分析中外对外决策的做法，本身就是不科学的做法。

社会上这种"经济决定论"和"阴谋论"的例子很多，如：称苏联解体的原因是戈尔巴乔夫是美国中情局间谍；美国发动科索沃战争是为了破坏欧元；小布什发动伊拉克战争是因为他们家开了石油公司；2008年金融危机是因为美国发动了货币战争；日本对钓鱼岛所谓"国有化"是美国挑起的争端，意在破坏人民币国际化……这些说法中，很多是"经济决定论"与"阴谋论"相结合。

"经济决定论"和"阴谋论"相结合之所以能增强欺骗力，主要靠三点：一是人们普遍把国家利益误解为只是经济利益；二是编造出来的"阴谋"是既无法证明也无法证伪的，声称只有聪明人才能识别这种"阴谋"；三是人们不愿意承认自己智商低，于是很多人跟着"看出了"所谓"阴谋"。

菲律宾调整对华政策，根本不是为了"卖香蕉"

不过中国现在已经是世界第二大经济体，相比美国的"美国优先"，中国支持经济全球化，愿意为其他国家"互联互通"，鼓励中国资本向海外投资。外界可能很难不会有"其他国家对华示好是为了钱"的感受。

任何一个国家说，它有钱给大家花，大家都会欢迎。中国花钱替别的国家修基础设施，那么这些国家当然欢迎。它们觉得有利无害，为什么不干？

经济利益只是众多国家利益中的一种，安全利益、政治利益和文化利益都是国家利益。务实外交很可能是为了其他的利益而不是经济利益。例如，沙特亲美政策的核心是保持美国对沙特的军事支持，而不是采购沙特的原油。这也是为何沙特刚与美签订了1100亿美元的军售协议，它用钱买安全利益；中国是日本和韩国的重要贸易国，但这两个国家仍因为部署"萨德"和钓鱼岛争端与中国进行对抗，他们的对华政策显然也不是出于经济考虑。

中国的国家利益也是多方面的，不可能只讲经济利益而不考虑其他利益。比如对钓鱼岛的认识，若只从经济利益看，这个岛带不来经济利益。钓鱼岛周边海深2000—3000米，进行海底开采的成本比从市场上采购能源高很多倍。若只从经济利益角度讲，维护钓鱼岛主权就没有太大意义了。

用"经济决定论"不但解释不了我们的外交政策，而且在中国成为世界第二大经济体之后，用"经济决定论"指导外交政策也是有害的。20世纪90年代，中国"以经促政"的外交原则为国家争取了较好的经济建设环境，而如今，这个策略无法实现塑造有利于实现民族复兴的国际环境，因为两个目标是不同的。中国几乎是所有周边国家的最大贸易国，但与其中一些国家矛盾和冲突非常严重，这既说明经济对双边战略关系没有决定性作用，也说明"以经促政"的策略并非适用于所有的外交关系。

锐参考:"国家的外交行为不都是为了钱",那么菲律宾是为了钱吗?

阎学通:据我所知,菲律宾新总统杜特尔特上台后调整了对华政策,主要是因为内部的政权安全问题。美国军方与菲律宾军方关系特别好,而菲军方本是不支持杜特尔特的。所以,只要菲军方和美军方保持亲密关系,那么军事政变就有随时发生的危险。减少与美国的军事关系是维护杜特尔特政权的需要,这是他调整对华政策的根本原因,而不是因为要向中国卖香蕉。

如果"经济惩罚"有用,为什么在文在寅上台前不起作用?

锐参考:可是对于一些国家而言,发展经济毕竟也是他们的第一要务。比如韩国朴槿惠政府坚持部署"萨德",中国民众自发抵制赴韩游,现在文在寅政府急盼能改善对华关系,"萨德"部署也暂缓了。

阎学通:你的话让我想到特别有意思的一个现象:只要是美国对别的国家进行制裁,评论就是"制裁肯定不起作用",如果是中国对别的国家进行经济惩罚,那么评论就是"这一定起作用"。我个人认为,坚持"经济决定论"人并不知道,"制裁"的主要功能是什么?他们不能理解为何美国制裁古巴几十年都不起作用,也不知道南非放弃核武器不是因为当时受到制裁,而是因为种族隔离政权的倒台。一些人以伊朗为例子,推论"通过制裁可使一方放弃核计划"。他们不能解释的是,为什么在那么多核扩散的案例中,只有个别的例外,而对绝大多数搞核武器的国家经济制裁都不起作用。

联合国对朝鲜实行这么多年的经济制裁,但至今也没有使它弃核,(2017年)四月份的朝核危机进一步证明有关经济制裁和核威慑的国际关系原理是正确的。就是从国际关系理论来讲,经济制裁是一种不满的表达方式,寄望于通过经济制裁实现外交目标在极特殊例外情况也能实现,但多数情况是不可能达到目标的。

回到你说的这个话题,如果对韩国的"经济惩罚"有用,那么在韩国新总统上台之前,为什么没能使韩国放弃部署"萨德"的计划呢?

现在中美关系确实处于一个比较好的阶段

锐参考:这就又回到了您提出的"道义现实主义理论",一国的外交政策选择关键在于决策者的战略选择。那么您怎么评价美国总统特朗普目前推动的"务实外交"?中美关系是不是因此正处于一个较好的发展阶段?

阎学通:现在中美关系确实处于一个比较好的阶段,但是问题在于这样好的关系如何维持下去。改善中美关系和改善中国与周边国家关系存在矛盾,美国和中国周边的一些国家关系紧张,如美俄、美朝之间,中国与一些周边国家的关系也紧张。中美关系改善必然会引起一些国家对中国的疑虑。特别是与美国对立的国家担心中国就变得不可靠。

中国当前的外交政策是"周边为首要,大国是关键","大国"指的就是美国。那么,应以哪个为优先呢?我建议应该把"周边为首要"放在"大国是关键"之前。与周边国家搞好关系是改善中美关系的基础,也就是说,中国与周边国家关系搞好了,美国在这一区域可利用与中国对抗的国家就不容易出现。但反过来,中美关系的改善并不必然成为中国改善与周边国家关系的基础。因为我们与一些周边国家的矛盾是内生的,美国介入与否都不会消失,如领土分歧。

虽然美国现在推行"务实外交",但从战略角度看,美国是世界霸权,始终担心中国成为东亚领导者会将美国排挤出去东亚;日本是东亚的"英国",宁愿接受美国领导也不愿与中国共同领导东亚。由于中国与美日的双边关系都具有结构性矛盾,美日防止中国崛起成为东亚领导国的政治意志将是长期的,故此中国更需要与周边国家搞好关系,以减少周边国家给中国崛起造成的阻力。

在周边外交方面,我们要防止搞"远交近攻"。目前,日本与所有邻国关系紧张,我认为就是因为它搞"远交近攻"。

我们要从日本的教训中总结经验，对邻国不搞"远交近攻"而是搞睦邻友好。

一些"不能说的秘密"，不见得是害人，不能称之为"阴谋"

锐参考：正是因为美国对中国崛起始终有担忧，所以在美国也有不少对中国的"阴谋论"。几年前有位美国学者出版了在西方挺受欢迎的一本书：《百年马拉松》，其中称：中国有一项秘密的现代化"百年计划"，针对美国历届政府进行欺骗，用中国的政治经济系统替代美国主导的世界秩序。这就是在"阴谋化"中国对美国的外交关系。

阎学通：这个例子举得非常好。就我所知，这位美国学者在美国的中国专家圈子里是非常孤立的。在美国和在中国一样，以"阴谋论"为分析方法的人在同行中都比较孤立，原因是"阴谋论"可以骗外行，骗不了内行。破除"阴谋论"的好处是我们的主观认识与客观事实相接近，深入我们对国际关系内在规律的理解和认识。用"阴谋论"的方法分析问题，不过是掩盖解答不了疑问的知识缺陷。

用"阴谋论"解释国际关系和把一切归于"上天安排"的迷信是同一原理。其对国际关系研究的最大伤害就是阻碍研究的深入，放弃寻求科学依据和解释的努力。编个"阴谋"就能解释疑惑，这很省力，也不需要什么知识。有了杜撰阴谋的能力就什么科学研究方法都不用学了，因为这个方法可以解释所有一切。比较有把握地说，国关专业里善于用"阴谋论"分析问题的人，很少有学过统计分析的，很少有知道分析国际关系需要进行变量分析的。简言之，"阴谋论"盛行会使国际关系研究非知识化和非科学化。

锐参考：那么，您认为国际政治中没有"阴谋"吗？比如暗杀。

阎学通：阴谋的目的是害人。暗杀当然是阴谋，但是，有多少外交政策的目的是害别人？没有多少。每个国家主要是通过正当的方式维护自己的利益，这是"阳谋"而不是"阴谋"。

比如外交要做个计划，外交谈判的策略要保密。这是保密，不是阴谋。在外交上，两个国家领导人在会晤前不对外透露议题，这也是正常的，不能称为是"阴谋"。

锐参考：国际上很多人认为中国已经取代美国成为全球化的领导者。这算是"捧杀"中国的"阴谋"吗？

阎学通：我需要谈两点。

一是认为中国成为全球化领导者，这个判断不符合事实。中国表态只支持经济全球化，对于政治和军事的全球化并不支持。冷战后的政治全球化是民主化，军事全球化主要内容是军事同盟对他国进行集体军事干涉。中国政府至今是支持政治道路多样化，反对军事同盟的军事干涉。从能力上讲，中国现在还承担不起全球化的领导责任。美国的综合实力远大于中国，尚无力承担全球化的领导责任，中国更不具备承担全球化领导者的物质实力。中国已是世界最大贸易国，因此我认为中国承担贸易全球化的领导者是有条件的，但在其他领域中国尚不具备条件。具体而言，中国应只在成为某领域的最强国时，再考虑担任该领域的全球化领导作用。依据中国目前的实力，适于做推动周边区域化的领导者。

二是我不认为别人说中国是全球化领导者的目的是"捧杀"中国，他们可能希望中国来领导。关键是中国不能自认为已经是全球化的领导者。没有被"捧杀"的失败者，只有自以为是的失败者。

中国影响世界的另一面：中国价值观与世界主导价值观相互接近

锐参考：您认为，影响中国成为"领导者"的最大制约是什么？

阎学通：中国要成为世界领导者目前还缺少两个基本条件。第一个条件是实力，中国的综合国力还不是世界第一，与美国还有较大差距。这一点很明显，估计大家对此也没有分歧。第二个条件是中国的意识形态与世界主流意识形态不一致。没有被领导的国家就没有领导国，两者是共生的。被领导国接受领导主要是两个原因：一是可以获得好处，这与领导国的实力相关；二是认为领导国是正确的，这种主观认识受到与领导国价值观一致与否的影响。

冷战后，西方自由主义价值观成为世界占主导地位的价值观，这一点与中国的价值观不同。今后，中国价值观与占世界主导地位的价值观的关系如何变化难以确定。一种是中国的价值观与占主导地位的价值观相融合；一种是中国实力地位的进一步提升使中国的价值观成为世界的主导价值观；还有一种是上述两者的结合，即中国的价值观与世界占主导地位的价值观相互接近。最后一种的可能似乎大于前两种。中国提倡自由贸易，这是向世界主导价值观靠近，西方开始效仿中国的中小学教育方式，这是世界主导价值观向中国靠拢。

但是中国"有担当"的大国形象也在树立中。第六届世界和平论坛的主题就是"合力、担当、变革"。

从本届论坛召开的国际背景来看，2017年上半年，诸多地区安全持续紧张，大国冲突严重，恐怖主义蔓延态势加剧，国际安全形势面临严峻挑战和诸多不确定性，世界范围内发生危机的频次要高于上年（2016年）。如果说上年，尤其是上年下半年国际社会的关键词是"黑天鹅现象"，那么今年（2017年）上半年的国际形势已超过"黑天鹅现象"程度，国际安全面临的问题和冲突可能比上年更严重，国际安全的不确定性正成为今年国际安全形势的特点之一。

针对这一现状，我们把本届和平论坛的主题定为"应对国际安全挑战：合力担当变革"。目前国际社会主要面临国际格局转变和反建制主义思潮兴起两大挑战，应对这些挑战，需要各国合作参与到国际安全治理中，也需要各国，尤其是各地区大国充分发挥地区领导力，还可能需要对国际规范、国际机构进行必要的改革。

（原刊于2017年6月21日参考消息网）

"一带一路"的核心是战略关系而非交通设施

2013年中央周边外交工作座谈会确立了奋发有为的外交战略。该战略有效地提升了我国的国际地位，扩大了我国的国际影响，塑造了更为有利于民族复兴的国际环境。奋发有为外交将我国周边作为首要重点地区，"一带一路"是其具体体现。"一带一路"的目标是与周边国家建立起可靠的战略伙伴关系，然而建设交通设施网是否能实现这一目标则需要研究。

联通交通设施与改善周边战略关系无直接相关性

自1945年联合国成立以来，联合国宪章中有关维护国家主权和领土完整的规则逐渐发展成为国际社会通行的国际规范。这使得"远交近攻"的吞并战略变得难以实行，于是睦邻友好的结盟战略就成为大国崛起的唯一选择。第二次世界大战后，美苏争霸时双方都采取结盟战略，分别建立了北约和华约。冷战后，美国采取扩大和强化同盟的方法维持其世界主导国地位。通过与邻国结盟实现崛起并非是第二次世界大战之后才有的现象，早在春秋时期，齐桓公就曾以葵丘之盟（春秋时期，齐桓公在葵丘、即今河南民权县附近大会诸侯，标志着齐国成为中原霸主——编注）与邻国结好，建立了齐国在华夏地区的主导地位。

中国崛起已到了可在一代人之内实现民族复兴的阶段，两个百年的具体战略目标需要中国与周边国家建立紧密的战略合作关系。以"一带一路"的概念强化中国与周边国家的战略关系，这既符合我国对外战略需要也符合民族复兴的需要。然而，将"一带一路"的核心理解为通过建立与周边国家相互连接的交通设施来增强战略合作关系，其逻辑原理则值得商榷。

较长时间以来，有同志认为，加强双边经济合作就能改善战略关系。然而，美国和日本长期是我国两个最主要的经济合作伙伴，但2012年以来中美战略关系无明显改善，而中日战略关系更是严重恶化。相反，中俄经济合作规模远不如中美和中日，但双边战略合作却不断提高。多领域的经济合作尚不必然增强双边战略关系，连接交通设施能增强双边战略关系的说法就更缺乏说服力。目前，中国与老挝和缅甸都无铁路相通，但中老战略关系好于中缅关系。

交通设施联通的政治作用
由战略关系决定

　　国家间相连的交通设施对于双边战略关系的影响是由两国战略关系性质决定，而不由交通设施自身决定的。相连的交通设施在不同的战略关系中，具有正反不同的政治作用。当两国战略关系紧密时，相连的交通设施有助于双边战略合作，当双边战略关系紧张时，相连的交通设施则具有加剧战略对抗的作用。例如，在2014年前，俄罗斯和乌克兰是同盟关系，两国相连的交通设施有利于双边战略合作。2014年2月乌克兰总统亚努科维奇外逃，反俄势力执政，俄乌关系转变为战略敌对。俄利用两国相连的交通设施为乌东部地区反政府势力提供军事支持，这些设施成了加剧双边战略对抗的因素。在国际政治中，此类现象经常发生。

　　两国相连的交通设施不仅没有加强双边战略关系的必然功能，也没有防止双边战略关系恶化的必然作用。例如，1991年苏联解体后，俄罗斯与所有独联体国家相连的交通设施不仅未能防止俄罗斯与格鲁吉亚和乌克兰之间发生战争，还未能降低多数独联体国家对俄罗斯的战略疑虑。冷战结束后，英国、西班牙、意大利、加拿大都面临着分离主义的威胁。这些国家的交通设施都在不断地改善但未能阻止它们国内分离主义势力的发展。交通设施如果在一国内都无阻止分离主义发展的作用，跨国的交通设施就更难具备防止双边战略关系恶化的作用。

政策沟通是"一带一路"的基础

我国政府已提出的"一带一路"内容，包括了政策沟通、设施联通、贸易畅通、资金融通、民心相通的五个方面。笔者认为五通之间不是并列关系。政策沟通是"一带一路"基础，是必要条件，即如果缺少了双边政治的一致性，其他的四通都起不到增强双边战略关系的作用。

目前，中国和俄罗斯两国都以美元为外汇储备且与美国有相当的贸易往来，但中美战略摩擦冲突不断，俄美战略关系更是严重对立。我国与越南有铁路相通，与柬埔寨无铁路相通，但是中越战略关系却远不如中柬战略关系。中日两国人员往来远远多于与中国—巴基斯坦之间，然而中巴两国民心相通，而中日民间情绪却大都是对立的。

建设"一带一路"的初期，双边安全战略关系水平是判断可否着手基础设施建设的重要标准。历史上，在双边战略关系水平不高的情况下，基础设施建设项目影响双边战略关系的可能性较大。例如，1925—1931年和1945—1946年，中苏两次因东北的远东铁路发生战略冲突。1956年苏联建议在中国境内建立大功率长波发报无线电中心和远程通信的特种收报无线电中心两个基础设施，由此引发中苏战略冲突，严重伤害了双边战略关系。近年来的经验是，2011年缅甸搁置中缅两国投资的密松水电站项目，2012年停止了莱比塘铜矿项目；2014年墨西哥取消与中国公司签订的高铁合同，2015年停止中资商城项目"坎昆龙城"；2015年斯里兰卡政府一度叫停中国企业投资的科伦坡港口城项目；同年希腊新政府暂停我国参资的比雷埃夫斯港的私有化进程。这些事件对双边战略关系都具有负面影响。

战略安全关系先行是"一带一路"成功的保障

"一带一路"是促进中国与周边国家进行区域一体化的方案，要使这个方案得到参与国的长期支持且不受政权变更影响，必要前提是我国与它们在安全战略上有深厚的合作。欧元区国家是先与德法进行了长期安全战略合作，而后才敢使用欧元取代本国货币。借鉴这个历史经验，"一带一路"的实施步骤也应先从安全合作项目开始。对与我国安全战略合作水平不高的国家，可考虑从主权相关性差的项目开始，如贸易、文化、能源、旅游、投资、金融、通信等。交通设施与主权相关性关系极其紧密，容易导致主权争端。在加强安全合作的基础之后，再开展交通设施建设，这有助于使这些交通设施对双边战略关系形成正面的因素。

加强双边军事合作先于交通设施建设，还有助于减小交通设施项目引发社会问题的负面影响。交通设施经济回报率低，后期运营成本很高，亏损可能较大，从而很可能引起社会矛盾。长期军事合作有助于促进民心相通，从而具有防范基础设施建设负面影响升级的作用。

在没有"一带一路"方案之前，我国已对海外交通设施进行过投资。这些投资是以经济利益为宗旨的，因此不必以是否有利于加强双边战略关系为判断标准。例如，我国在非洲、南美洲和澳大利亚的矿业基础设施项目，这些项目应主要以经济利益为标准判断是否值得进行，而不宜用战略关系的标准来判断。如果所有海外投资的基础设施项目都以是否能促进战略关系为标准，不是使很多项目失去投资的意义，就是使更多的海外基础设施项目有了亏损的理由。

"一带一路"的方向是与民族复兴伟大目标一致的，但政治方向的正确并不等于其实施方案的内容、路径、次序、步骤、速度、方法等也是适宜的。第二次世界大战时期，打败日本帝国主义的政治方向是正确的，但这并不意味持久战和速决战两个策略都是正确的。本文抛砖引玉意在与国际关系学界同人讨论，"一带一路"的实施步骤应军事合作先行还是基础设施建设先行。

（本文发表于2015年6月19日《国际先驱导报》）

把铁路建设认为是"一带一路"的核心有点偏颇

"一带一路"必须要让中国经济受益

刚才听了两位嘉宾的演讲,介绍我们国家的"一带一路"政策。他们是政府官员,假定他们理解中央政府的政策是什么,但是我们听完后发现,他们俩其实不太一样。一个人说"一带一路"是个倡议,另一个人说"一带一路"是个战略。到底是倡议还是战略?我认为,"一带一路"不是外交战略,而是对外经济合作战略,它和外交的目标是不一样的。"一带一路"是个经济合作战略,要有经济收益,要带来经济好处,得让中国经济发展带来直接受益。外交战略不是,外交战略是解决我们和别的国家战略关系的,可以说我经济上赔钱,没关系,但是战略关系、经济关系、军事合作解决了,改善了。"一带一路"不行,不能拿"一带一路"来改善关系,说得到政治上的好处，得到政治资源了就互利了，不行。这个互利非常明确，就是经济上的互利，"一带一路"在经济上必须要让中国受益，如果中国经济不受益，就不能成为战略。这是非常明确的。"一带一路"服务的是经济利益，如果服务的不是经济利益，那自己就矛盾了。

"一带一路"是设计好的走出去战略

这里说到关于我们的经济关系和国际关系。刚才听到有人说现在的"一带一路"和（20世纪）80年代不一样了，我的理解恐怕不是这样。80年代我们不是被动开放，不是被迫开放，80年代我们是主动开放，今天照样是主动开放，区别是什么？区别在于80年代我们是引进来的开放，是原来不开放不让别人进来，而今天的开放是走出去的开放。

其实，走出去战略在进入21世纪之后已经开始了，2013年提出来的"一带一路"和2013年以前的区别是什么？以前是摸索走出去，今天是设计走出去。为什么之前我们不说走出去战略，今天的"一带一路"是个走出去的战略，是经济走出去的战略，这是本质的区别。国际关系和它的关系是什么？因为我们的实力地位上升，我们在经济领域中有了这样的能力，过去我们没有这样的能力，现在经济上我们可以对外投资，有高铁这样先进的技术。在你不具备的时候你想走出去是困难的，今天具备了条件以后（要做的是）怎么让它走出去。

关于现在中国在国际社会上已经有了制定国际规则的主导权，这句话可能过高估计了中国的能力。在部分经济领域中可能在实物贸易中，我们在制定国际规则中有一定影响；在服务贸易中，很难说我们已经具备了规则制定权和主导权；在安全领域、文化领域、政治领域，恐怕我们现在很难说在这里拥有最大的影响力，主导权更不可能。我为什么这么说？是因为"一带一路"在实施过程中会遇到你设计了一个方案，这个方案能不能被对方接受，怎么和对方的方案接轨的问题。如果不接轨，强行推推不下去，不强行推实现不了，这是客观的困难。

"一带一路"的原则是依靠市场和企业

党的十八届五中全会的公报说了一句话非常重要，从国家来讲，"一带一路"一定要有政治目标，我们要斟酌的是国际社会上的规则制定权。但是在策略层面，这是两件事。那是政治目标，是大的，是国家的，对企业这不是你的目的，用不着跟着争夺这个，你要做的是怎么挣钱，这里说得非常清楚，也是在这个公报里面讲的，"一带一路"的原则是依靠市场、企业来进行，也就是说它不是一个政府往里砸钱、完全由发改委做的一件事，而是像80年代改革开放一样，国家制定政策，所有的私人企业都去招商引资，各方面自己来干。参加这次走出去,我想应该和80年代一样,你的企业做什么,怎么能挣钱,这是最核心的,它讲的是依靠市场和企业。

关于"一带一路"和世界的关系,我们必须要知道这是中国的战略,不是联合国的战略,不是给全世界指定的,别的国家没有责任、没有义务、没有必要去执行中国的国家战略,这个战略是我们自己的。也就是说这个战略是服务于中国的利益,服务于中国企业、服务于中国老百姓利益的。这个过程中你得让跟你合作的国家或者对方得到好处,人家得不到好处凭什么和你合作,凭什么服务你的国家战略?当我们有一个在全球范围去实施的战略时,必须使这个战略在当地能够让它自愿接受,不可能强迫,这样就决定在合作中有时候企业会遇到困难,需要政府出面帮助协调两个政府之间的关系,来解决投资企业经营的困难。

交通基础设施只是"一带一路"合作方式之一

关于现在国内媒体对"一带一路"的介绍,我觉得好像是太多考虑我们去修路,我们去修铁路,我们去修公路,解决交通设施。我觉得这恐怕是个问题。"一带一路"如果是个宏观的大战略,修路仅仅是这个大战略中上万种合作之一,它是万分之一的重要性,占不到50%,更不能占到80%,我们"一带一路"和别人合作是一个全方位走出去的战略,是让游客、资金、技术、产品走出去，各行各业的经济力量走出去，怎么只能是交通设施呢？怎么只能是铁路建设呢？把铁路建设认为是"一带一路"的核心，我觉得这恐怕有点偏颇，应该是考虑更多的经济领域，铁路仅仅是众多合作之一。

另一个原因是，"一带一路"发展趋势恐怕已经不是周边，恐怕已经不是沿线。现在铁路已经（推）销到了阿拉斯加，到了洛杉矶。因为铁路在发达国家最有市场，他们有资本、需求、消费能力。发展中国家，比如老挝，没有那么多人，不需要铁路，不需要坐高铁；在发达国家需要这个，去拉斯维加斯赌一下钱，然后回去上班，有这个需求。

建设"一带一路"是一个动态、网状的过程

"一带一路"原来在 2013 年提出来叫周边"一带一路"，你们可以去看（2013 年）中共中央周边外交工作座谈会的讲话，里面非常明确，《人民日报》刊登过，我们叫作周边"一带一路"，现在不是，现在一头已经到了英国，另一头儿已经在谈论美国可以加入。到底"一带一路"是个周边的还是全球的，到底是"一带一路"还是全球的经济网，这是需要我们进一步研究的。刚才主持人讲了，它是一个动态的过程，我非常同意。整个"一带一路"发展的过程就是一个动态的过程，不是一上来就想好了是什么样，是在做的过程中不断调整发展。

现在到了英国、美国，怎么叫周边？它已经向全球发展，如果到南非、澳大利亚，怎么叫"一带一路"？是网状的。

这样大家可以看到，"一带一路"的发展趋势是动态的，其实一开始没有一"路"，一开始只有一"带"，是从"一带"变成"一路"，又从"一带一路"发展出来，又出来两个走廊，巴基斯坦的（中巴经济）走廊和中印孟缅经济走廊，然后走向中东，联系到非洲，是一个不断拓展的全球网络，不是"一带"和"一路"的问题。

实际上，我的理解是，我们和世界的关系将会随着"一带一路"的不断实施，在这个过程中，中国和世界越来越紧密。说到这一点，我想最后说一句，由于设计是在全球范围，而且是越来越大的发展趋势，应该是提供机会，不应该是所谓的沿线国家，沿线之外国家也会进来。

（此为作者于2015年11月5日在"2015凤凰财经峰会"的发言）

安保法给中日带来冲突的危险性

中国对日本的安全保障相关法案（以下简称安保法）表示了担忧。中国并不认为日本将迅速成为军事上的威胁，而是担心日本军方（自卫队）的权限将增强。因为中国的民众仍然记得第二次世界大战期间，日本军方宣扬军国主义发动了侵略战争。

当然，现在的日本军方没有对中国发动战争的权限。不过，最近日本军方要求扩大权限的举动很突出。如果钓鱼岛发生冲突之际如何应对的决定权交给军方，将非常危险。

借助安保法提升对中国威慑力这一安倍政权的逻辑令人难以理解。日本没有威慑力，一直只是在帮助美国加强对华威慑力。但是，美国的威慑力和日本的安全没有任何关系。

安保法带来的日美同盟的强化对于战争的避免将产生不利作用。美国通过同盟的强化，让日本和菲律宾巩固了与中国对抗的决心。中国与美国的同盟国代理人战争爆发的可能性反而出现提高。因此，中国正在加强国防。

如果日本认为在南海帮助美国遏制中国，将减轻在东海面对的中国军事压力，那就大错特错了。相反，中国有可能在东海加强对日本的军事威慑。向钓鱼岛派遣船只的情况或许将不断增加。

在朝鲜半岛发生非常事态时，如果日本根据安保法帮助美国动用军事力量，中国将不会对美国和日本做出区别。甚至将日本视为美军中最为脆弱的部分。如果日本行使集体自卫权，问题将更加复杂。两岸关系、南海和朝鲜半岛问题将发生连锁反应，有可能带来中日间的冲突。

中美之间由于核威慑发挥作用，不会发生直接战争。美国的同盟国如果没有美国的同意，不会挑起战争。因此，中国外交政策的根本在于美国。中国不需要为避免与日本和菲律宾的战争而付出努力。

中日国民感情恶化的最大原因是安倍政权的对华政策。安倍政权认为，为了实现安保法等国内政策，需要与中国敌对的关系。安倍在任期间，中日关系改善的可能性非常小，最多就是维持目前的水平。

（原刊于2016年3月29日日经中文网，原文为日语，日经中文网永井央纪汇总）

中国崛起战略和国际环境变化趋势

非常高兴今天晚上有机会能够跟北京大学同学一起讨论中国崛起面临的国际环境。

我在《世界权力的转移》这本书里讲的和西方学者对于世界权力转移的认识不太一样。保罗·肯尼迪的《大国的兴衰》一书分析了为什么世界帝国都会走向衰败,得出的结论非常简单——帝国的过度扩张。大国衰落的原因是它的过度扩张。现在大家用的典型例子是小布什,认为当时小布什搞过度扩张导致美国的相对衰落。

肯尼迪的理论能解释所有历史上帝国扩张的失败,但有一个问题解释不了:谁能取代?现有绝大多数国际关系的理论都在解释帝国为什么能持续和帝国为什么衰败,但没有解释哪个国家有希望崛起并取代这个帝国。

中国学者最早研究的是"崛起的困境",即一国从原来不是主导国变成主导国的过程中面临哪些困难。我们开始思考这样的问题：哪个国家能崛起取代现行的世界主导国？为什么历史上都是这样：后面比前面强，一个一个取代？哪个国家能取代，为什么能取代？所有的崛起国一定从实力或综合实力上比现行的主导国实力弱，要不怎么能叫崛起？崛起是从弱到强的过程。为什么在物质、政治、经济、文化力量上都不如主导国的情况下，能发展取代对方？它靠的是什么？这是一个非常好的困惑。

从美国来讲，不管是在军事上、经济上，还是科技发展和制度上，都比中国强。但为什么中美之间的差距却在缩小？从学术角度来说，这是一个很好的困惑。我这本书《世界权力的转移》就是在回答这个问题。这个主意不是我想出来的，而是借鉴中国古代思想（主要借鉴的是荀子的思想），最典型的是管子的一句话："夫国大而政小者，国从其政；国小而政大者，国益大。"国家实力很强大，但如果政治领导是弱的，就会把这个国家引导到走向衰败；国家不强大，如果有强大的领导，就会使弱国变成大国。用老百姓的话讲，非常简单，"兵熊熊一个，将熊熊一窝"。那么，为什么政治领导力强，这个国家就能强大？里面的机制是什么？

国际格局的变化由政治领导决定

大家都知道，国际社会的体系由三要素构成：行为体、国际格局、国际规范。这里面两个变化跟政治领导相关。

一是国际规范。换了一个领导国，新的领导国会制定新的国际规范，新的国际规范出来后取代旧的国际规范。美国说中国垄断了世界贸易组织，你是最大贸易国，世贸组织的改革和规范都按你的意思来，不行，所以我自己搞一个TPP。这就是规范之争。领导国引导着国际规范向什么方向发展。对于国际领导在国际规范变化上起决定性作用，国关学界没有分歧。

第二个变化是国际格局的变化。国际格局是指实力对比，几个大国到底谁强谁弱。国际格局为什么会发生变化？因为有的国家发展快，有的国家发展慢。那么，为什么有的国家发展快、有的国家发展慢？有人说，列宁早就回答了，是实力不均衡发展的规律决定的。比如一起上课，有的人进步快，有的人进步慢，这是自然规律，当然有的国家发展快，有的国家发展慢。

那么，这一自然规律由什么支配？班上有人学习进步快，有人进步慢，进步快靠什么？或许有人回答，有的人智商高，有的人智商低，同一起跑点，结果不一样。那你考虑另外的因素了吗？智商高的人不好好学，就会出现"龟兔赛跑"。所以，有两个因素：智商高，还得努力。智商高又努力，就强大了；智商高却不努力，就衰落了，或者智商低但是努力，差距照样拉开。这就出现了实力的相对性。不是你自己进步多快的问题，而是你跟别人比，你比别人进步快多少的问题。你进步非常快，比你高中时进步速度快多了，但发现班上没有其他人进步速度比你慢，结果考试还是倒数第一。进步快与慢没有绝对性，是相对的。国家也一样。

2008年世界金融危机爆发后，美国出现相对衰落，中国崛起速度加快，这里面存在着一个问题：是什么导致的？——两个国家提供的领导不一样。领导是什么？领导进行的改革不一样。

应该说，奥巴马非常想改革，但是奥巴马的政策能够真正落实下来的改革部分并不多，他的领导能力被认为比较弱。在美国，从克林顿到小布什，再到奥巴马，在美国人心目中，这三个人哪个领导班子领导能力强？——克林顿。克林顿时期，美国拉大了和所有国家的差距，包括中国。克林顿能力非常强，把负债累累的美国变成有两千亿美元财政盈余的国家。克林顿能把握住军队：先到了索马里，但看形势不好就能马上撤出来，敢进去能出来。小布什是敢进去撤不出来；奥巴马是进也进不去，撤也撤不出来。这就是能力。最高领导人当然应该有能力，但光靠最高领导人一个人不行。它是由一个班子决定的，是一个集体领导。

即使在封建社会，在我们普遍认为独裁统治的封建社会，也是依靠集体领导的力量。大家特别羡慕唐太宗李世民创造的"贞观之治"，如果读《贞观政要》，里面体现了李世民高度依赖他的领导集体，不是自己一个人独断专行。《贞观政要》记载了他执政 23 年的"语录",在 23 年执政中,前 18 年 44 次公开承认错误。你们能想象资本主义国家或民主国家的领导人这么多次公开承认错误吗?这 44 次是有文字记录的承认错误,其中有 4 次是发布"罪己诏"。

中纪委网站登了文章,说魏征多次提诤言对国家强大起了多大用。唐太宗自己说,贞观之治,功在魏征之诤言。魏征能够不断提出批评和意见提醒我,所以我才能把国家搞好。有个故事说,唐太宗要派一个经济"巡视组"去看京城干部腐败不腐败,有人建议,别人不行,只能由魏征负责,唐太宗一听就反对,说,如果魏征走了,谁每天能提出我错在哪儿?他对魏征依赖到每天不听魏征批评日子都不好过的地步。他对批评的需求很强。这是一种领导能力。

如果说在古代社会,一个领导的能力决定了国家的强盛,在现代社会同样如此。这是为什么我国政府强调党的领导重要性的原因。没有党的领导,就没有 1949 年新中国成立以来取得的成就。但这件事分两面说:成就是领导的,问题也是领导的。科学的态度是,一个理论一定是正反两面都能解释。不能说,成绩都是领导的,错误都是人民群众的。成绩是我的,功劳是我的,问题和错误也是我的,才对。

我在《世界权力的转移》一书中不但能解释了一个国家为什么能强大,同时解释为什么霸权会衰落。崛起国能够以弱胜强,取代现行的大国,是靠这个国家的领导能力很强,政府不断地改革。我理解，领导能力是改革能力，"改革"是一个正面词，使国家往坏的方面变是倒退，往正确方向发展是改革。如果改革多，落实好，那么这个国家的强大会很快。反过来，如果一个国家不改革，就会停滞不前。

比如日本。冷战结束后，日本长期出现零增长，日本抱怨是因为美国1985年制定《广场协议》，逼着日元升值，使日本出口受到压制，从而导致日本的经济衰落。后来当美国对中国施压、要求人民币升值时，很多好心的、对中国非常友好的日本学者提醒我们，你们一定要小心，美国当初就是拿这招对付我们日本，让日本20年不发展，你们中国千万别上当，你们人民币升值结果肯定跟我们日本一样。但想一想，1985年《广场协议》让日本20年经济零增长，美国说，如果这个协议对你产生负面作用，你可以通过改革改变它，为什么自己不改革？所以，多数美国的经济学家认为（经济衰落）是日本不进行经济体制改革的结果，不改变财团经济的发展模式。

我不是搞经济的，难以对日本经济为什么长期停滞不前做出解释，但政治上的解释是日本没有进行改革。我们国家也一样，我们改革，往正确方向走，就会进步；不改革，就会停滞不前；如果我们倒退，就会走向衰败。"文化大革命"就是典型的例子。"文革"不是老百姓发动的，是当时的政府领导人搞起来的，由于犯了错误，提供了错误的领导，导致国家的衰败。这是《党的若干历史问题的决议》所承认的。这个责任不在老百姓。"文化大革命"给中国带来的灾难绝不是中国人民自己给自己带来的。

刚才我为什么说外交部官方的判断有一点问题，即发展中国家群体性崛起，但群体性崛起是不可能的，崛起只能是个别国家。世界上能崛起的国家不会超过5个，还得是大国。刚才有人说金砖五国，但现在发明"金砖国家"这个词的人都建议不要用这个词了，巴西、俄罗斯负增长，他说金砖五国里只剩下一块金砖，就剩中国了。当时我们官方判断群体性增长，这是不了解不平衡发展这个自然规律。出头的、拔尖的，只能是个别。不存在一个省群体性出现高考状元，这可能吗？这不符合规律。现在我们看到的不是发展中国家崛起，是中国崛起。发展中国家没有崛起。发展中国家至少有150个，不算印度的话，只有中国一个崛起。

要想实现中国的崛起，必须得有强有力的领导，这个领导得不断地进行改革，不断地纠错，不断地及时改正自己的错误。这是什么？这就是邓小平讲的"摸着石头过河"。"摸着石头过河"就是及时发现错误及时纠正。

国际规范的变化也可能是循环、倒退的

国际规范会否变化？这一点我不敢说，因为国际规范的变化也是靠领导。

有两种可能。一种是领导国内部领导的类型发生变化。比如美国，克林顿时期支持军控，强化军控政策，使军控领域不断达成新的协议。小布什上台后反对军控，军控领域里的国际规范就形不成，很多规范也不执行。小布什时期退出了《反导条约》，这个条约是美国原来讲的"维持世界和平的基石"。小布什上台后还违反了《核不扩散条约》，和印度进行核合作，所谓与"不符合规则的核国家"进行合作。在一个国家里，领导改变后会影响国际规范的执行，使得推行的规范就会发展，不执行的规范会弱化，因为它是最强大的国家。另一种是国家的改变，换新的领导国，新领导国跟上一任领导国不一样，新的领导国会推行新的国际规范。典型的例子是第二次世界大战后美国和苏联提供的以联合国为基础的主权平等规范，这虽然是霸权规范，但好于联合国产生之前的强权规范，比如先占原则、吞并原则，是一种进步。

其实，国际规范的变化不一定永远是进步的，有可能是循环的。我们都知道，联合国制定了一个规范，叫主权平等，不干涉内政。而现在出现的现象是，发展中国家普遍要求干涉内政。新成立的拉美及加勒比国家共同体（CELAC）在宪章中明确规定，所有成员国必须对发生政变的国家进行干涉。这跟春秋时期齐桓公组织的葵丘会盟相似，当时的盟约规定，如果谁在国家政权继承方面不坚持嫡长子继承制度，盟国就得干涉，如果立庶为嫡，把不是皇后生的孩子列为接班人，大家也得干涉。

阿盟通过决议，要对叙利亚进行军事干涉。非盟通过决议，坚决要干涉（发生政变的）马里，并且要求联合国对马里进行军事干涉。干涉正在成为国际社会一个普遍要求。联合国通过决议，制裁朝鲜进行核试验和发射卫星。我们的外交部发言人说，朝鲜拥有和平利用太空的权利，但因为联合国限制，这样做是非法的，受到联合国决议的限制。如果说干涉内政将取代不干涉还为时尚早，至少目前不干涉跟干涉这两种规范已经具有了平起平坐的影响力。

规范是在变化的。西周早期是朝贡体系，国家与国家之间的等级关系是天子国与诸侯国；到了春秋时期，齐楚争霸，规范变了，不再听周天子，开始挟天子以令诸侯，但诸侯争霸跟西周时期的规范比暴力多了点，但跟战国时期相比还是温和的，因为不能搞吞并，而战国时期，秦国开始搞吞并。这也是为什么中国史学家把三家分晋作为春秋与战国分界的标志，就是因为规范变了。国际规范在第二次世界大战后有了重大变化，比如占领殖民地的规范被否定了。今天的规范，是不是进步了，我们只能相对而言。规范的变化未必是线性的、向前进步的。

世界中心在向东亚转移

今天中国的崛起一定会带来国际格局的变化，即冷战后美国一超独大的格局一定会开始变化。问题是，往哪儿变？

有人说会向多极化方向发展。我自己认为我看不到。多极化是指在不远的将来至少有两个国家跟美国的实力相似，或者在一个等级上。现在除了中国之外，看不到第二个国家的综合国力有可能缩小跟美国的差距。据世界银行报告，2015年美国GDP是18万亿（美元，下同），中国是11万亿，中国是美国的60%。再下来是日本，5万亿，相当于美国的1/3不到。德国4万亿，相当于美国的1/4不到。其他的更少。有人说印度，印度2万亿，是美国的1/10。除中国之外，这些国家跟美国差距都是逐渐拉大的。在这种情况下，怎么可能是多极化？

（20世纪）80年代末90年代初，日本GDP相当于美国的2/3，德国是美国的一半，现在是什么结果？都是差距在拉大，只有中国在与美国缩小差距。中国有什么能力帮助哪个国家缩小与美国的差距吗？我们能解决好自己的问题就不错了。有人说欧盟。欧盟是国际组织，如果拿欧盟的GDP跟美国比，那还有一个政治单位比美国还大，就是联合国。这么比没有意义。因为欧盟这样的国际组织没有国家的功能。

这次变化不仅是国际格局从一极向两极发展，而且世界的中心会从欧洲向东亚转移。过去世界主导国的地位在转变，但没有改变地理位置。譬如，英国取代法国，但仍然在欧洲；俄罗斯取代英国，也仍然在欧洲。二战后，北美的美国加入，仍然是欧洲为中心，因为美国说它是跨大西洋的国家。今天有人说亚太在崛起,这没有道理。美国既是太平洋国家也是大西洋国家,算哪头都行,算它没有意义。地理位置不变,实力不变,就是一个常量,常量不决定变化。

变量是什么?变量是东亚地区的总体实力一点点超过欧盟。那么,超多少?现在整个欧盟加起来跟美国差不多,17万亿或18万亿。中国是11万亿,日本是5万亿,加上韩国1万多亿,这三个国家就17万亿,也就是说这三个国家加在一起,基本跟欧盟差不多,还有东南亚、中国台湾和中国香港。东盟差不多相当于俄罗斯,比俄罗斯还多一点。西欧加上俄罗斯,跟现在的东亚地区差不多。而且东亚的发展速度明显比欧洲快,俄罗斯今年(2016年)是负增长,明年(2017年)还是负增长。这意味着东亚整体实力超过欧洲整体实力,大洲对大洲的对比要发生变化。

世界中心的重要标志是什么?一个重要标志是召开的国际会议多。我们会看到越来越多的国际会议在东亚地区,在中日韩、在东南亚召开。这次中国的崛起不仅将改变国际格局,还会改变世界中心的地理位置。

只有不断改革的制度才是正确的

这个变化,我们简单归结为中国的领导能力强于其他国家。那么我们是不是就应该放心了?我跟大家说:崛起是一项非常、非常艰巨的任务，没有人保证你一定能成功，失败的可能性非常大。历史上很多大国跟世界超级大国、世界领导国擦肩而过，半路夭折是多数，只有少数国家运气很好，成功了。

对于中国来说，好的方面是世界在向两极化发展，而我们恰巧是两极中的一极，这是我们的优势。也就是说，中国跟美国的实力差距在缩小，有超过美国的可能性，当然我不是说一定能，但别的国家连可能性都没有。在这个意义上，这是对中国最好的一点。

在转变过程中，不仅中国的经济增长速度跟美国的差距在缩小，军事力量也已经开始和美国缩小差距。我举个具体的例子，美国的国防开支今年（2016年）是5000多亿，中国是1500多亿。世界上国防开支超过1000亿的国家就是中国和美国，而且中国和美国的差距是缩小的趋势。俄罗斯国防开支是负增长。日本军费在增长，但现在加在一起是500多亿，增加一点还是500多亿。

不仅物质力量的差距在缩小，而且由于中国崛起速度比较快，人们的观念也在发生变化。中国是一个被认为哪儿都不对、哪儿都不行的国家：科技不行，尽是山寨，原创不多，诺贝尔奖获得者也没有几个，印度还有诺贝尔奖获得者……

但面对国际环境的变化，人们会问：中国发展模式没有一点可取之处吗？如果没有，怎么能发展得快，怎么能缩小和美国的差距？于是出现思想上的反思。西方社会有名的人开始反思。布莱尔发表了一篇文章《民主死了吗?》：民主制度这么好，怎么就不能从 2008 年金融危机中摆脱出来？中国被认为是不符合西方民主制度的国家，却是摆脱金融危机最快的，这是为什么？福山则从一个极端走向另一个极端：冷战结束说历史终结，民主胜利了，西方价值观取得了决定性的胜利；20 多年以后，他又写了《衰败的美利坚：政治制度失灵的根源》，说美国政治制度不好，导致美国的衰败。

到底美国制度使美国成为世界霸主还是美国制度导致美国失败？他（福山）的两个观点我都不同意，我既不认为美国的制度能让美国的霸主地位永远维持下去，也反对美国制度对美国崛起没有作用的说法。美国制度对美国崛起有作用，只不过到了今天，由于太成功，不愿意改革，反而变得不适合现在这个时代。它原先是适合历史发展的，但由于不改革，不想改革，导致了今天的不适合。

举个例子，美国早期选举投票，多数选民是已经结婚的，以前 18 岁可能还小，过了 20 岁以后没孩子的是少数。而今天 36 岁以下的选民，多数人是不结婚的。当爸妈的人和没当爸妈的人价值观是不一样的，政治取向不一样，对社会责任的认识不一样，挣钱养家和靠着老爹给自己买饭票的不一样，喜欢的人也不一样。年轻时就喜欢能说会道的，岁数大了就不一样了，不喜欢只会动嘴皮子的。奥巴马赢靠的就是用"推特"调动年轻人，但美国现行的选举制度已经不符合这个时代了。

实际上，没有一个制度是永远正确的。只有不断改革的制度才是正确的。时代、技术、人的观念、社会、生活水平等都在变，制度如果不变，不落后是不可能的。我们中国有一个词叫"与时俱进"，最高明的战略是与时俱进的战略。

中国崛起面临的内外挑战

中国现在面临的机遇和挑战是什么？机遇是面临两极化趋势，我们发展速度比别人快。

挑战也非常大，内外都有。在崛起过程中，我们面临最大挑战是内部。以我自己的经验，我们在崛起过程中面临的最大国内挑战是极"左"思潮。导致"文化大革命"的因素是我们面临的最大威胁。从1949年到现在，"左倾""右倾"对中国的发展、中国的强大、中国的进步都有影响，但极"左"的负面影响是最大的，没有任何一种思想对中国发展、进步和强大产生的负面作用超过极"左"思潮。严防极"左"思潮是保证国内不出现颠覆性的危机，不使整个民族崛起、民族复兴出现颠覆性的后退。

国际上是中国面临的崛起困境。崛起困境是什么？随着实力增大，国际社会对中国不满的国家会增加。如何处理随着中国实力增长对中国不满意的国家增加这个问题？如果194个联合国会员国里，除了中国之外，193个国家都反对，那么我们的民族复兴肯定是很难的。有人问:"为什么崛起别人会不喜欢?"先不说我们,世界上有一个国家崛起是别人喜欢的吗?没有。这是人性使然。崛起过程中,别人一定不希望你强大。那么,为什么有的国家能让别人希望自己强大?你的强大可以给他带来好处,你强大不给他带来好处,他一定是反对的。

中国古代长期以来都在讨论"王霸之争",王道和霸道的争论是用什么办法让其他国家愿意臣服。"王道"是说以仁义对待它们,让它们愿意臣服。"霸道"是说用武力压服它们,让它们臣服。我推崇的是"王道"思想,用这种方法的好处是可以持续。"霸道"的方法可以建立以你为中心的秩序,但难以持续。

古代的"王霸之争"到今天依然在继续,即我们应该采取什么样的对外政策。下面具体讲讲"不结盟"。很多人说结盟是冷战思维,其实不结盟才是真正意义上的冷战思维,不结盟运动是在冷战时期形成的。1956年,当时的埃及总统纳赛尔、南斯拉夫总统铁托、印度总理尼赫鲁和印尼总统苏加诺在会谈中提出了不结盟的主张。1961年第一次不结盟首脑会议,25个国家参加。结盟不是冷战思维,自古以来人类就结盟,春秋时期的诸侯都搞结盟,"合纵连横"就是。

不结盟的核心是什么?不结盟的核心是不为其他国家提供安全保障。这就是为什么不结盟的都是中小国家、弱国;超级大国是没有搞不结盟的。两极化的情况下,如何体现中国对外政策是一种王道思想、仁义思想？我们现在正在做的是，告诉所有国家："我们越来越强大，但放心，我们绝不会保护你们的安全。"这仁义吗？讲道义吗？不讲道义。美国结盟了却不遵守盟约是不道义的行为；可我们连结盟都不敢，是连道义的思想都没有。

现在面临的很大问题是如何应对崛起困境的问题，这不仅是一个具体的措施问题，而且是政治观念的问题，用什么办法来破解随着自己的强大形成的越来越强大的国际压力。

最后说说中国崛起的趋势。中国崛起的趋势会怎样？中国崛起目前遇到一点挫折、出现一点冷风。这是进步中遇到的困难，可能是在所难免。也就是说，我们过了眼前这点困难，后面还会有别的困难。我们的经济增长速度肯定在下降。但眼前的困难不意味着我们就开始走下坡路，是线性的，就没有回升的可能了。极"左"思潮在国内受到一定的遏制，意味着社会有一定的纠偏能力，这个纠偏能力使政府能够不断地调整政策，在正确的方向上改革。现在提"万众创新"，创新就是要改革。过去不行，就要改革，换个新花样。

第二个决定我们继续前行的因素是开放。中国的文化决定了，开放是我们国家走向强大的必要条件之一，封闭的话，国家就会走向衰落。改革、开放这两个基本条件同时具备，就会有加快崛起的速度。历史上，贞观之治是我们国家一个非常开放的社会，政治制度非常开放。中央政府24%的官员都是外籍人士。开放的心态、开放的政策自然带来进步的东西进入国家。

我认为我们国家的文化是海绵文化,是一种可以吸收所有外部的东西而不改变自己的文化。但是,通过吸收,会使自己的质量有所不同。"中庸"体现的是拿来主义,需要什么学什么,还有清朝时的"中学为体、西学为用",以及现在的"中国特色的社会主义"。我们坚持这样的原则,再加上改革开放,崛起就会比较快。

再是文化的理由,中国人学习能力特别强。我在美国读书时,学校博士资格考试结果一出来,如果第一名不是中国人,这次中国学生肯定没参加考试。但过了读书、学习、做作业这个阶段,我们创新能力弱的缺点就显现出来。我们做论文、做研究,不如美国学生,这是事实。我们现在在搞教育改革,但这一点不需要教育部管,中国家长提高孩子学习能力有的是办法。

但有一点,创新。创新能力需要国家来提倡,国家就是要解决社会不能解决的问题。创新能力弱,国家更应该加大对创新的扶持,提供创新的条件。我们进行开放,就有学习的机会,自己通过改革加大创新的能力,就能实现民族复兴。

最后,我想说,光说硬的东西还不行,还得有观念。什么观念?就是我们用什么原则指导我们的外交政策?28个字的(社会主义)核心价值观肯定不能用于外交政策,那是对国内。

外交政策靠什么？还得靠王道思想。中国传统王道思想是公平、正义、文明。公平、正义、文明在现代意义上来讲不排斥平等、民主、自由，但它在民主、平等、自由的基础上要上升一个更高的层次。

什么叫作平等？上车，谁先上车谁有座。什么叫公平？所有人上车后要给老幼妇孺让座，这是公平。实行王道政策，就得公平，而不是天天强调平等。大国跟小国不能讲平等，讲平等，中小国家会害怕，因为平等我斗不过请你，实力有差距。比如，零关税，我们跟东盟国家搞自贸区，中国先对东盟国家搞零关税，你们先不搞，等10年后你们水平提高了再搞，就很平等啊。但中国2001年起对东盟国家零关税，到了2009年东盟国家就开始担心了，吃不住劲了，害怕中国产品把自己的民族工业冲垮，于是"中国威胁论"开始大规模出现，岛屿争端开始激烈起来。

拳击比赛为什么要分重量级和轻量级，就是要公平，而不是平等。王道强调公平。思想观念上，我们要借鉴中国古代的政治思想，领导人也提出应该从中国古代思想中汲取那些有益的、进步的治国理念，如此制定我们的对外政策，促进民族复兴早日实现。

最后总结一句话，跟《世界权力的转移》这本书相关，这本书的思想核心是中国古代的国家间政治思想，即王道思想，形式是借鉴了现代国际关系理论研究的科学方法，用这些科学方法对古代思想里机制性的东西加以分析,"明君贤相,国家能强大"的简单道理,把中间的机制是什么说清楚。在这个意义上,也是坚持了"拿来主义"原则,借鉴已有的科学研究方法,结合中国古代思想,创建一个新的世界权力中心转移的理论。

(此为2016年3月25日阎学通教授在北大博雅讲坛的讲座记录稿)

中菲关系改善，东南亚战略布局现契机*

菲律宾总统杜特尔特自上台以后的一系列反美亲华言行，掀起了整个国际舆论的轩然大波。一个重要的现实是，在近年来美日联合推动东南亚国家与中国就南海进行争端的事件中，菲律宾起着急先锋的作用。菲律宾在国际仲裁法庭取得的有利于己方的仲裁结果，成为反对中国南海立场的主要抓手。而菲律宾新任总统对华态度的反转，使得余波未了的中菲南海仲裁案乃至整个南海争端局势瞬间发生了巨大变数。

在2014年接受《南风窗》的专访中，清华大学国际关系研究院院长阎学通曾经预测，中国和菲律宾的关系将在阿基诺政府之后得到改善。新总统杜特尔特上台之后，菲律宾大幅调整了对华政策，中菲关系得以显著提升，出访第一站也选择了

---

* 本文为《南风窗》记者覃爱玲对阎学通教授的访谈。

中国。现实印证了阎学通教授之前的预测。

作为海内外知名的国际问题专家，阎学通教授对当前的国际形势和中国的对外战略等问题，一向有着独到见解。在此杜特尔特访华访日、中菲和中国东盟关系发生巨大变数的时期，他再次接受《南风窗》的专访，就中菲关系、中国与东盟的关系、中美在东南亚的竞争、东南亚整体政经格局走向等问题进行了深入阐述。

杜特尔特面临的是政权安全问题

《南风窗》：你认为此次菲律宾调整对华政策的主要原因是什么？

阎学通：我2014年预测阿基诺政府后菲律宾对华政策就会调整，依据的是一个决策原理，即任何对外政策都不能伤害决策者个人的执政利益。这次杜特尔特上台后180度地改变了阿基诺三世的对华和对美政策的原因非常符合这个原理。

阿基诺三世的政权基础是菲律宾国内的亲美势力，包括美裔菲律宾人。他采取亲美反中政策有利于他巩固个人执政地位。杜特尔特的社会基础是菲律宾南方的本土人，而北方亲美势力则反对他当政。根据媒体报道，他执政后亲美势力搞了一次未遂政变，杜特尔特将此视为美国的阴谋。他之所以相信是美国搞的，是因为他在任达沃市市长时，美国曾在2002年瞒着他将一名被当地警察局扣压的美国特工从达沃市偷运出境。

至于美国是否真的有意将他拉下台，本身已经不是最重要的，重要的是，以往在他国搞政变的历史使很多国家的决策者怀疑美国有这种意图。菲律宾原总统埃斯特拉达就说过他是被美国搞下台的，今年（2016年）7月，土耳其总统埃尔多安也说土耳其当时发生的政变与美国的支持有关。

《南风窗》：菲律宾对华政策的急转弯，中国政府给予了充分肯定。但也有不少人认为，这不过是杜特尔特为了获取中国的经济好处，在大国之间进行的反复，并不值得信任，你怎么看这种观点？

阎学通：现在社会上阴谋论盛行，对于国际关系的讨论也往往被淹没在种种臆想出来的观点中。这从包括《货币战争》等书籍的出版和流行，以及很多网民的言论中都可以看出。

杜特尔特面临的是政权安全问题，他不会相信今后6年不再发生新政变，他也不会相信美国不支持菲国内的政变。目前，除了中国他找不到其他国家能给他提供维护政权安全的帮助。另外，中菲签署的协议主体是投资项目，不是现金捐赠。这些协议需要几年才能全部实施，在大国中反复的结果将对菲不利，对杜特尔特的执政地位不利。因此，他重新转向美国争取战略支持的可能性很小。他会加强与日本的经济合作，但他难以靠日本提供安全保障，因为日本需要考虑美国的感受。

所有国家的内政不可避免地会影响到对外政策。一个典型的案例是土耳其总统埃尔多安，作为一个北约成员国的领导人，在发生政变后居然很快就跑到俄罗斯与普京交好。这个改变速度比杜特尔特还要快。

中国应利用杜特尔特将执政6年的时间巩固和加强双边关系。一方面落实双方已经达成的协议，使菲民众看到这些项目产生的经济收益，菲民众对华态度就会发生重大改变，就会信任中国。另一方面与菲律宾就岛屿争端进行谈判，尽快达成解决方案。渔业协定与主权问题可一揽子解决。

中国与东盟的整体关系将缓和

《南风窗》：如果双方的领导人下定决心，解决中菲关系面临的实质性问题，难度有多大？

阎学通：中菲在南海问题的冲突上，政治立场问题解决后，其实在具体现实中并没有根本无法克服的困难。菲律宾关注的主要是经济主权，中国关心的政治主权，双方在主权利益的关注重点不同。在这种情况下，问题相对容易解决。在各类国家利益冲突中，经济冲突是最好解决的。

在东北亚，日本和中国关心的都是政治主权。20世纪70年代，中日钓鱼岛争端经过谈判都能稳定几十年，中菲南海争端有可能得到更好的解决。美国在南海与中国是战略矛盾，而战略竞争是比较难解决的。

《南风窗》：一种流行的观点认为，中小国家的政权变更容易带来外交政策的急剧转变，"随风倒"。您怎么看待小国的这种外交行为？

阎学通：任何国家要做到"随风倒"都需要两个条件。

一是两极格局，即两头的风力强大程度相似，任何一方都有能力为第三国提供政权支持。在一极格局下只有一头的风，想两头倒是做不到的。冷战后形成美国独霸的一极格局，不满意美国的小国也找不到其他的保护者，这就是为什么形不成共同应对美国的同盟。

二是决策者的个人执政地位受到两个强国中的一方威胁。两个强国都威胁一个小国决策者的执政地位，它无法倒向任何一方，当两个强国都不威胁一个小国决策者执政利益时，它则没有180度改变政策的利益需求。这就是为什么，两头倒的现象经常与一国国内政权更迭有关系。例如，1949年之前，国民党执政的中国以美国为盟友，1949年之后，共产党执政的中国以苏联为盟友。

《南风窗》：您认为，菲律宾对华政策的反转，对地区格局可能产生什么影响？中国应该如何利用菲律宾对华政策调整的契机，来改善和推进中国与东盟国家的关系？

阎学通：菲律宾对华政策立场的根本转变对东南亚地区格局影响很大。中菲关系改善，立即使这一地区的军事冲突危险下降。中菲开启双边谈判，为中国与其他南海声索国开展双边谈判创造了样板。

菲律宾立场转变后，其他东盟成员中不会再有国家选择站在第一线与中国对抗，中国与东盟的整体关系将缓和。中国与其他南海声索国关系的缓和，使美国无法再利用中国与它们的矛盾在南海与中国对抗。日本更找不到理由介入南海争端。东南亚地区的总体安全态势将呈现稳定，冲突减少。东南亚的地区格局将向有利于中国而不利于美国的方向发展。

菲对华政策的突然转变，验证了管子的一个判断，"国修而邻国无道，霸王之资也"。这是说对手犯的战略错误是自己成功的重要资源。奥巴马丢掉了菲律宾，说明他的战略指挥能力不强。美国对菲政策的战略失误成为我国改变东南亚战略格局的契机，今后就看我国是否能用好这个战略契机了。

中国应借助中菲关系改善的机会，推动与东盟所有成员国关系的改善。这也是对中国外交能力的一个重大考验。创造战略机遇、运用战略机遇和失去战略机遇所体现的都是决策者的战略领导能力。当前菲律宾调整对华政策既是意外的战略机遇，也是检验我们战略领导能力的试金石。

接下来就要看中国的外交能力了。如果中国的外交能力够强，就可能利用这一机会改善总体的东南亚地区形势。如果能力一般强，就可能扩展不到整个地区，但会对中菲关系的改善产生积极影响。而若外交能力真的不行，只能靠天吃饭，对于这种天赐的外交良机，则只能获得一时之利。可能等杜特尔特下台后，菲律宾国内的形势改变，亲美派上台，中菲关系重新发生反复。

我以为，中国要从只为东盟国家提供经济帮助向提供安全保障转变。现在菲律宾、柬埔寨、老挝和泰国都存在由中国提供安全保障的客观需求，如果中国与这四个国家分别建立双边军事同盟关系，这将极大提升我国与东南亚国家的战略合作水平，从而为进一步提升与东盟的整体战略合作水平奠定新基础。

先易后难是个普世性的策略

《南风窗》：提供安全保障，这样会不会激化目前的中美角力，加大发生战争的可能性？

阎学通：中美的对抗是由双方的客观利益决定的，人为的力量影响是很小的。实力对比越小，冲突越大，零和关系不可改变。中美之间越来越大的利益冲突只能是通过管控，防止冲突升级为战争。结盟本身并不会改变中美冲突的性质，也不会增加强度，不会加大战争的可能性，反而可以成为管控冲突的一种手段。

结盟可以迅速提高中方的实力,所以我一直建议,中国应该进行结盟。相对于经济援助的巨额数量,全世界军援的费用其实相当低。中国现在有一种非常流行的错误印象,似乎一结盟就可能发生战争,或者被盟友拖入战争中。如果结盟的副作用天然就很大,那为什么世界上那么多的国家都结盟呢?中国现在是因为长期不结盟,误以为不结盟是最好的战略。这有点像长期吃素的人认为吃肉不利于健康。

《南风窗》:东盟国家的外交政策很大程度上受到中美两大国的影响。中美在东南亚的竞争态势是怎样的,中美对东盟国家的外交政策影响是怎样的?日本在中美的两极竞争中处于什么位置?

阎学通:东南亚地区已经形成中美两极格局。两极格局之下,小国不选边很困难。虽然有地区性的组织东盟,但东盟没有达到欧盟那样的一致性,一直不能以一个统一的声音说话。

在战略安全趋势方面,柬埔寨、菲律宾、老挝、泰国会选边站在中国一方,新加坡、越南会选边站在美国一方。印度尼西亚、马来西亚、文莱、缅甸目前选择中立,但随着形势变化它们的政策是有可能改变的。今后,如果我国与柬、菲、老、泰四国结盟,中国在东南亚的战略影响力就会大于美国,于是四个中立的国家就会考虑采取与中国关系近于和美国关系的策略。这种策略有助于保持他们是东盟中主流国家的地位。这将进一步促使东南亚的权力结构向中国倾斜。当这种态势形成，新加坡和越南也需要重新考虑它们的对华政策，有可能从安全靠美国向在中美之间保持等距离的方向转变。

越南和中国是现实利益矛盾，有战争记忆、领土和海域矛盾冲突。新加坡并没有具体的矛盾冲突，是其当政者认为在中美冲突中美国是强者，站在强者一边对其有利，这是策略考虑。

在东南亚地区，中国的经济影响力已大于美国，今后差距会更大，因此中国要着力提高军事影响力。问题是，中国目前用于提高在东南亚的军事影响力的方法效率很低，策略的重点不是放在军事援助和结盟上，而是采用了低效率高成本的填海策略，并坚持不结盟。事实上，以军事安全合作来经营周边关系，进行军事援助，所需要动用的资源远小于以经促政的策略。减少经援增加军援可降低对外战略成本，还能取得更大的效用。这也是为什么美国的对外战略不和中国拼经援而是依赖军援。

美国没有专门的东南亚战略，只有亚太战略。美国用于东南亚的实力主要在军事方面。前些年美国推TPP想保住在亚太地区的经济主导权，但从目前来看，美国国内对此反对声很大，新任总统上台后不会马上继续推行。这意味，美国今后一段时期对东南亚的经济影响力都是有限的。

在东亚地区格局两极化加速的情况下，日本已经做出了战略选边，即跟随美国对抗中国。安倍执政时期内，日本这个战略选择不会发生质变。安倍之后，日本领导人变更后，有可能出现改变对华政策的机会。再过三年，日本民众如果还看不到与中国对抗有任何收益，会质疑对抗中国的合理性。

《南风窗》：你认为，中美目前在东南亚的竞争，在中美的全球关系中处于什么位置，对整体的国际格局又有哪些重要影响？

阎学通：中美战略竞争的核心地区是东亚。东亚将是未来世界的中心，因此谁在东亚具有主导地位，谁就在全球具有主导地位。这意味中美在东亚地区的战略竞争将比在任何其他地区都重要，因此在这一地区的战略竞争将是最激烈的。

东亚分为东南亚和东北亚两个次区域地区，这两个地区的联系性不强，例如，韩国就不关心南海问题，东盟国家就不关心朝核问题。由于世界第三大经济体日本在东北亚，因此东北亚的战略重要性大于东南亚，这意味中美在东北亚的战略竞争将比在东南亚激烈。2014年在接受《南风窗》采访时，我就认为东南亚的问题比东北亚问题要容易解决。先易后难是个普世性的策略，因此中国如果先把东南亚的战略格局转变得有利于自己，那这就为改变东北亚战略格局不利于我国的局面创造了有利条件。

中国现在的外交构想中，提出要构建"世界命运共同体"。

从理想上来看这是可以理解的，但从现实看，这是一个实现起来难度非常大的任务。中国目前能做的，首先是要经营好周边，构建好以中国为中心的"周边命运共同体"。如果与邻国连同盟都建立不起来，就没条件建立周边命运共同体，就更不可能建立世界命运共同体。

［原刊于《南风窗》2016年第23期（总第579期）］

网络竞争的重要性已超过核竞争

在第70届联大一般性辩论会上，100多个国家的政要做了发言，其中很多人在讲话中提到"国际秩序"或"世界秩序"。然而，他们每人所说的国际秩序内容却不一样：欧洲国家关心的是边界问题，即乌克兰问题；非洲国家关心的是中小国家的国际权力问题；东亚国家所谈是海上权益问题。现在真正关心网络安全秩序的国家都是大国，特别是联合国安理会常任理事国。大国关心网络安全秩序而中小国家并不关心，这是个非常有意思的现象。

网络秩序是"大国之重器"，
是中美战略竞争的焦点

为什么网络能力弱的中小国家不关心网络安全，而实力强的大国却关心网络安全呢？我以为主要原因是，网络已经进入人类生活的所有领域，因此大国关心网络规则的制定权。

　　建立国际秩序，就是进行国际权力分配。网络安全秩序就是关于国际网络权力分配的问题。中小国家明白，他们的网络能力落后，因此网络权力的分配轮不到它们。而大国却不一样，特别是网络技术领先的国家都想获得较大的网络规则制定权。以核秩序进行比较，最早关注核秩序的是美国和苏联两个核能力最强的国家。如今，网络安全成为中美之间竞争的焦点，也是因为中美两国是当今世界网络技术最先进的国家。其他国家的网络技术不如中美，故而他们知道没有获得网络规则主导权的机会。

　　国际秩序的三个构成要素是规范、制度安排和价值观。在这三者中，制度安排直接关系到权力分配问题，其本身就是要解决权力分配的问题。这样我们就不难理解，为何拥有领先网络技术的中美两国都极其关心网络规则的制定问题。

　　习近平主席和奥巴马在白宫南草坪的讲话，充分说明了网络安全冲突已经是中美之间的核心问题。双方在网络问题上没有达成正式协议，而且两人的讲话都很尖锐。习近平主席访美之前，媒体普遍预期中美有可能就网络安全问题达成一个协议，甚至预言"会有一个惊喜"。然而最终这个"惊喜"并没有出现，双方并没达成网络安全协议。值得思考的是，为什么派孟建柱这样高级别的官员到美国去谈判也未能达成协议？对此，我的理解是，双方在网络领域的矛盾极其巨大，"网络安全秩序"已成为崛起大国和守成大国之间的主要战略矛盾。中美战略竞争已拓展至一个新领域,在网络规则上展开竞争。

今天的人类文明已经进入"后教社会"。在"先教社会",年轻人尊重老人是因为老年人比年轻人知道得多。而如今,在后教社会则是年轻人比老年人知道得多。世界各国面临同样的问题:缺乏网络知识的老年人在做网络政策的决策,而有网络知识的年轻人却尚无决策权。网络知识迅猛增长,老年人无法跟上其增长速度。据报道,现在美国的网络公司已经开始雇用汽车工程师。对此,汽车业巨头深表忧虑,因为他们担心网络公司图谋把汽车变成移动终端,甚至要把整个汽车公司、汽车产业都变成网络公司的下属机构、附属产业。这意味着网络技术有可能改变社会行为体的主辅关系,包括长辈与晚辈的关系,制造业与信息业的关系,决策者与使用者的关系,等等。

我认为,今后中美战略竞争的核心问题将是网络。从人类历史发展进程的角度看,网络将取代核武器在国家安全中的重要地位。这是因为,核武器说到底只存在于军事领域,而网络则横跨军民两界,且其界线难以区分。网络对人类生存的重要性已经像空气、水、电、煤气一样,成为生存的必要条件之一。因此,今后中美战略竞争的焦点很可能是网络争端。

需要不同策略分别应对"无限的虚拟世界"和"有限的物质世界"

当大国战略竞争从实体世界向虚拟世界拓展时，我们对虚拟世界的了解是从零开始，很多实际情况是不知道的。这样就会出现一个问题：虚拟世界和实体世界的区别是什么？我个人理解，实体世界的范围是有限的，譬如地球，无论它多么庞大，其直径、面积、体积、质量终归是有限的。而虚拟世界却是无限的，因为网络的容量随着技术进步而无限扩大。因此，我们需要两种不同的策略分别应对有限的物质世界和无限的虚拟世界。

比如，建立反导系统可覆盖地球表面的所有区域，但想把虚拟的网络空间全部控制起来却是做不到的，因为网络和宇宙一样是不断扩展的。那么在这样一个不断扩大的虚拟空间中，其安全策略应该侧重防御还是进攻呢？常识告诉我们，防御一个有限实体是可能有效的，而防御一个不断扩容的虚拟空间则必然是低效、甚至无效的。由此推断，过去在物质世界里反导系统的战略效果尚不如进攻性导弹，而现在到了虚拟的网络世界，防御能比威慑更有效吗？

网络秩序的核心要素是价值观

国际秩序的构成要素是价值观、制度安排和规范。网络秩序的构成要素同样是这三个。第一是价值观的问题。价值观决定网络规则的制定原则。例如，网络是否存在主权归属就是一个价值观问题；如何使用网络是个人权利（individual right）还是政府权力（political power），这也是价值观问题。第二是制度安排问题。如果国际网络安全应该由一个机构来管理，那么是由联合国管理，还是成立一个独立的机构管理，还是由网络公司的所在国管理？而人们讨论网络安全管理机构的问题时，必然无法绕过管理权的分配问题。那么，管理权是依据不同国家的网民数量分配，还是依据服务器数量分配，还是依据信息量分配，这都会有分歧。第三是具体规范的问题，譬如网络规范是否需要做到政商有别、军民有别。

目前关于网络问题的研究中，有关于价值观的讨论特别少。然而，任何社会秩序的建立，价值观都是最根本的要素。因为正是这个主观的要素决定了国际秩序的主观性，即它是由人主观建立的。相反，国际体系则是客观的，是自然形成的。国际体系的三个构成素是国际规范、行为体和国际格局。它们都是客观的，不存在主观价值。国际体系的客观性决定了它不因人的意志而改变，而国际秩序不一样，因为价值观这个主观因素决定了什么叫作"有秩序"、什么叫作"无秩序",以及应该建成什么样的国际秩序。总之,价值观是决定秩序大方向的因素。

中国的网络安全政策关键在"攻"不在"守"

具体说一下我们的网络安全政策。我们在网络上搞了这么多防火墙,反映出防御为主的安全观。但问题是:网络能力弱的一方就必须以防御为主吗?在抗日战争中,中国是弱方,但毛泽东为什么不采取消极防御战略而采取主动出击的游击战呢?从战略角度思考,恰恰因为弱者防御能力弱,所以才不能主要依赖防御而必须采取进攻策略。

关于网络安全的价值观,如果一国的价值观能成为世界多数国家的价值观,那么这种价值观就会成为全世界制定网络安全规范的指导思想;反之则无影响。价值观是制定规范的必要条件,而具体哪种价值观能够成为规范制定的必要条件则取决于它在世界上的被接受程度。这意味着,在探讨如何建立国际网络安全规范时,我们必须首先研究什么样的价值观最有可能被世界大多数国家所接受,然后才能以它来指导国际网络管理规则的制定,从而建立起国际网络安全秩序。

从网络管理的战略角度来讲,现有的防火墙策略需要进行客观评估。总体来讲，防火墙究竟是利大于弊还是弊大于利？从制定国际网络安全规范的角度讲，防火墙给国家带来了伤害，因为它妨碍了我国增加在网络规范上的制定权。当我国的网络规范与世界上绝大多数国家相反时，这种规范就难以成为国际规范。所以我们必须讨论网络规范的价值观问题，从而使我们设计的网络安全规范能够被绝大多数国家接受，而非被它们反对。

明确这一战略方向后，我们具体应该怎么做以提高我国在建立国际网络秩序中的主导权呢？我国需要在三方面努力。第一是制定加快网络技术发展的政策，因为只有网络技术的高速发展才能为我国提供建立网络秩序的实力。没有实力支撑，就没有权力。第二是加强在国际规范制定上的外交能力，因为仅有网络技术能力是远远不够的，还必须有让多数国家接受我国网络规范和主张的外交能力。这种能力是以一批有网络专业知识的外交官为基础的。第三是加强网络价值观的研究，即探讨在网络领域什么样的价值观最有可能在未来十年后被国际社会普遍接受。这个任务应由学界同人来承担，因为决策者和外交官没有研究它的条件。

美国因为一个"斯诺登事件"失去了网络上的道德制高点，这非常值得研究。我国需要接受美国的经验教训，并占领网络问题上的道义制高点。这本质上是一个价值观问题。但遗憾的是，在研究秩序问题时，多数人只看到权力而忽视价值观。可是，道德制高点所体现的恰恰是价值观的作用。举例来说，如果"核不扩散"规范没有道义制高点，那么它就不可能被全世界绝大多数国家所接受。该规范的道义内核在于：如果不防止核战争，人类就将面临被消灭的危险。

最后，我想再次强调的是，学术界应该研究：用什么样的价值观指导网络规范的制定能够使我国的国际网络规则制定权最大化。

（本文为阎学通教授于 2015 年 10 月 11 日第十三期清华国际安全论坛上的讲话）

2018年，中国崛起的外部环境会有哪些新变化*

如果以国家论，美国毫无疑问是2017年国际政坛主角之一。在特朗普带领下，无论是接连"退群"，还是因耶路撒冷问题威胁全球100多个国家，横冲直撞的美国颇有些欲打破一切束缚的架势。这符合它"美国优先"的口号，但更是其实力衰减的体现。

谈到实力，就要说另一个主角——中国。2017年10月党的十九大的召开，让世界记住了一个新词汇——新时代。明眼人都看得出来，中国的发展处于明显的上升势头，中国日益走近世界舞台中央。这也带动外界看待中国的心态变化——有期待，也有杂音。

世界格局在怎样变？如何看新时代中国面临的机遇和挑

---

* 本文为《环球时报》记者胡锦洋对阎学通教授的访谈。

战?《环球时报》年终报道请清华大学世界和平论坛秘书长、清华大学国际关系研究院院长阎学通分析和展望。

论大国:"美国优先"未必走向孤立"印太战略"偏重经济竞争

《环球时报》:去年(2016年)此时我们对您进行专访,提及以"特朗普当选美国总统""英国脱欧"等为代表的"黑天鹅"事件,今年这些"黑天鹅"纷纷落地,它们带来的影响符合您的预期吗?

阎学通:去年(2016年)我预测美国将制造最多的"黑天鹅"事件,这点符合2017年的事实情况,如美国退出跨太平洋伙伴关系协定(TPP)、气候变化《巴黎协定》、联合国教科文组织,与德国在北约问题上发生冲突,支持沙特制裁美国的盟友卡塔尔等。

我预测特朗普执政会使中美冲突增加,这符合年初和年底的情况,与年中不太一致。美国刚发表的《国家安全战略报告》将中国定位为政治、经济和军事的首要竞争对手(rival power)。这是自克林顿1998年访华以来,美国政府第一次将中国作为其最主要的外部威胁。

去年接受采访是在特朗普刚赢得大选但还没接手政权之时,当时对特朗普的多变性格了解得不充分,因此使一些预测不准确。例如，我预测特朗普会改善对俄关系，而事实是美国不断加强对俄制裁，将俄视为仅次于中国的第二大威胁。

《环球时报》：在特朗普治下，美国退出不少国际组织及多边协议，还颁布了在美国也备受争议的"旅行禁令"。这些是否意味着美国将走向"孤立主义"和"本土主义"？美国的分裂还会继续吗？

阎学通：特朗普与建制派对于美国是否继续承担世界领导责任的看法严重对立。建制派认为，美国的世界领导地位是通过200多年努力获得的，是美国的首要战略利益。而特朗普认为美国衰落了，已经无力承担世界领导责任，首要任务是加强自身实力建设。

这一分歧同以往民主党和共和党的分歧不同。以往两党在什么是美国首要国家利益上没有分歧，分歧是如何实现国家利益的战略。特朗普可能是1945年以来，第一个将美国的世界领导权置于经济利益之后的美国总统。

美国新发表的《国家安全战略报告》将两种对立观点进行了弥合。如果特朗普政府依据这个报告调整战略，美国国内在对外政策上的分歧会快速减少，而且有可能恢复其世界影响力。特朗普的"美国优先"不意味着美国走向孤立主义。当今世界处于全球化时代，这与19世纪和20世纪初已经不同了。

尽管《国家安全战略报告》在双边与多边外交之间保持了

平衡，但我仍认为特朗普对双边外交的重视程度会超过多边。美国之前退出一些国际组织和协议，就是想以双边形式取代原有多边架构的表现。

而且我认为，特朗普政府在东亚地区不再继续在多边外交框架内付诸努力，是一种基于现实的考虑。受东亚地区复杂的历史、文化及地缘因素影响，建立并运行一个有效的多边外交框架，确实比双边外交难度更大。

《环球时报》：外界一直非常关注美国将拿出什么样的"新亚洲战略"，美国不久前抛出"印太战略"的概念，这相当于特朗普政府的亚洲战略吗？

阎学通：美国的《国家安全战略报告》将中国定位为第一位的战略"竞争者"，这符合崛起国与霸权国是零和关系的原理，也符合"假朋友理论"的解释。

但这个报告没有使用"印太战略"的概念，而是"印太地区"。"印太地区"是个经济战略概念，不是安全战略概念，美国主要是与中国进行经济方面的战略竞争，这与奥巴马"重返亚太"战略注重政治领导权有所不同。

特朗普的"自由开放的印太地区"，主要是指贸易和投资。东亚的经济规模已经超过欧洲，世界中心正从欧洲向东亚转移，因此美国的全球战略重点将置于东亚。在东亚，特朗普的战略重点是东北亚，他不会像奥巴马那样那么重视东南亚。

谈周边：经略南海重在三个排序
抗华心理印度大于日本

《环球时报》：南海今年似乎平静了很多，虽然今年美国海军舰艇也进行过"自由巡航"。为什么会有这样的结果？

阎学通：南海比去年平静，与中国、东盟及美国三个因素都有关，其中美国的作用更大一些。

特朗普的东亚安全战略重点在东北亚，这不同于奥巴马的安全重点在东南亚。特朗普人都到了菲律宾，硬是不参加东亚峰会。由于他不重视与东南亚国家的军事同盟关系，因此东南亚国家不得不重新考虑他们的安全战略。新加坡总理李显龙2017年9月访华时，双方表达了未来进行联合军事演习的意向就是个例子。

近些年来，一些东盟国家采取经济靠中国、安全靠美国的双轨战略。面对特朗普政府不那么可靠的现象，他们开始调整政策。在"经济靠中国"不变的情况下，安全上采取了在中美之间保持等距离的政策。

未来南海是否成为域外势力的抓手，也受上述三个因素影响，而中国的作用将大于其他两个因素。

域外势力想利用南海问题牵制我国是个常量，关键在于我们能否塑造环境。我国是东亚第一大国，塑造地区环境的能力强于所有国家。我以为，只要我国的南海战略按照战略关系、领土主权和经济资源进行排序，将战略关系视为首要利益，就能有效防止南海争端成为域外势力的抓手。

《环球时报》：菲律宾不再冒头，但印度表现突出，洞朗对峙一度处于擦枪走火的边缘。您对印度未来的对华战略有什么观察，它会给中国带来什么？

阎学通：中印在南亚地区的结构性矛盾日益严重。印度将南亚视为其势力范围，反对"一带一路"倡议，认为中国在南亚的项目都是从战略上遏制印度的。我们在南亚地区的"一带一路"项目促进了我国与这些国家的战略伙伴关系，印度却认为我国与其争夺势力范围。

洞朗事件不过是印度阻止我国在南亚拓展的一个小的具体措施，今后印度还会不断地选择自己具有相对优势的议题与我国对抗。虽然针对边界问题中印举行了高级别对话，但并不能从根本上改变印度以对抗为主的对华政策。中印关系改善的最大困难是印度的心理问题。印度不愿中国比其强大，我们无法改变他们的这种心理。我以为，印度的这个政治心理问题比日本都严重。

《环球时报》：在东北亚，中日关系在和缓，中韩"萨德"争端在降温，但朝鲜核问题好像越来越危险。朝鲜半岛会是2018年战争风险最大的地方吗？

阎学通：我不认为2018年朝鲜半岛有发生战争的可能性。

目前，有可能发动战争的只有美国一家，而美国发动战争的基本出发点是进行战争的战略收益大于成本。然而，一旦美国发动战争，就意味着朝鲜政府失去生存机会，因此可能"鱼死网破"，对首尔进行全面报复。这将让韩国付出巨大的平民生命代价，这不仅是韩国政府承受不了的，美国政府也无法承受。因此，我认为美国下不了发动战争的决心。

美国难以做出发动战争的决定不意味着美国不敢制造军事摩擦。自朝鲜战争结束以来，半岛军事摩擦时有发生。1966—1969年双方在军事分界线附近接连发生冲突，导致43名美军士兵、299名韩国士兵，以及397名朝鲜士兵阵亡。2010年的延坪岛事件，双方发射上百枚炮弹。然而，这些冲突都没有升级为战争。如今，朝鲜有了核武器，即使美朝发生军事冲突，双方也会采取措施防止冲突升级。朝鲜政府还想生存，美国也不敢把朝鲜政府逼到必死地步。

看未来：国际两极格局提供机遇
控制拓展速度至关重要

《环球时报》：2017年秋天，党的十九大的召开受到国内外关注。新时代的中国，在外交上会有哪些变化和调整？

阎学通：我读党的十九大报告外交政策相关内容的体会是，其基本是以往五年对外政策的集合与继续，并没有重大调整。

我国外交政策调整始于2013年，当年的周边外交工作座谈会是从韬光养晦转向奋发有为的标志性会议。例如，当年提出的"亲诚惠容"理念在党的十九大报告中保持下来。虽然今后五年的外交政策将是以往五年的继续，但由于形势变化，每年的具体政策会有所微调。例如，美国刚将中国定位成战略竞争者，中国也只能进行相应调整。

《环球时报》：中国在全球治理中的作用越来越大，中国也乐意提供"中国方案"，当下的国际格局和形势给新时代的中国带来了哪些机遇？

阎学通：中国当前面临的最大机遇，是特朗普政府不愿承担国际领导责任及其对外政策的不确定性。美国虽然出台了《国家安全战略报告》，特朗普是否愿意按照报告制定政策还不一定，美国是否恢复以往那种对盟友的支持还有待观察。美国弱化对盟友的支持，这对拓展我国海外利益是有利的。

与此同时，我们需要防止冒进政策。印度尼西亚雅万铁路和"中巴经济走廊"遇到的问题提醒我们，要控制拓展速度。

我国是世界第二大国，但与美国的实力差距还很大。如果美国没有领导全球治理的实力，我国更承担不了这个责任。我国实力能支撑为东亚提供地区治理方案，但尚无力支撑全球治理的方案。国际格局两极化是个机遇，防止拓展速度过快是利用好这个机遇的先决条件。

《环球时报》:"新时代"会对台海或者解决台湾问题有什么影响?

阎学通:虽然我国仍处于社会主义初级阶段,但统一台湾的物质条件已经具备。能否统一不是物质力量是否具备的问题,而是一个战略选择问题。

我在2008年时曾为错误预测台海会发生军事冲突道歉,并且预测其后8年没有发生军事冲突的危险。历史证明,预测台海不发生军事冲突是容易准确的,因此我预测2021年之前台湾问题不会解决,台海也没有战争危险。特朗普和蔡英文按规定都可执政到2021年年初,从目前看,他们不太会搞宣布"台湾独立"的活动。

《环球时报》:中国在强大,影响力也在变大,最近,澳大利亚、新西兰、美国、加拿大等国都有声音指控"中国渗透",这是"中国威胁论"2.0版吗?

阎学通:"中国威胁论"始于20世纪90年代初。当时是担心中国低价商品的竞争,后来担心中国的军事政策,再后来担心中国的金融竞争,这次是担心思想和价值观上的影响。随着中国实力地位的上升及中国国际影响力的扩大,中国在文化、价值观、思想观念上的影响力必然上升。但西方发达国家的一些人不愿意看到这一现象,力图阻止。这是很正常的现象。大国崛起不可避免地伴随着战略竞争和利益冲突,这种冲突不会局限于物质领域。

已经有学者预测2018年可能会在更多国家发生反华事件，我持相同看法。崛起是一国利益向外拓展的过程，由于利益关系的零和性，引发冲突是必然的，而非意外，学术上称为"崛起困境"。制定外交战略就是要考虑利益拓展和利益冲突之间的平衡，即利益拓展速度和国际反弹之间的平衡。这是一个动态过程，没有一定之规。决策是艺术，不是科学，但对政策进行科学研究可以提高决策的艺术效果。

（本文原发布于《环球时报》）

附 录

国际关系研究的"清华路径"[*]

——阎学通教授的治学之路

停自行车、刷门卡、推开清华大学明斋的楼门，阎学通快步疾走，直上三楼的办公室。遇到打招呼的师生，他会一一回应，但全程脚步几乎没有任何停顿。

阎学通一身深色夹克、白衬衫、黑西裤，脚上一双黑色运动鞋。当《中国新闻周刊》提出先拍照，他随即回到办公室，不出两分钟，就打好领带，换上西装外套。拍照进行了约三分钟，有着极强时间观念的他开始催促，"差不多了吧"，但还是配合完成整个拍摄过程。

除了外出，在清华大学这栋建于民国时期的三层红砖小楼里，阎学通每周工作六天半，早上8点前到，晚上6点后离开。唯一的例外是周日下午，这是他陪家人的时间。他的早饭中饭

---

[*] 本文执笔人为徐方清、牛楚云，原标题有改动。

都在食堂解决，晚饭一般在家吃。他的家安在校内公寓，从明斋骑车过去约十分钟。如果到了饭点他还没有到家，夫人会给他办公室打电话催他。

阎学通2000年来清华大学时，这所中国顶级大学的国际关系研究几乎处于零的状态。从零开始，到现在被称为国际关系学界的"清华学派"，阎学通很是欣慰。

自2004年起，他开始研究先秦时期的政治思想，并将西方现实主义国际关系理论与中国古代道义观相结合，创立了"道义现实主义"理论，用来解释世界权力中心转移的现象和大国崛起的成败。

"清华路径"

在国际关系学界，清华学派也称"清华路径"。

阎学通将科学实证研究这一美国国际关系学界的主流研究路径引入中国国际关系领域，继而又开创了"道义现实主义"理论这一深深打上"清华学派"标签的研究路径。

2015年10月，阎学通出版了他的专著《世界权力的转移——政治领导与战略竞争》，全面阐述了"道义现实主义"的国际关系理论。

研究的核心问题是，崛起国是如何取代现行世界主导国地位的，即"世界权力中心转移"的原理。对此，道义现实主义理论给出的答案是：崛起国的成功在于其政治领导力强于现行世界主导国。

"'政治决定论'是把政治领导作为最重要自变量的理论，它是一个'二元论'的理论，强调实力和政治领导都起作用。实力决定国家的基本利益，领导者决定用什么策略实现国家利益。"阎学通告诉《中国新闻周刊》。

每个月的第一个周六下午，阎学通担任主编的《国际政治科学》和全英文版的 Chinese Journal of International Politics 编辑部会一起开会，讨论两本杂志的编辑事务。Chinese Journal of International Politics 是中国国际关系领域唯一进入 SSCI（社会科学引文索引）的期刊，也是除美国杂志之外在亚太地区影响最大的国际关系杂志。

这个会同时也是阎学通与门下弟子的师生会。如果没有特殊情况，他所带过的在京的博士生，不论在校还是毕业的，都会前来参会，交流最近的思考和学术成果。在其他地方工作的弟子如果刚好在北京出差，也多会赶来。

"作为导师，阎学通有两个让我感触最深的地方：一个是他对于研究方向的把握很准；再有一个就是对学生很关照。"曾师从阎学通的2002级博士生孙学峰告诉《中国新闻周刊》。如今，"70后"的孙学峰已是清华大学国际关系研究院的教授，也开始指导博士生。

2001年由人民出版社出版的《国际关系研究实用方法》

一书，被认为是介绍国际关系科学研究方法的入门教材，阎学通、孙学峰是联合作者。"好像就是从我这儿开始，阎老师和每个博士生都合作写专著，而不是一般的论文。"孙学峰说。《国际关系研究实用方法》这本书的第一版他参与不多，但阎学通还是给他署了名。这本书在业内受到很大肯定，对当时不到30岁的他有了"莫大的帮助"。

在这本书的基础上，2010年，孙学峰与阎学通合编了《国际关系研究实用方法案例选编》。这次，孙学峰成了第一作者，阎学通只做了少量的修改。对于孙学峰来说，这是一种很重要的肯定和鼓励。

在生活上，考虑到很多博士生需要养家，阎学通也会给他们创造工作机会，如做研究助理，当助教，还推荐一些讲课的机会。"现在的话，每个博士生一个月怎么也有个两三千块钱的收入，给学生一个保底。"孙学峰介绍。

但阎学通希望学生不要过多地考虑收入，而应专注于学业，论文早通过早毕业，尽快提高学术水平，这样从长远更有利。

阎学通乐于与学生分享、交流。受他的影响，国际关系研究院的老师常在办公室已经成为一种传统。研究院专门腾出了两间学习活动室供学生使用，以方便师生间的交流。有时候老师们在走廊里聊天，学生也会凑过去听。

给学生上课，在阎学通看来是一种享受。他在清华开设了一门《国际关系分析》选修课，课容量为 600 人，次次爆满。此外，他还给研究生上《古代中国政治思想和现代外交》。刚开始没有教材，都是他自编的，有的教材已是第三版，多数已再版过一次。有学生在校园社交网站上总结了在清华必须做的 10 件事，其中就包括"上阎学通老师的课"。虽然他现在社会活动很多，但对他而言，上课的重要性永远是第一位的，只要是排好的课程，别的活动都得让路。

阎学通从不点名，但对迟到"零容忍"。在他的课堂上，上课时间一到，就会关门。学生敲门进来，他会要求说明原因，没有充分理由的话，他就暂停讲课，直到迟到的学生离开，教室门重新关上。

"这样几回，学生就没有敢迟到的了。"复旦大学中国研究院助理研究员、曾在清华大学国际关系研究院任研究助理的王鹏告诉《中国新闻周刊》。

被"上山下乡"运动改变

1952 年，阎学通出生于天津的一个知识分子家庭，父母都是大学毕业生，父亲是一名会计，后来成为天津第一机床厂总会计师，母亲则是河北大学的俄语老师。

用阎学通女儿的话说，这个家庭的成员都是"good citizen"（好公民），不管谁当政，都不敢说一个不字，但诬陷打击别人、踩着别人肩膀往上爬的事,也绝不会做的。

父母给阎学通带来的最大正面影响是"正直",负面影响则是"特别懦弱,逆来顺受,从来不敢反抗"。每次一来运动,家里就吓得不行,什么都不敢说,连穿身好衣服都不敢。

"这对少年时期的我影响特别大。上山下乡之前,我是那种特别听话的好孩子。大人说什么就是什么,从来不敢干什么出格的事情。"阎学通说。

但是,"上山下乡"运动彻底改变了阎学通。

"我是1969年5月19日到的黑龙江。"时隔将近半个世纪,阎学通对这个日子依然能脱口而出。

当时,还是初中生的他去了黑龙江生产建设兵团55师2营13连,在那待了7年,后来去泰来农场待了两年。

阎学通走路速度一直特别快,除了因为急性子,还因为兵团时期多年的体力劳动。割稻子、麦子、打谷,都要拼速度、抢时间。

在黑龙江生产建设兵团,男孩都得会打架。如果不敢打架,就会被人怀疑是有问题的,或者被认为是"出身不好"的右派子女,所以一些极"左"的人打人是往死里打。而因为出身不好,阎学通在打架中却不敢往前冲。

1974年,当时担任兵团副连长的阎学通全票通过,有望获得推荐上大学的机会,但指导员出于嫉妒,设法将他拉了下来。

1977年，高考恢复，他终于等来了走出黑土地的机会。

1977年10月，农场突然接到通知说，国家宣布12月份要进行高考。阎学通初中没毕业就下乡，基本上什么都不会，只能突击。好在受在大学教外语的妈妈的影响，他有一点外语基础。

当时，学外语非常危险，被人发现了就有"特嫌"（特务嫌疑）。他只能躲进草垛，偷偷地学习，倒是怎么看怎么像"特嫌"。

由于感觉基础不牢，他没敢报考北京和家乡天津的知名大学，而是报了黑龙江大学，最终被该校英语系录取。

在黑龙江大学的四年里，他担任了系学生会主席、党支部书记和班长。他说，自己并不想干，"不愿意做这种事务性的事情，耽误时间，还得罪人"，但没办法，因为他是班上年龄最大的党员。

他自称从来没当过大官儿，只做过基层的组织工作，而且一般都跟领导搞不好关系。"容易得到群众支持，但领导不喜欢，一辈子都这样。"

有一次，班上一个同学在食堂跟炊事员闹矛盾打起来了，炊事员不让他吃饭。

阎学通只好冒着挨打的风险去找对方交涉，交涉未果，他又去找学校后勤处处长。最后炊事员道了歉。他当时已经想好了，如果后勤处处长不解决，就去找校长，再不行就组织学生罢课。"因为学校就一个食堂，只能去那吃饭，总不能让同学没有饭吃。"

在他看来，对下属承担责任，而不是对上面负责，是个立场问题。

在大学期间，阎学通还有一个对他一生格外重要的收获，那就是跟同学李佩芝相识相爱了。大学毕业后，两人结了婚。婚后李佩芝相夫教子，一直是他诸多著作、文稿的第一读者，也是校对之一。两人相濡以沫，直到如今"青丝已成华发"。

1982年，阎学通大学毕业，分配到了北京的中直机关，要被派去香港做接待性工作。他向单位提出，希望能从事研究工作。"当时机关的研究院都是右派才去的，政治好的人不会去研究院，但我说：没事，我去。"

于是，他被分配到了当时的中国现代国际关系研究所（2003年更名为中国现代国际关系研究院）。

"我也不知道我想做哪方面的研究，什么都不会，所以表示分配让我研究什么都行。领导说，要不你去研究非洲吧，我说行。"阎学通对《中国新闻周刊》回忆道，"对于现在的毕业生来说，大家肯定知道什么领域比较热，比如研究美国。但当时，我不知道研究非洲和研究美国有什么区别，就被分配去研究非洲了"。

自此，阎学通开始了自己的国际关系研究生涯。此时的他，再也不是下乡前懦弱听话的少年，而变成了一个勇于开拓的年轻学者。

在伯克利打下学术基础

一年后,阎学通考上了国际关系学院的硕士研究生。1986年毕业后,又回到中国现代国际关系研究所工作。

1987年,他前往美国加州大学伯克利分校攻读博士学位,继续研究非洲。

有一次,他把自己写的一篇关于赞比亚问题的文章拿给导师看,结果导师只花几秒钟扫了几眼,就让他重写。他没敢明确表示抗拒,但导师还是从他的眼神里看到了困惑和不满,便问他是否看了一本书。得到了否定的回答后,导师告诉他,这篇文章的注释里没有提到一本书,而那本书无异于研究赞比亚问题的"圣经"。既然连那本书都没看,文章是不可能写好的。

阎学通心服了,他记住了导师的这个方法,等到他后来带研究生时也经常用。

"方法论、统计分析,我都是在伯克利的时候学的。在美国的学术训练,让我从一无所知到知道什么叫知识、什么是科学。"阎学通告诉《中国新闻周刊》。

刚到美国不久,他中国的硕士导师问他在美国读书和中国读书的差别。"我觉得就一个区别,在美国上学,老师只告诉我们什么是不对的,至于什么是对的,需要学生自己判断。"而在中国刚好相反,老师告诉你什么是对的,却不告诉你其他的为什么错了、错在哪里。

"这并不是真正的知识。你明白这是什么意思吗？"阎学通突然切换到了老师的角色，反问记者。但他马上又自己解释了起来：人们很容易想当然地认为一种理论是对的，但你一旦开始验证，你会发现很多理论其实都是站不住脚的。

在伯克利的5年，阎学通还受到了一项训练。那就是，使用引言只能起到介绍其思想和观点的作用，而不能证明观点的正确。"无论是领导人还是名人、大学者说的话，都不能作为对与错的判断依据。"只有事实才能证明一个观点、理论或者政策的正确与否。这才是实证的科学方法。

在阎学通看来，在美的5年学术训练，对他的学术生涯有着决定性的作用。"没有当年的学术训练，绝对没有今天的学术成果。"

1992年，他获得了政治学博士学位，回到了中国现代国际关系研究所。

在20世纪90年代初，拿到美国政治学博士学位而选择回国的，阎学通是屈指可数的几个人之一。

他的理由很简单：一栋房子、几辆车、几个孩子、周末修房子、剪草坪，这些不是他喜欢的生活方式。

此外，沉心于学术研究的他不爱做家务。虽然刚回国时月工资才370元，但人工便宜，小时工一小时才1.5元，他不用自己洗衣服。但在美国，小时工是雇不起的，得自己干活。

争议中的学者

1997年,阎学通的首部学术著作《中国国家利益分析》由天津人民出版社出版。

这本书300余页,在学术著作中并不算厚,但分量却不轻。这是中国学者撰写的第一部关于中国国家利益的专著,也将之前被忽视的实证研究方法引入中国的国际关系研究领域。

该书在效用分析法的基础上提出了一套分析国家利益的科学方法,为量化衡量国家利益提供了依据,并且提出了如何维护国家利益的政策建议。而且,这种方法既可以用于衡量国家利益,也可以用于衡量企业和个人的利益。

书甫一出版,就在圈内掀起了一股热潮。北京大学国际关系学院院长贾庆国、中国现代国际关系研究院副院长冯仲平等一众当今国际关系学界大腕都写过学术评论文章。很多人由此知道了阎学通。

自进入国际关系研究领域以来,尤其是从美国留学归来后,阎学通称得上是中国国际关系学者中最富有争议也饱受质疑的一位。

他率先在学界强调"中国崛起",主张中国放弃不结盟政策,提出中美"两极化"的主张。这些与官方外交主基调并不完全吻合的观点,时常在业内和民众中引起激烈争论。

2016年7月16日至17日，第五届世界和平论坛在北京举行。由于3天前菲律宾政府单方面提请的南海仲裁案的结果才宣布，这个中国唯一的高级别非官方国际安全论坛受到了很高的关注。对此，作为论坛秘书长的阎学通表示："我们不怕有分歧，但是我们不故意制造冲突。"

该论坛创建于2012年，主席为原国务委员唐家璇。从2010年提出申办到最后获批，一共花了20个月的时间。

之前中国不允许在境内组织关于国际安全的国际会议，只开放一些关于经济和非安全、非政治的国际会议。就在第一届世界和平论坛开始前20天，国内还有人提出质疑，认为这是"花钱把人请到家里来骂咱们"。

而阎学通的看法是，中国特别需要一个国际安全论坛，"非得到家里讨论安全问题不行"。因为在国际社会，中国面临着一个很大的风险。这也是日本在20世纪80年代遇到的问题。当时日本被称为"经济动物"，只认钱，不承担任何国际安全责任，被世界认为是"不道德的国家"。如果中国被认为是第二个"经济动物"，会影响我们的国际形象，对中国崛起的整体国际环境不利。

阎学通认为自己不是政府智囊。"在中国，你要解释政府政策是什么，才被人认为是智囊。为什么多数人不愿意批评外交部，因为很多人是政府智囊，主意是他出的。而我不是政府的智囊，如果我认为政府的政策是有缺陷的，我就可以批评。"

在阎学通看来，论证政策正确、为其宣传不是学者的工作。"我觉得好多人搞不清楚学术研究和政府政策的关系，起到了宣传的作用。我不认为这不应该，但显然学者的工作不是去进行宣传。"他说，学者的工作应是验证政策是否科学。如果证明是错误的，就应该提出来，并提供改进意见。

对于批评官方，阎学通有一个基本的度：出发点是为这个国家好。批评和建议是从国家利益出发，能为社会和公众带来益处。

阎学通被外界称为"鹰派""民族主义者"或"新保守主义者"，对此他认为，"鹰派"是个带贬义的词，但这些并不重要，"重要的是，哪一种观点被历史证明是正确的，是对这个国家有益的"。

阎学通还是国际关系学者中不多见的敢于明确预测的人。

2015年6月，中美间因为南海问题关系紧张。阎学通在接受媒体采访时称，中美在当年9月份中国国家主席习近平访美前可能不会出现大的摩擦，但之后可能会出现新的、程度比较严重的冲突。而在2013年出版的《历史的惯性》一书中，他更是对诸如英国脱欧、中美结构性矛盾、金砖国家不能群体崛起等全球战略性热点问题做出了预测。书中写道，中美到2023年可能形成两极格局。

他认为，很多人之所以不敢预测，总是说一些模棱两可的话，是因为他们没有掌握预测的工具和方法。尤其是，国际事务和天气预报不同，数据不可能像天气信息那样透明，各国都有很多信息是保密的，这更加大了预测的难度。

因为率先将科学实证研究的方法引入中国国际关系领域和创建"道义现实主义"理论等，阎学通与北京大学国际战略研究院院长王缉思、外交学院院长秦亚青等国际关系学者一起，被视为业内的"现象级人物"。

这批"塔尖上的学者"，都出生于20世纪40年代末50年代初，都有着浓厚的家国情怀和强烈的责任感，在公共政策上的影响力非常大，同时在学科建设和学术研究中保持着持续的创造力。阎学通过去的学生、现在的同事孙学峰感慨，这种创新动力，保持三五年容易，但几十年了，这种动力在阎学通身上一直都在。

阎学通自己认为，"50后"的人就算还有一些影响，"也是强弩之末了"。人的创新能力、体力、反应能力、知识结构都会渐渐退化，"70后"才是下一代的主力。

他说，"文化大革命"中，有大批的中青年学者跟着极"左"路线走，写了大量歌功颂德的文章。国际关系学界今天仍然要警惕这样的倾向。他希望青年学者心里切记，有一种事学者绝对不能做，那就是，无论如何不能去写论证"亩产可以上万斤"之类的文章。

"中国崛起最大的国内挑战是极'左'思潮。"近年来,在多个场合,阎学通一次又一次地强调。

(原刊于2016年9月《中国新闻周刊》总773期,记者徐方清、牛楚云)